최선의 결정은
어떻게 내려지는가

소 통 으 로 조 직 을 살 린 1 2 개 의 위 대 한 이 야 기

최선의 결정은
어떻게 내려지는가

토머스 대븐포트 · 브룩 맨빌 지음 | 김옥경 옮김

도서
출판 프리뷰

차례

시작하는 글 **리더가 아니라 조직이 결정을 내리도록 하라** | **10**

Part 01 참여적 문제해결 과정에 관한 이야기

1 나사의 디스커버리호 발사승인 과정 | 41
모든 권위와 무사안일 벗어던진 최종발사허가회의

과거의 실패에서 배우기 | **42**
비행사 안전을 최우선시하는 FRR 회의 | **46**
문제점 제로가 목표 | **48**
마라톤 회의 | **51**
문제점 제로 확인 후에 내려진 비행허가 | **55**
지속적으로 훌륭한 판단 내리기 | **57**
무사안일과 오만을 물리친 나사의 힘 | **60**

2 주택 건설회사 WGB 홈즈의 조직경영 | **62**
사원들의 지혜 모아 미분양 문제 해결

미분양 원인 파악에 조직적 판단 도입 | **65**
군중의 지혜에 답을 묻다 | **67**
집단 논의 | **68**
끊임없이 수정 보완 | **70**
집단 판단 | **72**
다양한 지혜의 집합 | **73**

3 맥킨지 앤 컴퍼니의 인재 풀 변경 과정 | 76
MBA 출신 아닌 인재를 뽑을 것인가?

MBA 전성시대 | 78
변방으로 도는 비非 MBA 출신들 | 81
실력 위주의 인재채용으로 전환 | 86
변화의 과정을 중시하는 맥킨지 문화 | 88
새 채용 방식에 대한 지지 확산 | 93
새로운 제도로 정착 | 95
다양성의 문화가 맥킨지의 성장동력 | 96
발전을 이끄는 과정의 문화 | 98

Part 02 테크놀로지와 과학적 분석이 만드는 기회

4 파트너즈 헬스케어 병원의 체계적인 환자관리 | 105
이 환자를 어떻게 치료할 것인가?

의사의 직감 대신 정보에 기초한 진료 | 107
정보 시스템에 의한 진료 정착 | 111
임상지식 관리 체계화 | 116
수준 높은 임상자료 관리 | 119
임상정보 관리에 따르는 문제들 | 123
계속 진화될 스마트 폼의 미래 | 127
컴퓨터 활용이 의료업무의 성패를 좌우한다 | 130

5 코그니전트 테크놀로지의 사원 참여 문화 | 132
일상적인 문제를 사원들의 참여로 풀어내다

코그니전트의 조직적 문제해결 방식 | 136
코그니전트의 성장 비결 | 138
지식관리에 투자 | 142
코그니전트 2.0 | 145
사용률 급성장 | 149
C2와 조직적 판단 | 150
참여적인 문화가 코그니전트의 성공 토대 | 153

6 데이터로 학교를 바꾸다 – 미국의 샬롯 초등학교 | 155
학생들의 읽기 능력을 어떻게 향상시킬까?

유치원 교육과정에 문제 제기 | 157
데이터 활용으로 학교를 바꾸다 | 158
학업성취도 데이터 기반 만들기 | 164
일년만에 크게 향상된 읽기 능력 | 171
데이터 기반의 교육 효과 입증 | 173

Part 03 문화의 힘에 관한 이야기

7 고대 아테네인들의 민주적인 선택 | 177
생사가 걸린 침략에 어떻게 맞설 것인가?

최초의 참여 민주적 의사결정 | 178
아테네 방어안 놓고 6천 명이 직접투표 | 180
살라미스 해전 준비 | 184
아테네 시대를 연 승리 | 185
아테네의 민주적 의사결정 | 187
집합적 판단을 가능케 한 문화 | 188
신탁을 현실적으로 해석한 지혜 | 190
이미 자리 잡은 민주적 토양 | 194
리더가 주도하는 집단 판단 | 199
최선의 결론을 도출한 민주적 문화의 힘 | 200

8 뱅가드의 영웅 메이블 유 이야기 | 202
불량 채권을 투자자들에게 권할 것인가?

반대의견을 장려하는 뱅가드 문화 | 208
집단사고의 위험성 견제 | 214
투자자를 구한 뱅가드의 용기 | 217
소수 의견을 존중하는 문화 | 221
당연한 일이 된 영웅적 결정 | 225

9 전사원이 참여한 EMC의 비용 절감 과정 | **227**
어려운 시기에 회사의 비용을 어떻게 줄일 것인가?

위계질서가 엄격했던 EMC | **234**
소셜 미디어의 급성장 | **235**
전 사원이 참여한 비용 절감 과정 | **238**
비용 절감과 EMC/ONE의 결합 | **242**
미래의 변화 유도 | **249**
소셜 미디어와 함께 진화하는 EMC | **252**
회사에 자리 잡은 조직적 판단 문화 | **256**

 04 방향설정을 올바로
한 리더들

10 미디어 제너럴의 민주적 리더십 | **261**
새로운 전략을 위해 조직개편을 할 것인가?

변화와 기회의 시대 | **263**
초기 조치들 | **267**
최악의 상황에서 기회를 탐색하다 | **268**
본격적으로 움직일 기회 포착 | **270**
R&R 그룹의 자유로운 토의 문화 | **272**
훌륭한 판단을 위한 설계 | **276**
변화를 위한 결정을 내리다 | **281**
도약 | **283**
플랫폼을 떠나 시장으로 | **284**
성공의 초기 지표들 | **287**
미디어 제너럴의 조직적 판단 문화 | **290**

11 월리스 재단의 전략 변경 과정 | 294
지원 효과를 키우기 위해 전략의 초점을 어떻게 바꿀 것인가?

학교장 리더십의 중요성 확인 | 296
탐구하는 문화 구축 | 300
이사회에 제시할 전략안 준비 | 301
보다 확실한 해결책을 찾다 | 304
재단의 초기 문화 | 308
아이디어는 엄격하게 사람에게는 부드럽게 | 309
시행착오를 통해 배우다 | 312
리더의 회고 | 315
월리스 재단의 조직적 판단 | 315

12 직원들의 뜻에 따라 회사를 키운 트위저맨 | 318
사업 규모를 한 단계 더 키울 것인가?

리더가 모든 일을 직접 챙기던 초기 경영 | 321
직원 모두의 목소리를 키우는 책임 있는 자본주의로 | 325
험난한 과정을 거쳐 월그린으로 | 328
기회 포착을 위한 가치관과 문제해결 방식 | 330
월그린과의 계약으로 초고속 성장의 길로 들어서다 | 334
트위저맨의 조직적 판단 문화 | 336

13 결론 | 339
미래의 리더들을 위한 제언

변화 속에 기회가 있다 | 340
성공적인 사례에서 배우기 | 342
단순한 격언이나 프레임워크를 넘어서 | 343
민주적 리더십을 위한 체크리스트 | 345

참고문헌 | 351

리더가 아니라 조직이
결정을 내리도록 하라

인간사에서 일어나는 일들은 한 개인의 뛰어난 판단에 의해 좌우되는 경
우가 의외로 많다. 풍부한 데이터와 최첨단 분석법이 가능한 요즘 같은 시
대에도 사람들은 중요한 결정을 내리는 순간에 한 개인의 내부에 축적돼
있는 지혜에 의존한다. 무엇이 올바른 해답인지 쉽게 알 수 없는 상황들이
있다. 지극히 불확실한 미래와 관련된 문제도 있고, 워낙 긴급한 사안이라
관련 정보를 제때에 따져볼 수 없는 상황도 있다. 관련된 가치들이 서로 상
충되기 때문에 하는 수 없이 그 가운데서 특정 정보를 취사선택할 수밖에
없는 상황도 있다.

사회와 조직이 엄청난 속도로 변화하면서 이와 같은 상황은 더욱 자주 생
기고, 이에 따라 중대한 결정을 자의적 판단에 의존하는 경우도 늘어난다.

문제는 이러한 자의적 판단이 현명한 결과를 낳도록 어떻게 보장할 수
있느냐는 것이다. 사람들의 권리와 이익을 잘 대변해 줄 것처럼 보이는 현
명한 지도자들을 뽑아서 그들의 지혜를 믿고 맡기면 될까?

이러한 접근법의 장단점을 잘 보여주는 예가 바로 기업의 인수합병 M&A
이다. 인수합병 때 많이 적용된 시도들을 살펴보면 지도자의 지혜만 믿고

일을 맡겨선 안 된다는 것을 알 수 있다. 인수합병에서는 기업의 최고위 리더가 다른 사람들로부터 최소한의 조언만 듣고 엄청난 이해관계가 걸린 결정을 내리는 경우가 많은데, 좋지 않은 결과가 많은 걸 보면 그렇게 하는 게 바람직하지는 않은 것 같다. 신뢰할만한 조사연구에 따르면 M&A 거래의 50~70퍼센트는 목표달성에 실패하며, 많은 경우 기존의 가치마저 손상시키는 것으로 나타났다. 이 책은 과연 어떤 상황에서 어떻게 우리가 현명한 판단을 내리는지에 관해 쓴 책이다. 따라서 M&A 결정과정에서 왜 현명한 판단이 잘 이루어지지 않는지 살펴보는 게 도움이 될 것이다.

먼저 지난 2000년 아메리카 온라인 **AOL**과의 합병을 결정했던 타임워너 최고경영자**CEO** 제리 레빈의 경우를 살펴보자. 이 합병은 기술적으로 말하면 가격을 부풀린 AOL 주식으로 타임워너를 매입한 것이다. AOL은 1990년대에는 잘 나가는 인터넷 액세스 기업이지만 2000년 당시에는 이미 한물간 모양새를 보이기 시작했다. 하지만 타임워너는 온라인 자산이 많지 않은 미디어 그룹이었고, 경쟁력을 높이기 위해서는 인터넷 관련 사업체를 가져야 한다는 의견이 우세했다.

레빈은 AOL의 창업자이자 최고경영자인 스티브 케이스와 합병문제를 검토하기 시작했을 때, 이 문제를 자사의 다른 경영진과 거의 상의하지 않았다. 레빈은 태생적으로 독불장군이라는 말을 듣고 있었고, 그 결정에 이사회가 많이 관여하는 것을 꺼렸다. 물론 이는 이사회의 일원이던 테드 터너와의 알력 때문이기도 했다. 타임워너는 앞서 1996년에 테드 터너로부터 기업을 인수했다. 레빈과 케이스는 결국 1640억 달러 규모의 거래를 성사시켰는데 당시로선 사상 최대 규모였다. 그리고 자신이 생각하기에 만족스러운 조건으로 거래를 성사시킨 레빈은 터너와 이사회를 설득해서 이 인수 건을 지지하도록 만들었다.

닷컴 열풍이 불던 당시처럼 아주 불안한 시장에서는 통상적으로 이런 거래를 할 때 상대방의 주가가 너무 하락할 경우 어느 한편이 빠져나갈 수 있게 해 주는 '칼라' collar를 다는 것이 관례였다. 그리고 AOL의 주가는 거래가 마무리되기 전 거의 매일 하락하고 있었다. 하지만 레빈은 칼라를 취득하지 않았고, 사실은 아예 요구하지도 않았다.

거래가 성사되자마자 거의 즉시 합병기업의 주가가 하락하기 시작했지만 레빈은 오히려 칼라를 달지 않은 것이 이번 인수 건에 대한 확신을 나타내는 징표인양 행동했다. 인수가 이뤄진 지 10개월 후 가진 인터뷰에서 레빈은 그 인수 건에 대해 다음과 같이 설명했다. 당시 AOL의 주가는 이미 38퍼센트나 하락했다.

칼라를 단다는 것은 자신이 그렇게 확신하지 못하고 있음을 암시하는 것이다. 즉 자신의 판단에 대한 믿음이 약하기 때문에 그런 종류의 보호장치가 필요한 것이다. 나는 이번 인수에 확신이 있음을 알리고 싶었다. 무슨 일이 생기든 이 거래를 반드시 성공시키겠다는 확고한 믿음이 나에겐 있었다.[1]

이 같은 레빈의 확고한 믿음이 타임워너의 주주들을 상당히 안심시킨 것은 분명했다. 그러나 2002년 AOL-타임워너 통합기업은 무형적 가치의 평가절하로 인해 990억 달러의 손실을 입었다고 발표했고, 이는 당시로선 사상 최대 규모의 기업손실이었다. 레빈은 2002년 사임압력에 굴복할 수밖에 없었고, 이때 그의 사퇴를 가장 큰 목소리로 요구한 사람은 바로 테드 터너였다. AOL의 몰락으로 인해 AOL-타임워너는 결코 번창하지 못했으며, 이 회사의 주식가치는 2260억 달러에서 200억 달러까지 내려갔다. 결국 AOL은 2009년에 별도의 기업으로 분리되고 말았다. 레빈도 자신이 잘못된 판단을 했다는 사실을 깨달았다. 문제의 거래가 이뤄진 지 10년이 지난 시점인 2010년에 레빈은 다음과 같이 인정했다.

나는 분명 지난 세기 최악의 거래를 주도했다. 이제는 문제의 거래에 관여했던 사람들이 자신의 잘못을 솔직하게 인정해야 할 때인 것 같다. 내가 책임자였다. 결과적으로 그로 인해 야기된 고통과 괴로움, 손실에 대해 정말 대단히 미안하게 생각한다. 나의 책임을 인정한다.[2]

절대로 잘못을 인정하지 않는 것보다는 늦었지만 잘못을 인정한 게 그나마 다행이다.

기업인수, 그리고 인수를 위해 얼마나 많은 액수를 지불할 것인가 하는 문제를 놓고 잘못된 선택을 부추기는 요인은 개인의 자만심과 기업을 성장시켜야 한다는 부담감, 그리고 잘 알다시피 '기업인수 열풍' 현상이다. 흥미로운 사실은 거래를 성사시키지 않기로 한 결정도 독단적으로 내려지는 경우에는 잘못된 판단이 되기 쉽다는 것이다. 실패로 끝난 마이크로소프트의 야후! 인수 시도가 그 좋은 예이다.[3]

2008년 당시 마이크로소프트는 제리 레빈이 AOL을 원했던 것과 같은 이유, 즉 인터넷 기업을 그룹에 추가해야겠다는 생각에서 수년간 야후! 주변을 빙빙 돌고 있었다. 하지만 AOL과 마찬가지로 야후!도 이전처럼 매력적인 대상은 아니었다. 마이크로소프트의 제안을 받았을 때 야후!의 주식은 52주간 최고가에서 44퍼센트 하락한 시세로 거래되고 있었고, 최근 직원의 10퍼센트를 감원한 상태였다.

누가 보더라도 마이크로소프트의 제안은 야후!에게 엄청나게 유리한 거래였다. 한명만 그렇게 생각하지 않았다. 2008년 2월 1일 마이크로소프트는 보통주당 31달러의 가격으로 야후!를 우호적으로 인수하겠다는 제안을 내놓았는데, 이는 446억 달러 규모의 인수제의였다. 마이크로소프트가 제시한 가격은 야후!의 전날 종가보다 62퍼센트나 더 높은 것이었다.

이번에는 야후의 제리 양이 제리 레빈이 한 역할을 했는데, 그는 야후!의 공동창업자로 몇 년 전에 CEO가 된 사람이었다. 자신이 이끄는 기업을 애지중지하던 제리 양은 마이크로소프트의 CEO인 스티브 발머와의 협상에서 주당 31달러 제안을 거절했다. 그러자 마이크로소프트는 제시가를 주당

33달러, 즉 공고 전 종가보다 70퍼센트 높은 가격으로 올렸다.

하지만 제리 양은 그보다 최소한 주당 4달러는 더 올려야 맞는 가격이라고 생각했다. 그는 자신이 밀고 있던 가격을 너무나 확신한 나머지 주당 31달러나 33달러 제안을 위임투표proxy vote에 붙이지도 않았다. 기업의 주인에게 그들이 투자한 것의 가치가 얼마인지 물어보는 것인데, 그는 그런 일이 왜 필요하느냐는 입장을 보였다.

2008년 5월 3일 발머는 인수제안을 거둬들였는데, 이것은 아마도 그가 그동안 취한 조치 가운데서 가장 현명한 조치였을 것이다. 야후!의 주가는 내려가기 시작했고, 이후 한 번도 상승세로 돌아서지 못했다. 마이크로소프트의 인수제안 이후 야후!의 주가를 밀어올린 유일한 사건은 제리 양이 CEO에서 물러나고 캐롤 바르츠가 그 자리를 승계했다는 발표뿐이었다. 바르츠도 이후 2011년 해임되었다. 취임 직후 CNBC와의 인터뷰에서 바르츠는 자기였다면 마이크로소프트의 제안을 받아들였겠냐는 질문을 받았다. "물론이죠." 그녀는 이렇게 대답했다. "내가 그런 제안을 거부할 정도로 어리석어 보이나요?"4

독단적인 결정이 실패를 부른다

M&A와 관련해 잘못된 결정을 내린 사례는 수없이 열거할 수 있고, 아마 독자 여러분도 그런 사례는 많이 알 것이다. 이런 이야기는 한 사람의 명성을 높이거나 무너뜨릴 수 있는 극적인 요소들을 갖고 있고, 기업경영과 관

련된 의사결정에서 최악의 결과를 낳는 경우가 많기 때문에 널리 소문이 난다. 기업합병을 둘러싼 책략은 최소한 어느 정도는 비밀리에 진행돼야 하는 점이 있고, 이런 거래를 하려는 근거는 모두 과거의 경험이나 경험에 근거한 데이터가 아니라 미래의 잠재력에 있는 것도 사실이다. 우리가 든 사례들은 M&A 결정은 통상 고독한 최상위 리더에게 맡겨지게 되고, 어떤 조직의 운명을 좌우할 중대한 판단을 내려야 하는 이들 고독한 리더의 능력을 그렇게 신뢰해서는 안 된다는 반면교사의 사례가 된다.

외골수의 기업 지도자가 잘못된 결정을 내리는 사례는 M&A 분야에 국한되지 않는다. 실수는 비즈니스와 조직의 모든 영역, 즉 전략이나 혁신, 영업, 인적자원 등의 영역에서 모두 발생할 수 있으며, 사소한 실수가 때로는 엄청난 결과를 초래하는 경우도 있다.

기업의 전략수립 과정에서 잘못된 판단이 이루어지는 경우는 엄청나게 많지만, 아무리 어리석은 결정이라도 그것을 내리게 만든 막후의 잘못된 심의과정은 외부에 알려지지 않는다. 어리석은 판단 때문에 바람직한 길을 가지 않은 죄도 잘못된 길로 간 죄 못지않게 크다. 이런 사실이 알려지는 경우에는 상당히 곤혹스런 상황을 초래하게 되는데, 오랜 기간 훌륭한 리더라는 칭송을 받던 인물도 예외일 수 없다. 그 좋은 예가 DEC **Digital Equipment Corporation**의 창업자이자 오랫동안 CEO를 지낸 켄 올슨의 경우다.

올슨은 창업 후 30년간 자사가 미니컴퓨터 부문의 지배기업이 되도록 이끌었다.[5] 그의 비전이 옳았음을 증명이라도 하듯이 DEC는 IBM의 뒤를 이어 세계에서 두 번째로 큰 컴퓨터 기업이 되었다. 하지만 1980년대 중반이 되자 대부분의 사람들이 보기에 대세는 명백하게 개인용 컴퓨터 쪽으로 기울고 있었다.

그렇지만 올슨은 그렇게 생각하지 않았다. 그는 미니컴퓨터가 여전히 차세대를 주도할 것이라고 고집했다. '고객들은 책상에 놓는 컴퓨터를 원하지 않는다. 고객들은 바닥에 놓는 컴퓨터를 원한다.'[6] 그가 당시에 고집했던 이 말을 지금 들으면 웃음이 나온다. 고객들 대부분이 데스크탑으로 작업하기를 원하고 있는데도 올슨은 "조직 내에서 일하는 사람은 대부분 터미널을 원한다"고 주장했다.[7] 그는 또 세상 사람들이 모두 유닉스와 윈도우로 옮겨 가고 있을 때에도 DEC가 소유권을 갖고 있는 VMS 운영체계를 고집했다.

리더가 세상의 변화를 인정하려 들지 않는 상황에서 DEC는 더 이상 사업을 유지할 수 없었고, 결국 1998년 96억 달러의 가격에 컴팩에 매각되고 말았다. 그 가격은 전성기의 연 매출액 140억 달러를 훨씬 밑도는 수준이었다.

물론 자신의 직감이 의심할 여지가 없고 자신의 비전이 맞다고 확신한 나머지 실수를 저지른 위대한 기업가가 올슨이 처음은 아니다. 세계에서 가장 크고 가장 성공적인 자동차회사 중 하나를 건설한 헨리 포드는 현명한 결정도 많이 내렸지만 잘못된 판단을 한 경우도 여러 번 있었다. 그는 자동차 조립라인을 완성시켰으며, 사실상 수직적 통합vertical integration이 어떤 것인지 보여주었고, 자사 근로자들의 임금을 이전의 두 배 규모인 일당 5달러로 올림으로써 이들이 직원으로서, 그리고 포드자동차를 구매하는 고객으로서 더 큰 충성심을 갖게 만들었다. 하지만 포드는 정말 끔찍한 결정도 몇 번 내렸다. 그는 포드에서 만든 세계 최초의 대량생산 자동차인 모델 T가 '이 정도면 완벽하다'며 앞으로도 사람들이 필요한 자동차는 이것뿐이라고 선언하고 모델 T의 개선작업을 중단했다. 그 후 1920년대 들어 모델 T의 시장 점유율은 급격히 하락했다. 포드는 또 브라질의 열대우림 안에 '포드랜디아'라고 하는 조립식 산업도시를 건설해서 타이어용 재배 고무의 값싼 공급지로 만들겠다고 결정했다. 하지만 역사가인 그렉 그랜딘에 따르면 포드는 전문가들을 너무 불신해서 이 문제에 관해 고무나무 전문가의 의견도 들어보지 않았다고 한다.[8] 문제의 도시는 농업적 측면이나 사회적 측면에서 모두 끔찍한 실패로 끝났으며, 2천만 달러의 손실을 보고 매각된 다음 정글 속에 버려졌다. 포드가 내린 가장 최악의 결정은 반유대주의 운동에 자신의 이름이 사용되도록 허용하고, 독일에서 온 히틀러 추종자들과 만난 것이었다.

지금은 타계했지만 지난 십여 년 간 눈부신 혜안을 보인 것으로 평가받는 인물인 애플의 스티브 잡스도 판단력이 흐려진 순간이 있었다. 그는 1980년대에 존 스컬리를 고용해 애플의 최고경영자 자리를 물려주었는데, 스컬리가 회사를 이끌면서 애플은 저성장의 시기로 들어갔고, 제품 관련 실책을 여러 차례 저질렀다. 잡스는 나중에 이렇게 말했다. "할 말이 없다. 내가 사람을 잘못 뽑은 것이다. 그는 나를 포함해 내가 십년 간 쌓아올린 모든 것을 파괴했다."[9] 잡스는 스컬리가 그를 쫓아냈을 때 자신이 가진 애플 주식을 모두 팔았는데, 그로 인해 결과적으로 수십 억 달러의 손실을 입게 되었다. 그리고 잡스가 이후 설립한 넥스트 컴퓨터를 성공사례라고 말하는 사람은 거의 없을 것이다. 또한 잡스는 애플의 CEO로 복귀했을 때 스톡옵션의 소급적용을 허용했다. 잡스가 엄청나게 큰 성공을 거둔 일련의 애플 제품으로 명성을 휘날린 것은 분명하지만 그도 잘못된 판단에서 자유로운 사람은 아니었다. 그리고 회사의 창업자 중 한 사람이기 때문에 그가 가끔씩 내린 잘못된 결정도 좀 후한 대접을 받은 게 사실이다. 잡스는 자신이 현명한 결정을 내리게 된 요인의 하나로 다른 사람들에게 많이 의지했다는 점을 들었다. 잡스가 2011년 건강상의 문제로 사임한 뒤 뉴욕타임스는 1997년의 인터뷰 기사를 요약해서 다시 실었는데 이런 내용이 있다.

잡스는 애플의 초창기, 즉 1985년 회사에서 쫓겨나기 이전에는 세세한 일에 일일이 간섭하고 동료들을 질책하는 것으로 악명이 높았다. 하지만 후일 자신이 공동 창립한 컴퓨터 애니메이션 스튜디오 픽사Pixar 시절, 그리고 애플에 다시 복귀한 다음부터는 다른 사람의 말을 더 경청하고, 디자인팀과 영업팀의 의견을 신뢰하는 등 다른 사람들의 입장에 더 많이 의지했다.[10]

왜 리더에 집착하는가

인간의 판단이란 그 어떤 사람이 판단을 하더라도 취약하고 여러 요인에 의해 좌우된다. 아무리 위대한 지도자라 해도 자기 자신의 독특한 틀에서 벗어나지 못한다. 신경과학과 행동경제학에 따르면 모든 인간이 공통적으로 빠지는 판단의 함정이나 인지적 편향cognitive biases이 있다. '초기에 닻을 내린 정보'에 의해 이후에 내리는 판단이 영향을 받는다는 앵커링anchoring 에서부터 제로 리스크 편향zero-risk bias에 이르기까지 여러 가지 현상이 여기에 해당된다. 제로 리스크 편향은 사람들이 큰 리스크보다는 작은 리스크와 작은 손실을 줄이는 데 더 관심을 갖는 경향이 있음을 가리킨다.[11] 최근의 어떤 기사에 따르면 리더는 다른 사람이 내리는 결정이나 의견에서 인지적 편향을 파악할 수는 있어도, 자기 자신이 가진 편향성을 인식할 가능성은 사실상 전혀 없다고 한다.[12]

하지만 이처럼 개인이 많은 실수를 저지르게 된다는 사실과 관계없이 어떤 특정 리더나 결정권자를 모범적인 인물paradigm로 받드는 시각은 여전히 우세하다. 역사는 여전히 위대한 남성(훨씬 드물지만 간혹 위대한 여성)을 영웅시한다. 경영 이론가들은 여전히 고독하고 영웅적인 리더를 찬양한다. 사실 이 '위대한 인물' 이론 뒤에는 오랜 철학적 전통이 있다.

19세기 스코틀랜드 철학자 토마스 칼라일이 1840년에 쓴 책《영웅, 영웅숭배, 그리고 역사상 영웅적인 행위에 관하여》On Heroes, Heroworship and the Heroic in History는 다음과 같은 말로 시작된다.

우리는 여기서 위대한 인물에 관한 논의를 좀 하려고 한다. 즉 그들이 세상사에서 어떻게 등장하는지, 그들이 세계사에서 어떻게 나타나고 있는지, 사람들이 그들에 대해 어떤 관념을 형성하게 됐는지, 그들이 어떤 일을 했는지 등을 논의할 것이다.

칼라일은 초기 저작에서는 괴팍하고 풍자를 잘하는 작가로 알려졌지만, '위대한 인물'에 관한 책을 쓸 때는 풍자의 가면을 모두 벗어던졌다. 이 책의 머리말 끝부분에서 그는 영웅을 흠모하는 태도로 다음과 같이 썼다.

> 우리는 위대한 사람을 보면 그 사람으로부터 뭔가를 얻는다. 그런 사람은 살아 있는 빛의 분수와 같아 사람들은 그와 가까이 있으면 기분이 좋고 상쾌하다. 그 빛은 계몽의 빛이고 세상의 어둠을 밝혀준다. 그리고 이것은 램프 불빛 같은 것이 아니라 하늘의 선물에 의해 자연적으로 빛나는 것이다. 타고난 원래의 통찰력과 남자다움, 영웅적인 고결함이 흐르는 빛의 분수이다. 그의 광휘 안에서 모든 영혼은 편안함을 느낀다.[13]

위대한 인물에 대한 칼라일의 열광은 이 대목만 봐도 이미 정도가 좀 지나치다고 느껴지는데, 이것은 그의 책 첫 페이지에 불과하다. 칼라일은 나이가 들면서 점차 상류사회의 견해를 대변했다. 그는 민주주의란 불가능한 형태의 정부라고 주장했으며, 노예제도를 결코 폐지해서는 안 된다고 주장했다. 아돌프 히틀러는 베를린의 벙커에서 보낸 최후의 시기에 칼라일이 쓴 프리드리히 대왕의 전기를 읽으며 위안을 얻었다. 나치 정권의 선전장관이었던 요제프 괴벨스가 선물한 책이었다.

다행히 칼라일의 생각은 대부분 낡은 것이 되었지만, 위대한 인물 개념은 지금까지 살아남았다. 이 개념은 이론과 실제 모두에서 지금도 생생히 살아 있다.

그 이유는 물론 이 개념이 여러 면에서 매우 편리한 허구이기 때문이다. 사회는 각 구성원이 솔선해서 참여해야 제대로 굴러간다. 따라서 모두가 무임승차만 하려 들면 문제가 생기게 된다. 그래서 롤 모델을 내세우고 개인들이 업적을 올리면 명예와 부가 따를 것이라며 보상책을 제시하는 것이 유용하다. 유명한 광고인 데이비드 오길비는 "어떤 도시의 공원에도 위원회를 기리는 동상은 없다."라는 말을 자주 했다. 대부분의 사람들은 어떤 비범한 인물이 세상에 도전해서 역경을 이겨내는 이야기를 듣고 싶어 한다. 물론 사람들이 대법원같이 권위 있는 심의기관에 경외심을 가질 수는 있다. 하지는 그런 기관이 이룬 업적에는 사람의 관심을 끄는 낭만적인 요소가 거의 없다.

그리하여 우리는 출판사들이 리더들의 자서전을 출판하기 위해 엄청난 액수의 계약금을 쏟아 붓는 현상을 보게 된다. GE의 전 CEO 잭 웰치가 쓴 《잭 웰치, 끝없는 도전과 용기》Jack: Straight from the Gut라는 책이 그랬고, 보다 최근의 예로는 조지 W. 부시 전 미국대통령이 쓴 《결정의 순간》Decision Points을 들 수 있다. 위대한 인물에 집착하는 것은 대중만이 아니다. 리더십을 연구하는 학자들은 거의 칼라일만큼이나 흠모하는 자세로 위대한 리더들의 카리스마 넘치는 힘과 천재적인 의사결정에 관한 책을 썼다. 이들보다는 좀 더 완화된 시각으로 리더십 의사결정에 대해 평가한 책으로는 노엘 티쉬와 워런 베니스가 함께 쓴《성공하는 리더는 어떻게 위기의 순간에 현명한 판단을 내리는가》Judgment: How Winning Leaders Make Great Calls를 들 수 있는데, 이 책도 유명한 CEO들과 이들이 개인적으로 취하는 접근방식에 초점을 맞추고 있다.

리더십을 다룬 책에서 드러나는 이 같은 위대한 인물 집착증은 그냥 로맨스 소설 같은 경영 이야기로 간주하고, 무해한 것으로 볼 수 있을지도 모르나 사회에 불평등을 심화시키고 고통스런 실패를 부추긴다는 점에서 묵과할 수 없는 현상이다. 수익을 올리려고 혈안이 된 기업이사회는 마치 요술을 부리듯이 경영실적을 획기적으로 올릴 것 같은 소수의 인물을 영입하는 데 공을 들이고, 이들을 둘러싼 스카우트 전쟁이 격화되면서 최고경영자들의 몸값은 천정부지로 치솟는다. 2010년의 경우 S&P 500에 들어가는 기업의 CEO는 평균적으로 전체 연봉이 1140만 달러에 달했는데, 이는 모든 직종의 근로자들이 받는 중간소득median income의 343배나 된다.[14] 현대의 CEO들이 받는 특전은 과거 프리드리히 대왕이 누리던 것을 뛰어넘을 정도다. 이들은 전용 비행기와 리무진, 경호 인력에 막대한 경비를 마음대로 쓰고, 수많은 수행원을 거느리고 다닌다. 그러나 많은 경우 이들은 기대했던 만큼 요술을 부리지 못한다.

그리고 정부의 경우는 이른바 위대한 인물에게 그렇게 많은 돈을 지불하지는 않지만, 사람들은 여전히 그들이 세상의, 아니면 최소한 한 나라의 모든 문제를 풀 수 있다고 믿는다. 이런 믿음이 틀렸다는 증거가 많은데도 불구하고 여전히 그렇다. 우리는 대통령선거 운동 과정에서 그들에게 엄청난 관심을 쏟고, 그들에게 영웅적인 특성을 부여한다. 최소한 그들이 우리가 지지하는 정당과 정치적 신념을 대변하는 경우 우리는 그들이 우리의 모든 꿈과 열망을 실현시켜 주고, 일자리를 가져다 주고, 우리가 사는 주택의 가격이 오르도록 해 줄 것이라고 기대한다. 그러나 바빌론의 느부갓네살 왕의 꿈에 나타난 형상과 마찬가지로 현실은 그렇게 인상적이지 못하다.

왕이여, 왕이 큰 신상을 보셨나이다. 그 신상이 왕의 앞에 섰는데, 크고 광채가 특심하며 그 모양이 심히 두려우니, 우상의 머리는 정금이요 가슴과 팔들은 은이요 배와 넓적다리는 놋이요 종아리는 철이요 그 발은 얼마는 철이요 얼마는 진흙이었나이다. (다니엘서 2:31~33)

위대한 조직이 답이다

우리는 의사결정과 조직의 수행능력에 관한 위대한 인물 이론의 해독제로서, 아니 더 나아가 그것을 반박하려는 목적으로 이 책을 썼다. 우리는 탁월한 결과의 공功이 어떤 개인에게 단독으로 돌아가서는 안 된다고 생각한다. CEO나 정치지도자, 선견지명이 있는 사상가들도 우리 모두와 마찬가지로 생각이나 행동에서 최소한 때때로 인간적인 약점을 드러내기 때문이다. 아무리 뛰어난 지도자라도 가끔은 잘못된 결정을 내리는 법이다. 최악의 지도자들은 그런 결정을 자주 내리며, 매우 성공적이었던 조직을 단숨에 무너뜨릴 만큼 끔찍한 결정을 내리는 경우도 여러 번 있을 것이다.

위대한 인물 대신 우리는 '위대한 조직'의 가치를 설파하고자 한다. 즉, 위대한 결정을 반복적으로 내릴 수 있고, 지속적인 능력을 구축하는 조직, 어려운 상황에서 꾸준히 현명한 결정을 할 수 있는 판단력을 가진 조직에 초점을 맞추고자 한다. 위대한 조직은 각 개인은 실수를 할 수 있지만, 함께 뭉쳤을 때는 보다 효과적으로 기능할 수 있다는 사실을 알기 때문에 중요한 결정에 관여하는 사람의 수를 증대시킨다. 이런 조직은 직원들이 갖고 있고, 고객과 협력사들이 갖고 있는 광범위한 전문지식을 활용하며, 그들의 의견을 물어본다. 이런 조직은 직관을 따르기보다는 더 나은 답을 찾기 위한 숙의와 문제해결 과정을 거친다. 이런 조직은 또한 결정을 내릴 때 데이터와 분석을 활용하는데, 이것은 대체적으로 볼 때 지금까지 알려진 방법 중에서 과학적인 방법이 결정과 행동의 가장 나은 안내자이기 때문이다. 이런 위대한 조직은 다양한 대안을 검토하고 반대의견이 있는지 물어보며, 어떤 입장을 지지하기보다는 의문을 제기하는 조직문화를 장려하는 등 건전한 의사결정 과정을 갖고 있다. 간단히 말해, 이런 조직은 위대한 인물이 필요하지도 않고 바람직하지도 않다. 조직이 바로 효과적인 결정 기계가 된다. 이런 조직에서는 단지 상사라는 이유만으로 어떤 답을 무조

건 수용하도록 강요하지 않는다.

조직이 지속적으로 이와 같은 접근방식을 활용할 때, 우리는 그것을 훌륭한 조직적 판단organizational judgment이라고 부른다.

물론 리더는 여전히 중요하다. 비록 그들이 지금의 연봉체계에서처럼 평균적인 근로자보다 343배나 더 중요한 것은 아니지만 그래도 중요한 것은 사실이다. 훌륭한 리더들은 결정해야 할 의제가 무엇인지 제시한다. 그들은 조직문화와 결정과정의 전체적인 분위기를 만들며, 조직의 다양한 일원이 앞으로 나서서 심의과정과 결정과정에 참여하도록 장려한다. 우리는 이 책에서 리더십이나 리더의 역할을 무시하려는 것이 아니라, 단지 리더들이 해야 할 새로운 역할이 있다는 점을 강조한다. 미래의 리더가 할 역할은 중요한 문제를 혼자 결정하는 것이 아니라, 조직 전반에 걸쳐 모든 일이 올바르게 행해져서 최선의 사고思考와 최선의 문제해결 방식으로 더 나은 답을 찾게 만드는 것이다. 그것을 아는 게 바로 위대한 인물이다.

인물에서 조직으로 중심이동

어떤 곳에서 어떤 판단이 중시되는지, 누구의 판단이 중시되는지, 그리고 의사결정 과정에서 판단이 어떻게 이뤄지는지 등을 관찰해 보면 오늘날 많은 조직에서 엄청난 변화가 진행되고 있음을 알 수 있다. 일선 근로자들이 내리는 결정이 이전보다 더 많아졌고, 의사결정 과정이 많이 분산되었으며, 팀 단위의 결정이 더 많아졌다. 이러한 변화는 위대한 인물의 몰락, 그 대신 위대한 조직과 훌륭한 조직적 판단의 부상이라는 현상과 맞물려 있다. 앞으로 훌륭한 의사결정이란 어떤 것인가를 정의해 줄 새로운 패턴이 형성되고 있다. 이러한 패턴 변화를 만드는 데는 다음과 같은 최소한 네 가지의 중요한 트렌드가 있다.

● 첫 번째 트렌드는 '한명이 전체보다 더 똑똑하지는 않다' 는 인식이다. 소셜 미디어, 금융거래시장, 고객의 제품개발 참여 등은 모두 주요 조직들이 다수의 지혜를 활용하려고 하고 있음을 보여주는 증거이다. 짐 서로위키는 큰 반향을 불러일으킨 저서 《군중의 지혜》The Widom of Crowds에서 이 점을 지적했다.[15] 결정과정에 많은 사람을 참여시키는 것은 거추장스럽고, 반드시 더 나은 결과를 낳는다는 보장을 해 주는 것도 아니지만, 보다 나은 결과를 낳는 것이 가능케 하고, 실제로 더 나은 결과를 낳는 경우가 많다.

● 두 번째 트렌드는 군중의 지혜뿐 아니라 군중의 리더십까지 활용하는 것이다. 회사의 위계질서, 그리고 CEO와 사장의 리더십이 사라지진 않겠지만, 집단 리더십이 활용되는 곳이 점차 늘고 있다. 물론 우리는 리눅스와 파이어폭스의 개방적 혁신open innovation 테크놀로지를 잘 알고 있지만, 이것은 하나의 모델에 불과하다. 머다드 바가이와 딜로이트의 CEO였던 짐 퀴글리가 최근에 낸 책에서 주목했듯이 집단 리더십의 전

형 archetype에는 여러 가지가 있다. 예를 들어 작업구조가 서서히 자발적으로 형성되는 유형이 있다.[16] 자원봉사자들이 참여하는 공동체 조직이 이 유형에 해당된다. 그리고 지시에 따라 만들어지는 유형도 있다. 장군과 병사들 간의 관계가 여기에 해당한다. 오케스트라처럼 작업 자체가 미리 정해져 있거나, 즉흥 연극처럼 창의적으로 해야 하는 유형도 있다. 여러 사람이 하나로 일할 수 있는 다양한 방식이 있으며, 조직이 다수의 기여자에 의한 리더십과 의사결정을 통해 이득을 얻을 수 있는 다양한 방식이 있다. 이것은 물론 집합적 리더들의 의사결정 능력을 개선하려는 노력 또한 조직에 이득을 가져다 준다는 것을 의미한다.

● 세 번째 트렌드는 지지를 이끌어내고, 실제로 결정을 내리는 데 데이터와 과학적 분석법 analytics을 활용하는 것이다. 사람들의 직감은 여전히 중요하고 결코 무시해서도 안 되지만, 데이터나 과학적 증거가 있으면 직감으로만 결정하는 것보다 더 나은 결정을 하게 된다는 증거가 많이 있다. 서로 나은 과학적 분석법을 확보하기 위해 경쟁적으로 나서는 조직도 있고, 보다 나은 결정을 내리기 위한 도구로 이런 분석법을 가끔 활용하는 조직도 있다. 말콤 글래드웰이 저서 《블링크》Blink에서 주장했듯이 우리가 직감적으로 신속하고 정확한 판단을 내리는 능력을 갖고 있다면 멋있게 보일지는 모른다. 하지만 실제로 현명한 결정을 내리기 위해서는 체계적인 분석이 필요하다.[17] 글래드웰은 신속하게 정확한 판단을

내리는 능력을 '얇게 조각내기' thin-slicing라고 불렀는데, 그가 제시한 사례들도 실제로는 세밀한 분석을 이용한 것들이었다. 예를 들어 결혼에 관해 연구한 과학자 존 고트먼의 경우도 실제로는 세밀한 분석이 사용됐다.[18] 고트먼은 사람들이 지금의 배우자와 미래에도 계속 결혼한 상태로 있을지 여부를 단 몇 분 만에 알려줄 수 있었다. 그런데 그러한 능력은 수십 년에 걸쳐 사람들의 행동과 말을 부호화하고, 이것을 대상으로 심층적인 통계분석을 해 왔기 때문에 가능했다.

● 네 번째 트렌드는 비교적 새로운 요인인데, 기업과 사람들의 생활을 많은 면에서 전반적으로 변화시키고 있는 것, 다시 말해 정보기술IT이다. IT가 보다 나은 조직적 판단을 직접적으로 가능하게 하는 것은 아니지만, 우리가 지금까지 언급한 여러 변화를 가능하게 해 주는 요인인 것은 분명하다. 초기의 IT 애플리케이션은 주로 보다 나은 비즈니스 거래를 위한 것이었지만, 십여 년 전부터는 지식과 통찰력, 판단의 영역으로까지 확대되었다. 테크놀로지는 앞서 말한 여러 변화, 즉 의사결정과정에 다수를 참여시키고, 과학적 분석법 활용을 가능하게 한다. 또한 여러 다양한 형태의 명시적 지식과 내재화 된 지식을 모두 포착해 내 유포되도록 만들어 준다. 역사적으로 판단이란 기술적 능력이 아니라 인간의 판단능력에 달린 문제로 인식되어져 왔다. 하지만 이제는 판단의 속성에 관해 설명할 때 테크놀로지의 역할을 상당한 수준으로 언급하지 않고서는 완

전한 설명을 할 수 없게 되었다.

전 세계적으로 올바른 결정을 내리는 일이 과거 그 어느 때보다 중요하게 된 시점에 이러한 변화들이 일어났다. 기업들은 그 어느 때보다도 치열한 경쟁에 직면하고 있으며, 경제적 불확실성과 가변성이 증대하는 환경에서 시장과 고객들은 그 어느 때보다 발 빠르게 움직이고 있다. 더구나 조직 내의 집합적 지혜 활용을 보다 쉽게 만든 테크놀로지가 조직의 투명성도 함께 높였기 때문에 중대한 결정을 잘못 내린 데 대한 처벌은 신속하고 엄격해졌다.

물론 조직적 판단의 세계에 아직은 많은 변화가 일어난 게 아니다. 이 책에서 다루고 있는 여러 이야기에서 알 수 있듯이 현명한 판단과 꾸준히 좋은 결정을 내리기 위해서는 훌륭한 리더십, 강력한 문화와 가치, 책임, 올바른 결정과정과 같은 변치 않는 진리가 필요하다. 이런 가치들은 의사결정에 관한 저술에서 널리 강조되어 온 게 사실이다. 하지만 판단을 내리는 환경을 변화시킨 위의 네 가지 새로운 요인과 연관시켜 다룬 경우는 별로 없었다.

조직의 힘을 받아들이는 리더들

어떤 조직은 변화에 대응하는 방식으로 그냥 '머리를 모래에 묻는' 현실회피 접근방식을 취한다. 이런 조직은 구성원의 참여도를 높이는 문제에 대해 말할 때, 자신감이 없는 고위 중역들이 그냥 조직의 상사인 자신들의 판단과 결정만이 중요하다고 주장한다. 소셜테크놀로지 면에서는 공동작업과 집단판단group judgment을 어떻게 용이하게 만들지 궁리하는 대신 많은 기업들이 여전히 이것의 활용을 아예 금지하고 있다. 최고정보책임자CIO들을 대상으로 한 설문조사에 따르면 조사대상 기업의 54퍼센트가 사무실에서 소셜미디어의 사용을 전면적으로 금지하고 있는 것으로 나타났다. 물론 그럼에도 불구하고 많은 직원들이 페이스북에 접속할 방안을 찾아낼 테지만 말이다.[19] 그리고 데이터와 과학적 분석법을 사용하긴 하지만 여전히 많은 수의 고위중역이 자신의 직감을 신뢰한다. 또 어떤 조사에 따르면 내려지는 결정의 40퍼센트는 여전히 직감을 따른다고 하는데, 실제 비율은 이보다 더 높을 것이다.[20]

그러나 많은 기업 간부들은 주변을 둘러보고 세상이 변하고 있음을 깨닫고 있기 때문에 변화의 패턴에 맞춰서 움직이거나 오히려 더 앞서 나가기도 한다. 우리가 이 책에서 소개하는 조직들은 판단을 내리는 과정과 관련해 새로운 접근방식을 받아들였으며, 이 접근방식을 이미 중요한 결정에 적용하고 있다. 이러한 조직들은 보다 많은 사람들과 상의하고 그들의 전문지식을 활용하며, 집합적 리더십의 한 형태를 채택하고 있다. 결정을 내리는 데 데이터와 분석을 적용하며, 이 모든 것을 새로운 테크놀로지로 뒷받침하고 있다. 이들은 크고 전략적인 결정에 집중하기도 하고, 기업전략의 성공적인 수행에 대단히 중요한 그날그날의 업무결정에 집중하기도 한다. 리더들은 여전히 리더로서의 역할을 하지만, 이전보다 다수의 의견을 더 존중하고 더 겸손한 방식으로 하고 있다. 여기엔 어떠한 술책도 통하지 않는다. 우리가 이 책에서 소개하는 조직들은 단지 자신들에게 주어진 숙제를 다양한 방식으로 해나가고 있으며, 이를 통해 보다 나은 결정이라는 결과를 얻고 있다.

참여적인 문화가 핵심

이 책은 조직적 판단을 구축하기 위해 고안된 여러 활동을 통해 어떻게 어떤 특정한 결정이 내려지고 개선되었는지 보여주는 12가지 이야기를 담고 있다. 판단력 구축 활동의 목표는 결정을 잘 내리는 것이기 때문에 이 활동을 잘 들여다보게 해 주는 중요한 렌즈가 바로 활동의 결과로 나온 결정이다. 잘 생각해 보면 요즘은 조직의 활동 중 매우 방대한 부분이 궁극적으로 보다 나은 결정을 내리기 위한 것이다. 예를 들어 IT 프로젝트들을 보면 결정을 잘 내리는 것이 암묵적인 목표인 경우가 많다. 기업이 값비싼 새 관리운용 시스템을 도입한다거나, 데이터 웨어하우스나 지식관리 시스템을 구축한다거나, 비즈니스 인텔리전스 소프트웨어를 설치한다거나 하는 경우, 궁극적인 목적은 자사 조직 내에서 보다 나은 결정이 이루어지도록 지원하려는 것이다. IT 영역 밖에서도 여러분의 조직은 결정 역할을 명확히 하고, 비즈니스 프로세스를 재설계하고, 비즈니스 전략 같은 특정한 결정을 다루는 방식을 통해 보다 나은 결정을 내리려는 노력을 하고 있을 것이다. 만일 이와 같은 활동을 하고 있는데도 보다 나은 결정이라는 결과를 얻지 못하고 있다면 그 조직은 뭔가 잘못된 것이다. 이런 경우에는 아마도 앞서 언급한 활동과 개선의 여지가 있는 실제의 결정 간에 보다 긴밀한 연결고리를 확립할 필요가 있을 것이다.

그렇지만 가끔씩 문제야 생기겠지만, 그래도 우리는 보다 나은 결정을 내릴 수 있으며, 훌륭한 조직적 판단을 통해 올바른 결정을 내릴 수 있다. 우리는 이 책에서 좋은 결정의 사례들을 이야기한다. 그것은 본받을 만한 좋은 예를 제시할 필요가 있다고 생각하기 때문이다. 이 머리말의 서두에서 이야기했듯이 나쁜 결정에 초점을 맞추는 것은 쉽고, 나쁜 결정의 사례들은 너무나 많다. 하지만 우리는 금융위기에서 은행들이 내린 잘못된 결정이나 글로벌 에너지 기업 BP와 그 협력사들이 멕시코만 기름유출 사건에서 내린 잘못된 판단, 우주왕복선 챌린저호와 컬럼비아호의 참사를 불러온 나사美國航空宇宙局의 잘못된 결정 등에 대해 독자들은 하도 많이 들어서 더 이상 읽거나 듣고 싶어 하지 않을 것이라고 생각했다. 나쁜 결정은 지금도 일어나고 있으며, 때로는 매우 유익한 교훈이 되기도 한다. 그리고 우리 모두는 인간적 약점이나 이로 인해 발생하는 문제에 대해 읽는 것을 좋아한다. 그렇지만 이 모든 나쁜 사례들에 대해 심층적인 연구가 진행되었음에도 불구하고 세상은 결정을 내리는 문제에 있어 더 나아지고 있는 것 같지 않다. 그래서 우리는 긍정적인 것을 강조하기로 했다. 우리가 이 책에서 묘사하고 있는 조직들도 분명 완벽한 것은 아니지만, 보다 나은 결정을 내리기 위한 여정에서 남들보다 앞서 있는 것처럼 보인다.

우리는 이 책에서 어떤 체크 리스트를 제시하는 것이 아니라 이야기를 들려주려고 한다. 이야기는 증거를 제시하는 가장 엄밀한 형태는 아닐지 몰라도 기억하기엔 가장 좋은 형태라고 할 수 있다. 우리는 학습과 모델링을 얻기 위해 설명narrative의 힘을 빌리려고 한다. 우리는 또한 스토리 구조를 통해 필요한 콘텍스트context와 인간관계의 얽힘을 잘 통합할 수 있다고 본다. 그리고 요즘 세상에 새로운 경영 프레임워크framework를 또 제시할 필요가 있을까?

그럼에도 불구하고 이 책에서 다루고 있는 이야기들에는 조직적 판단의 새로운 패러다임을 규정한다고 생각되는 몇 가지 공통된 테마가 있다. 바로 다음과 같은 테마들이다.

참여적 문제해결 과정을 통해 결정 내리기 | 조직적 판단은 근본적으로 철저한 과정에 따라 이루어진다. 철저히 조직화 된 과정이 아니라도 마찬가지다. 이 과정의 단계들을 보면 우선 어떤 문제를 해결해야 하는지 포착하고, 그 다음은 반복적인 절차를 통해서 답을 찾아야 하는 문제가 무엇인지 그 범위를 좁혀 들어가는 단계, 다양한 의견을 수렴하는 단계, 사실에 근거한 분석법을 활용해 이득과 리스크를 저울질하고, 가설을 세우고 테스트해 보는 단계, 그리고 지속적인 심의과정을 통해 모든 적절한 대안을 추구하고 최선의 답이 나올 때까지 깨달아가는 단계가 있다. 이와 같은 과정 자체만

큼 중요한 것은 그 과정이 참여적이어야 한다는 것이다. 물론 참여의 정도는 상황에 따라 달라질 수 있다. 훌륭한 판단력을 갖춘 조직들은 중요한 결정을 내릴 때 통상 소수의 고위간부보다 광범위한 그룹을 활용하며, 반대 의견을 포함해 다양한 관점으로 사안을 검토한다. 군중 수준은 아닐지라도 하여튼 다수가 참여한다. 그리고 지위 고하를 막론하고 가장 뛰어난 지식과 경험을 가진 사람들이 결정과정에 포함되도록 하며, 내려진 결정을 실행에 옮기고, 그 결정의 영향을 실제로 받는 실무진front line과 제휴사, 공급업체, 고객과 같은 주요 이해당사자들의 관점을 포용한다.

새로운 기술과 분석법이 중심 자리로 | 기업의 전략과 마케팅을 정하거나 여러 중요한 결정을 내릴 때 신기술로 가능해진 분석이나 분석법이 얼마나 큰 힘과 가치를 지니는지 깨닫는 회사들이 늘어나고 있다. 이에 따라 모든 기업의 실무 부서에 데이터 분석을 통합시키는 문제와 관련해 새로운 기준이 생기고 있다. 테크놀로지 전문가들이 중요한 결정과정에서 제외되던 과거와 달리 이제는 업종이나 분야에 상관없이 결정을 내리는 과정, 그리고 조직이 내리는 전반적인 판단에서 테크놀로지가 필요불가결한 존재가 되고 있다.

참여적인 문화가 힘을 발휘 | 탁월한 판단을 실천하는 조직은 필연적으로 우리가 앞서 언급한 중요한 속성이나 가치들이 운영문화 안에 많이 내재되

어 있다. 문제해결 과정을 존중하고 참여주의, 리더는 결정을 촉진시키는 사람이지 제왕이 아니라는 인식 등이 이러한 문화에 해당된다. 어떤 조직은 새로운 종류의 가치와 행동을 받아들이는 것을 다른 조직들보다 더 자연스럽게 한다. 보다 나은 의사결정과 새로운 패턴의 필요성이 생기기 시작하면서 보다 민주적이고 분석적인 접근방식에 맞춰 문화적인 변화가 함께 일어나는 경우도 있다.

조직의 힘이 자리잡도록 리더가 유도 | 조직적 판단을 내리는 데 있어 리더의 역할은 우선 결정을 내리는 일이 자신이 혼자서 배타적으로 하는 일이 안 되도록 만드는 것이다. 뛰어난 리더는 판단을 내리는 데 핵심적인 일, 다시 말해 보다 많은 사람이 참여하는 문제해결 접근방식의 과정과 사고방식이 조직 내에 잘 자리 잡도록 한다. 그리고 이것이 조직의 통상적 업무방식의 일부가 되도록 만든다. 뛰어난 리더가 문화적 변화를 도입해서 조직이 전반적으로 더 나은 판단을 내리는 방향으로 움직이게 만든 사례는 많이 있다.

이 책에서 소개된 이야기들에는 이러한 테마들이 다양한 차원, 다양한 방식으로 나타나 있으며, 각 장章은 공통된 테마가 어떻게 조금씩 변형되어 나타나는지 보여준다. 물론 이 책에서 말하는 조직적 판단이란 계속 진화 중인 패러다임이기 때문에 다양한 형태로 나타나며, 불완전한 형태로 나타나는 경우도 많다. 어떤 단일 조직이 이 모든 아이디어를 완전하게, 완벽하게 다 갖고 있고 또 1백 퍼센트 실행하고 있다고 기대하긴 어렵다. 이 책의 이야기들은 현재 떠오르고 있는 것의 윤곽만 보여줄 뿐 세부사항은 독자 여러분이나 여러분의 조직이 채워나갈 수 있다. 여러분이 자신의 업무와 관련해 결정을 내릴 때 이 새로운 접근방식에서 제시하는 아이디어들이 어떻게 도움을 줄 수 있을지 생각해 보기 바란다.

이 책을 읽어야 하는 이유

만일 여러분 스스로 자신이 매우 뛰어난 직감을 갖고 있다고 생각하고, 언제나 단독으로 탁월한 결정을 내리며, 자신의 조직 내에서 오로지 자신의 의견만 중요하다고 생각하는 사람이 있다면, 그리고 소셜 테크놀로지는 순전히 시간낭비라고 생각하는 사람이 있다면, 이 책이 여러분을 불편하게 만들지도 모르니까 책 읽는 것을 즉시 중단하는 것이 좋겠다.

하지만 당신이 아직 이 책을 읽고 있다면, 그것은 여러분이 여러분의 조직 안에 있는 다른 사람들이 여러분이 내리는 결정을 도와줄 수 있는 전문지식이나 의견을 갖고 있을 가능성을 믿는다는 뜻이며, 과학적 증거와 데이터 분석이 결정을 내리는 데 도움을 준다고 생각한다는 뜻이다. 단지 성공적인 조직이 어떤 결정과정을 활용하고 있는지 궁금해서 이 책을 읽고 있을 수도 있다. 여러분이 만약 자신이 몸담고 있는 조직을 더 나은 조직으로 만들어야 할 책임이 있는 고위 간부라면, 이 책은 분명 여러분이 읽어야 할 책이다. 여러분은 당연히 여러분이 일하는 회사나 기관, 또는 학교가 장기적으로 더 나은 결정을 내리길 바랄 것이다. 우리는 여러분이 바라는 이 목적을 달성하기 위한 가장 좋은 방법이 조직의 전반적이고 집합적인 판단을 개선하기 위한 활동을 시작하는 것이라는 점을 여러분에게 납득시키고 싶다.

여러분이 만일 개인 기고자이거나 교육자 혹은 컨설턴트라면, 여러분도 물론 결정을 내릴 일이 있을 것이므로 보다 나은 결정을 내리기 위한 방법에 관해 아는 것이 도움이 될 것이다. 만약에 여러분이 어떤 큰 조직을 이끄는 책임을 맡은 사람은 아니라고 치자. 그렇더라도 모든 사람은 전체의 지혜에서 도움을 받을 수 있는 사회적 네트워크(페이스북이 아니라 진짜 사회적인 관계)의 일원이며, 요즘과 같은 인터넷 시대에는 누구나 어려운 문제의 해결에 도움이 될 수 있는 데이터를 수집하고 분석할 수 있다. 우리는 말단 직원이나 자유분방한 개인도 조직 내에서 판단 행위가 어떻게 이루어지는지에 대해 알면 자신의 의사결정 능력을 개선하는 데 도움이 되리라고 믿는다.

여러분의 현재 고용상황이 어떻든 간에, 우리는 어떤 조직이 새로운 도구와 오래 된 도구를 모두 사용해서 점차 더 나은 결정을 내리게 되는 과정에 관한 이야기를 여러분이 재미있게 읽을 것이라고 생각한다. 그래서 우리는 이 책의 이야기를 읽고, 새로운 세상이 어느 방향으로 나아가고 있는지 보도록 여러분을 초대한다.

참여적 문제해결
과정에 관한 이야기

여기서는 시작하는 글에서 소개한 새로운 패턴 중 처음의 두 가지 테마를 잘 보여주는 조직들에 초점을 맞출 것이다. 두 가지 테마는 결정 내리는 일을 반복적인 문제해결 과정의 틀에서 보는 것과 올바른 답을 얻기 위해 의식적으로 다수의 참여도를 높이는 접근방식을 쓰는 것이다.

첫 번째 이야기는 나사NASA에서 일어난 이야기로, 우주왕복선의 발사 문제를 놓고 나사 직원들이 어려운 결정을 내려야 했던 이야기다. 우리는 과거에 비극적인 결과를 낳은 몇몇 잘못된 결정으로 알려진 조직인 나사가 어떻게 과거의 실수에서 교훈을 얻어 조직적 판단을 위해 보다 나은 접근방식을 받아들였는지 살펴볼 것이다. 그리고 다음 이야기는 리더가 주택건설사업에서 부딪친 미분양 문제를 부가가치 창출 과정으로 변화시킨 흥미롭고 혁신적인 소기업의 이야기다. 마지막 이야기는 글로벌 컨설팅 회사인 맥킨지 앤 컴퍼니의 사례 연구인데, 이 회사의 파트너들이 자사에 가장 귀중한 자산, 즉 인재를 구하고 훌륭하게 키우는 문제를 놓고 어떤 중요한 결정을 내렸는지 살펴볼 것이다.

1

나사의
디스커버리호
발사
승인과정

모든 권위와 무사안일
벗어던진 최종발사허가회의

2009년 2월, 나사의 엔지니어와 과학자들은 생사의 갈림길이 될 수도 있는 중대한 결정, 즉 우주왕복선 디스커버리호의 다음 번 비행인 미션 STS-119의 발사를 허가할 것이냐 하는 문제를 놓고 씨름하고 있었다. 나사 유인 우주선 발사는 언제나 우주비행사의 생명과 수백만 달러어치의 장비를 위태롭게 할 수 있는 것으로, 발사가 성공할 경우 세간의 평판이나 정치적 자산, 과학적 명성도 함께 올라갈 수 있지만, 실패할 경우에는 이 모든 것을 망쳐놓게 된다. 모든 우주비행에서 나사는 가능한 최대의 확실성을 얻기 원하지만, 정해진 일정을 지켜야 하는 압박감이 있기 때문에 모든 가능한 우려사항을 해결하기 위해 끝없이 토론하고 분석하기는 어려운 상황이다. 운영 일정이 **빡빡하게** 정해져 있고 프로젝트 진도가 매우 중요하기 때문이다. 당시 STS-119의 문제는 엔진에 연료를 공급하는 시스템에 결함이 있는 밸브가 있을지 모른다는 우려였는데, 이 밸브는 너무나 중요한 요소인 수소탱크의 압력을 유지하는 데 필수적인 역할을 하는 것이다. 지난 번 비행인 STS-126 때도 같은 문제를 경험했는데, 다행히 비행의 성공에 영향을 미치지 않았다. 하지만 나사 엔지니어들은 행운에 기대려 하지 않았고, 이번 비행의 경우 재앙이 발생할 리스크는 매우 실제적이었다. 문제가 된 부품은 더 이상 제조되지 않는 제품이어서 쉽게 대체할 수 없었지만, 시스템 다중화에 의해 다른 밸브들로 뒷받침되어 있었다. STS-119를 발사해도 괜찮을까? 비행준비검토^{FRR}팀은 적절한 수준의 확신을 갖고 발사 여부를 올바르게 결정할 수 있을까?[1]

과 거 의   실 패 에 서
배 우 기

전 세계가 다 알듯이 나사의 판단 실수가 비극을 초래한 첫 번째 사례는 1986년 1월 28일 우주왕복선 챌린저호가 발사 후 2분 만에 공중에서 폭발해 승무원 전원이 몰사한 사건이었다. 추운 날씨가 챌린저호의 고체 로켓 모터의 결합부에 있는 O-링(접합용 패킹의 일종)의 효율성을 떨어뜨릴 수 있다는 우려에도 불구하고, 케네디우주센터 부근의 기온이 거의 영하로 떨어진 그날 나사의 관리자들은 챌린저호의 발사를 승인했다. 챌린저호는 결합부를 밀봉하는 O-링의 기능에 이상이 생기면서 고열의 불꽃이 누출되었고, 이로 인해 외부 연료 탱크 안에 들어 있던 액체수소와 액체산소에 불이 붙어서 폭발한 것이다.

다른 우주왕복선의 발사와 마찬가지로 1986년의 발사도 비행준비검토FRR를 거친 후 이루어졌다. FRR의 목적은 비행의 성공을 위협할 수 있는 문제들을 평가하고, 이 문제들이 해결될 때까지 발사 허가를 내리지 않는 것이다. 사고가 나기 2주일 전 이뤄진 FRR에서 챌린저호는 비행을 해도 좋다는 승인을 받았다. 물론 이 FRR 회의에 참석했던 사람들은 2주일 후 날씨가 얼마나 추워질지 예견하지 못했다. 발사 전날 나사 직원들은 날씨에 대해 걱정을 하게 되었고, 마샬우주비행센터의 고체 로켓 모터 관리자는 이 모터의 제작사인 모튼 티오콜에게 모터가 추위에 안전한지 검토해달라고 요청했다. 그날 저녁 연이어 열린 원격회의에서 티오콜 엔지니어들은 처음에 저온에서의 발사에 반대하는 의견을 냈다. 그러나 나사의 우주왕복선 관리자들이 이 의견에 대해 반박하자, 티오콜 엔지니어와 관리자들 간에 열린 오프라인 간부회의에서 처음의 의견을 뒤집었다. 챌린저호는 다음날 아침 발사되었고, 73초 후 폭발했다.

챌린저호 참사를 조사하기 위해 출범한 대통령자문위원회는 우주왕복선 발사일정을 지켜야한다는 압박감이 관리자들로 하여금 O-링에 대해 엔지니어들이 가진 우려의 심각성을 최소화시켰다고 밝혔다.[2] 우주왕복선의 '생산성'을 의식한 것이 판단 잘못에 기여한 게 분명했다. 사회학자 다이앤 본은 챌린저호의 발사승인 과정에 대해 자세히 연구한 《챌린저호 발사 결정》 The Challenger Launch Decision에서 보다 완벽하고 상세한 설명을 제시했다. 본은 이른바 '일탈의 일반화' normalization of deviance를 핵심 요인으로 지목한다. O-링 문제를 가지고서도 이전에 추운 날씨 혹은 쌀쌀한 날씨에서 비행이 재난으로 이어지지 않았기 때문에, 처음에는 심각한 손상으로 받아들여졌던 것이 점차 통상적인 것으로 용인되었다는 설명이다. FRR 회의 참석자들이 O-링 문제를 수용 가능한 리스크로 보게 된 것이다. 다시 말해 20여 회에 걸친 이전의 비행이 성공했기 때문에 무사안일주의가 생겨났고, 이로 인해 위험의 심각성을 충분히 인식하는 데 실패한 것이다. 그 결과 '잘못된 판단으로 점진적 하향'이 이루어졌다고 본은 말한다.[3]

다이앤 본은 또한 1월 27일 열린 원격회의 심의과정에 문제가 있었다고 지적한다. 케네디우주센터와 마샬우주비행센터의 나사 관리자들은 O-링에 대해 우려하고 있던 모든 티오콜사의 엔지니어들을 직접 만나 볼 수 없었다. 그래서 그들은 엔지니어들의 불편한 심경이 표현되었을지도 모를 '바디 랭귀지'를 놓쳤고, 기술적 문제를 보다 잘 이해하게 해 주었을지도 모를 현지의 대화내용에 대해서도 알지 못했다. 결과적으로 엔지니어들의 우려 수준은 이들에게 명확하게 전달되지 못했다. 게다가 나사의 기술문화는 부분적으로 직감에 의존하는 엔지니어들의 위험 주장을 과소평가하는 경향이 있었다.

그러므로 이 끔찍한 사례에서 잘못된 판단을 초래한 원인은 발사일정과 생산성 목표를 망칠 수 있는 '나쁜 소식'을 인정하기 꺼렸던 점, 과거의 성공에 따른 무사안일주의, 그리고 효과적이지 못한 의사전달 과정 등 여러 가지가 있다.

그리고 17년 후, 챌린저호 이후 처음으로 우주왕복선 컬럼비아호의 치명적 사고가 발생했다. 만일 컬럼비아호가 궤도를 돌고 있을 때 입은 손상에 대해 나사가 제대로 알았더라도 승무원들의 생명을 구할 수 있었을지 여부는 불확실하다. 이 사고를 조사했던 위원회는 나사가 손상 가능성을 가늠하려는 시도를 하지 않은 이유로 과거 챌린저호의 사례에서와 동일한 요인을 여러 개 지적했다. 그 가운데 특히 두드러진 요인이 바로 과거의 많은 성공 사례에 따른 무사안일주의와 효과적인 의사전달 실패였다.

나사는 이 두 번째 사고를 겪고 컬럼비아호 사고조사위원회 보고서를 통해 많은 비판을 받자 문제의 치명적 에러를 일으킨 절차상의 결함뿐 아니라 문화적인 결함까지 고쳐야겠다는 결심을 굳혔으며, 그 후 시간을 두고 조직의 절차와 문화에 여러 가지 변화가 도입되었다.[4] 이제 우리는 STS-119에 관한 비행준비검토FRR과정을 살펴보려고 하는데, 이를 통해 나사가 비행의 실행 가능성과 안전성에 관한 판단의 견실성을 확보하기 위해 어떤 조치를 취했는지 잘 알 수 있을 것이다. 디스커버리호는 원래 2009년 2월 19일 발사 예정이었지만 거의 한 달이나 늦은 3월 15일에 발사되었다.

비 행 사 안 전 을
최 우 선 시 하 는 FRR 회 의

요즘에는 발사예정일을 앞두고
케네디우주센터에서 FRR을 할
때 기술팀과 관리자들이 한 방에 모여 같이 회의를 하는데, 참석자 중에는 프로그램·엔지니어링·안전성의 세 영역을 대표하는 사람들이 포함된다. 우주왕복선 디스커버리 STS-119에 대한 FRR 회의 때는 약 150명의 인원이 참석했다. 사람들이 한 곳에 모여서 얼굴을 맞대고 회의를 하는 것이 중요하다는 사실은 부주의와 오해, 불완전한 의사전달이 흔히 발생하는 원격회의와 비교해 보면 명백히 알 수 있다. 챌린저호 당시의 원격회의가 좋은 예이다.

우선 FRR 회의를 하기 전 일련의 소규모 팀별 회의와 기술적 검토를 통해 공식적인 FRR에서 제기될 문제들을 논의하고 분석하는데, 약 50개의 팀이 특정한 기술과 프로젝트, 하위 시스템들에 관한 작업을 한다. 이들 회의는 결정을 내리기 위한 중복적 시스템의 일부로서, 종합적이고 체계적인 문제해결 과정에 긴밀하게 통합되어 있다. 이 시스템에는 권한과 과제들이 서로 겹쳐 있기 때문에 잠재적 문제와 불확실성을 발견할 가능성이 높아진다. 즉 미확인 문제나 불확실성이 빠져나갈 틈이 전혀 없도록 한 것이다. 이와 같은 업무방식과 전체 과정이 원활하게 움직이도록 만드는 조직문화는 사람들이 어떤 문제를 보았을 때 공개적으로 말할 수 있는 기회를 빨리, 그리고 충분히 준다. 나사의 수석 엔지니어인 마이크 라이쉬케위치는 다음과 같이 말한다. "요즘 나사가 크게 강조하고 있는 것 중의 하나는 여기서 일하는 사람은 누구나 뭔가 잘못됐다는 생각이 들면 그 문제를 제기할 책임이 있고, 또 제기할 수 있다는 것이다. 예를 들면 나사 도처에 승무원의 안전 극대화를 최우선 의무로 삼고 있는 전문가들이 깔려 있다."

이렇게 예비작업을 많이 하는 덕분에 FRR 회의는 대부분 일상적인 일처럼 상당히 순조롭게 진행된다. FRR을 하기 전에 이미 문제 파악과 분석, 해결이 이뤄지기 때문이다. 기술적인 작업을 한 팀의 대표가 자기 팀이 파악한 결과를 전체 그룹에 발표하며, 각 팀은 다른 동료들의 질문에 대답하기 위해 필요한 지식을 갖추고 있다. 그런데 STS-119에 대한 FRR 회의는 평소와 달랐고, 한 번이 아니라 여러 번 해야 했다. 서두에 언급했던 엔진 밸브의 기술적 문제는 첫 번째 FRR 회의 때는 거의 파악되지 않았고, 마라톤 회의가 된 두 번째 회의에서도 많은 참석자들을 만족시키는 수준으로 해결되지 못했다. 결국 회의를 세 번 한 후에 겨우 발사 허가 결정이 내려졌다. 이러한 의사결정 과정은 FRR이 미리 결정된 결론을 그냥 자동적으로 승인하는 절차가 아님을 보여주었고, 나사 사람들은 이제 발사일정이나 생산성보다 비행의 안전을 더 중시해서 기술적인 우려사항이 있을 때는 비행을 기꺼이 연기한다는 라이쉬케위치의 주장을 지지했다. 문제해결과 의사결정 과정이 철저히 조직화 되어 있긴 하지만 반대의견을 기꺼이 낼 수 있고, 자유로운 의견교환이 가능한 조직문화가 자칫 지나치게 기계적으로 굴러갈 수 있는 활동에 균형을 잡아주고 융통성을 주고 있는 것이다.

문제점 제로가
목표
STS-119에 대한 FRR 회의에 참석한 엔지니어

와 과학자들이 직면한 문제는 이전의 우주왕복

선 엔데버 STS-126 비행 도중에 드러난 문제였다. 당시 엔데버호가 2008년

11월 14일 케네디우주센터에서 발사된 직후, 비행 관제사들은 엔데버호에

있는 세 개의 메인 엔진 중 하나와 관련해 예기치 못한 수소의 유동流動 증대

가 있음을 알았다. 당시 세 개의 제어 밸브가 함께 협력해서 수소탱크 안에

적절한 압력을 유지하고 있었기 때문에 다른 밸브들이 고장 난 밸브의 기능

을 대신함으로써 비행은 안전하게 진행되었다. 그러나 다음 우주왕복선을

발사하기 전에 이 문제가 왜, 그리고 어떻게 발생했는지 파악해야 했으며,

이 문제가 재발할 가능성이 있는지, 그리고 재발할 경우 얼마나 위험한지 등

을 알아야 했다.

플로리다의 악천후 때문에 엔데버호는 11월 30일 캘리포니아에 착륙했고,

12월 12일이 되어서야 케네디우주센터에 귀환했기 때문에 결함 있는 밸브

에 대한 조사는 거의 2주일이나 늦춰졌다. X-선을 찍어보니 밸브의 포핏

poppet(흐름을 조절하기 위해 아래위로 움직이는 끝부분이 뾰족한 플러그)에서 한

조각이 떨어져나간 상태였다. 따라서 엔지니어들이 고려해야 할 리스크에는

STS-126에서 본 것과 같은 종류의 비정상적인 수소 유동流動뿐 아니라 포핏

에서 떨어져나간 파편이 추진연료관 속에서 빠르게 움직이면서 연료관을 파

열시킬 가능성도 포함되어 있었다. 이것이 어떤 수준의 리스크인지는 두 가

지 요인, 즉 문제가 발생할 확률과 발생할 경우 그 결과의 심각성이 어느 정

도인가 하는 데 달려 있었다. 연료관 파열이 가져올 결과는 끔찍할 것이기 때문에, 그런 일이 발생할 확률을 최대한 낮춰서 수용 가능한 리스크로 만들어야 했다. 이를 위해 필요한 기술적 분석에는 다음의 두 가지 중요한 요소가 포함되어야 했다. 하나는 비슷한 고장이 발생할 개연성을 알아내기 위한 방편으로 우선 밸브를 조사해서 포핏이 왜 부서졌는지 밝히는 것이고, 다른 하나는 포핏 파편이 추진연료 시스템을 망가뜨릴 가능성이 어느 정도 높은지 알아내는 것이었다.

문제의 밸브는 우주왕복선과 메인 엔진, 그리고 외부 연료탱크를 포함한 시스템의 일부이기 때문에 밸브의 고장 원인을 파악할 책임은 휴스턴의 존슨우주센터와 앨라배마 헌츠빌에 있는 마샬우주비행센터, 그리고 보잉사를 포함한 나사의 몇몇 하청업체들이 함께 져야 했다. 그래서 이 문제와 관련된 모든 기관이 필요한 작업을 하기 시작했는데, 그 과정은 매우 까다로운 것이었다.

STS-119에 대한 첫 번째 FRR 회의는 2월 3일에 열렸다. 그런데 다음 비행을 할 우주왕복선 디스커버리호가 비행을 해도 좋을지 승인할 만큼 기술팀들이 문제를 충분히 이해하지 못하고 있다는 사실이 분명해졌다. 존슨우주센터의 엔지니어링 디렉터인 스티브 앨티머스는 이렇게 말했다. "우리는 첫 번째 FRR 회의에서 유동流動 환경을 명확하게 알지 못하기 때문에 포핏에서 파편이 떨어져나갈 가능성이 어느 정도인지 말할 수 없었다. 파편이 떨어져나가는 것을 더 잘 통제할 수 있어야 한다는 말만 하고 있었다." 발사는 2월

22일로 늦춰졌고 기술팀들은 작업을 계속했다. 나중에 보니 이 정도 연기한 것도 너무 안이한 결정이었다.

기술팀들은 까다로운 문제에 직면했다. X-선 분석은 포핏의 고장이 이른바 여러 번 사용해서 생기는 손상인 '고주기 피로'high-cycle fatigue 때문임을 보여주었다. 그런데 문제의 부품은 더 이상 제조되지 않는 것이어서 공급이 제대로 안 되는 상황이었기 때문에, 피로가 전혀 없는 새 포핏을 구한다는 대안은 현실성이 없었다. 이런 사실을 감안할 때 합리적인 접근방식은 포핏들을 모두 조사해서 잠재적 문제점을 드러낼 수 있는 균열 같은 것이 있는지 살펴보는 것이었다. 균열이 없는 포핏이라면 고장 날 가능성이 매우 낮아 보이기 때문이다. 그렇지만 전자현미경으로 들여다보더라도 포핏에 작은 균열이 있는지 제대로 포착하려면 먼저 포핏의 표면을 처리해야 하는데, 이와 같은 표면처리는 기재를 미묘하게 변화시키기 때문에 기존에 받은 비행 인증이 무효화 된다.

포핏 파편이 연료관을 파열시킬 수 있는지 여부를 판정하기 위한 노력은 각기 다른 크기의 파편이 갖는 속도와 회전, 개연성 있는 방향들을 알아보는 데 필요한 유체역학분석의 복잡성 때문에 더욱 더 어려워졌다. 빠르게 움직이는 유체의 행동을 예측하는 일은 너무 어려웠다. 나사의 글렌연구센터와 스테니스우주센터, 그리고 화이트 샌즈 시험소는 시뮬레이션을 통해 문제를 이해하기 위한 충격시험을 시작했다.

두 번째 FRR 회의는 2월 20일로 예정되어 있었다. 우주왕복선의 수석 안

전담당관인 스코트 존슨은 이렇게 말했다. "안전문제에 관여하고 있던 사람들은 대부분 우리 앞에 놓인 업무량에 대해 우려하고 있었다. 그래서 나는 FRR 회의를 연기하자고 권고했다. 우리가 진행 중인 분석작업이 아직 많이 남았고, 리스크를 수량화할 수 있는 단계에 가까이 가지 못한 상태였다."

마 라 톤
회 의

그렇지만 FRR은 예정대로 진행되었다. 케네디우주센터의 동굴같이 널찍한 제2운영지원빌딩에 나사 센터의 엔지니어와 관리자들, 국제적인 제휴사, 하청업체, 컨설턴트들, 그리고 수세대에 걸쳐 실용적인 지혜를 높이 평가받고 있는 전직 나사 직원들까지 150명이 넘는 사람이 모였다. 전직 나사 직원은 '현인들'graybeards이라 불렸다. STS-119에 탑승할 우주비행사들도 그 자리에 참석했다. 당시 나사의 우주사업본부장으로 회의를 주재했던 빌 거스턴마이어는 나중에 이렇게 썼다. "나는 우주비행사 전원과 매우 긴밀하게 일했다…. 그들의 자녀는 우리 아이들과 같은 학교를 다녔고, 우리가 그들의 안전 문제를 논의하는 바로 그 자리에 그들도 같이 있었다." 마이크 라이쉬케위치는 이렇게 회고했다. "우리가 받는 압박감은 만일 우리가 치명적인 실수를 저지르게 되면 사람들이 죽는다는 것이었다…. 우리가 하는 일은 친구이고 우리가 잘 아는 사람들에게 '이제 괜찮으니 비행해도 좋다'고 말해주는 것이었다."

나사의 프로그램/프로젝트 및 엔지니어링 리더십 아카데미의 디렉터인 에드 호프만은 그날 회의가 열린 건물이 워낙 웅장한 데다 목적의식, 조용한 가운데 느껴지는 불안감의 존재 등이 마치 성당에서 미사를 보는 것 같은 느낌이 들게 했다고 말했다. 이 아카데미는 나사 조직 전반에 걸친 지식 공유와 프로젝트 관리 개발을 맡고 있는 기관이다.

회의는 거의 14시간이나 지속됐는데, 이전의 어떤 FRR보다도 훨씬 오래 걸린 회의였다. 이는 기술적 문제의 불확실성이 여전히 남아 있다는 사실과 충분하고 자유로운 논의를 허용하는 경영진의 개방성, 이 두 가지를 모두 나타냈다.

엄청나게 많은 양의 분석과 테스트를 했음에도 불구하고 STS-126의 밸브 파손에 대한 원인과 재발 가능성에 대한 기술적 프레젠테이션은 불완전했고, 참석자들은 결론을 내리지 못했다. 대부분의 FRR과 달리 회의 도중에 새 데이터가 제출되어 새로운 정보를 놓고 대화가 계속되는 상황이었으며, 안전성 마진을 나타내는 차트에는 TBD^{미정}라는 용어가 포함되어 있었다.

그리고 일부 테스트 데이터를 놓고 의문이 제기되었다. 존슨우주센터의 개념분석팀장인 진 그러쉬는 나사의 스테니스우주센터로부터 전화를 받았는데, 포핏에서 떨어져나간 파편이 연료관을 파열시킬 수 있는 위험을 평가하기 위한 프로그램에서 잘못된 재료를 사용했다는 내용이었다. 그러쉬는 이렇게 말했다. "나는 그 넓은 방의 모든 사람 앞에 일어서서 '그런데 우리의 테스트 결과에 문제가 좀 있습니다. 물론 테스트는 매우 잘 했는데, 시험 대상이 된 조각의 강도가 조건을 만족시킬 정도로 충분히 높지 않았습니다'

라고 말했다. 이것은 우리가 한 테스트가 더 이상 보수적인 테스트가 아니라는 것을 의미했기 때문에 매우 중요한 문제였다. 좋은 결과를 얻었지만 시험 대상으로 사용한 물질이 올바른 것이 아니었던 것이다."

운영지원빌딩에서 프레젠테이션과 논의가 계속되는 가운데, 마이크 라이쉬케위치는 이메일을 통해 1백여 명의 다른 엔지니어들이 대화에 참여하도록 만들었다. 다음은 그의 회고담이다. "사람들은 내가 사적인 이메일을 하고 있다고 생각했지만, 물론 그건 아니었다. 나는 '방금 이런 얘기를 들었는데, 이 의견에 모두 동의합니까?' 라는 식의 메시지를 1백여 명의 엔지니어들에게 모두 보냈다…. 모두 약 이삼백 개의 메시지를 보낸 것 같았다. 이런 식으로 나는 내 나름대로의 밀실 간부회의를 가질 수 있었다…. 마치 부엌에서 이야기하며 사소한 토론을 벌이는 것 같았다. 너무나 길었던 그날이 끝나가는 시점에 나는 모두를 대상으로 여론조사를 했고, '발사할 준비가 된 것인가, 안 된 것인가?' 라고 물었다."

이 FRR 회의가 얼마나 오래 걸렸고, 또 얼마나 개방적이었는지에 대해 나사의 수석 안전 및 비행보증 담당관 브라이언 오코너는 다음과 같이 언급했다. "거스턴마이어 의장은 굉장히 개방적이었다. 그는 절대로 토론을 중단시키려 하지 않았다. 이러다간 회의가 매우 오래 걸릴 것이라는 우려가 제기되는 상황에서도 그는 결코 시간 걱정하는 모습은 보이지 않았다."

그렇다고 해서 거스턴마이어가 발사일정에 신경을 쓰지 않은 것은 아니다. 디스커버리호는 국제우주정거장의 발전용 솔라 패널 완공에 필요한 태

양전지판 최종 세트를 전달해서 이 우주정거장의 승무원 수를 6명으로 늘리는 일을 가능하게 만들어 주어야 하는 임무를 갖고 있었다. 만일 STS-119가 3월 15일보다 늦게 발사된다면, 엑스퍼디션 19호 승무원들을 이 우주정거장으로 이동시키려는 러시아 소유즈 우주선의 3월 26일 비행에 지장을 주게 될 것이고, 미국의 추후 발사일정도 연이어 밀리게 되었다. 그날 늦게 거스턴마이어는 국제우주정거장 프로그램과 우주왕복선 일정에 대한 이런 리스크들을 회의 참석자들에게 상기시켰다. 몇몇 사람은 그의 이런 발언이 발사를 승인하라는 압력이라고 생각했다. 하지만 다른 사람들은 집합적 판단의 일부인 보다 광범위한 이슈들을 분명하게 드러낸 적절한 콘텍스트 설정으로 보았다. 거스턴마이어는 이 발언을 한 후에 각 그룹이 40분간 각자의 '간부회의'를 통해 그날 들은 내용을 논의하고 어떻게 권고할지 결정하라고 말했다. 그리고 각 그룹이 회의장에 돌아오자 거스턴마이어는 이들을 대상으로 여론조사를 실시했다. 참석자 중 엔지니어링과 안전 관련 조직들, 그리고 일부 센터 디렉터들은 STS-119의 발사를 승인할 충분한 근거를 발견하지 못했다는 점을 분명히 했다.

나사 매니저 스티브 앨티머스는 그 결정을 다음과 같이 요약했다. "우리는 진짜 리스크가 무엇인지 실제로 파악하지 못한 상태였다." 당시 우주왕복선의 안전과 비행보증 매니저였던 빌 맥아더는 회의 분위기를 이렇게 말했다. "사람들이 '아직 준비가 안됐다'는 말을 기꺼이 공개적으로 말할 수 있었다는 사실은 나사의 조직문화가 더 이상 발사 열기에 압도당하지 않는 수준으로 진화했음을 보여주는 진정한 증거였다." 과거에는 발사 열기로 인해 반대 의견을 내기 어려운 분위기였고, 반대의견은 심할 경우 조소와 경멸의 대상이 되기까지 했다. 참석자들이 줄지어 회의장을 빠져나가고 있을 때, 조이스 시리앨-그러쉬는 마이크 라이쉬케위치에게 이렇게 말했다. "오늘 회의는 정말 힘들었고, 우리가 오늘 필요한 데이터를 갖고 있지 못해서 실망스럽지만 이전보다 훨씬 더 나은 느낌이었어요. 왜냐하면 준비가 아직 안됐다는 말을 해야 했는데, 사람들이 우리 말을 경청했으니까요. 전에는 이렇지 않았거든요."

개방적 논의와 진실을 용기 있게 말하는 문제와 관련된 조직 문화와 규범이 챌린저호 시절에 비해 상당히 변화한 것이 분명했다.

문제점 제로 확인 후에 내려진 비행허가

FRR 회의 후 거스턴마이어는 3월 15일을 발사예정일로 정하는 것에 대해 미심쩍었지만 이 문제를 각 팀에 다시 돌려주고 행동을 취하게 해서 그들이 어떤 조치를 취하는지, 결과가 어떻게 나오는지 보기로 결정했다. 그래서 이 문제를 놓고 약 1천 명의 인력이 열심히 작업했다.

돌파구는 일반적으로 볼트의 상태가 온전한지 검사하는 데 쓰이는 와류탐상기eddy current system를 이용해 기재에 영향을 주지 않고 밸브 포핏의 균열 여부를 검사하는 데 성공하면서 만들어졌다. 그리고 이 테스트의 결과는 엔

지니어와 관리자들에게 밸브의 기능장애가 또 다시 발생할 리스크가 수용
가능할 정도로 작다는 확신을 주었다.

3월 6일에 열린 세 번째 FRR 회의는 발사하자는 결정을 이끌어냈다. "결
국 마지막 FRR 회의를 하게 될 무렵에는 우리 모두 안도하는 수준이 매우 높
았다." 오코너는 이렇게 말했다. "우선 모두가 이 주제에 대해 너무 잘 알고
있었다. 누구도 '잘 모르기 때문에 불안하다'는 말을 하지 않았다. 우리는
우리가 무엇에 대해 아는지 잘 알고 있었을 뿐 아니라, 무엇에 대해 모르는
지도 잘 알고 있었다. 이전과 달리 우리가 아는 지식의 한계에 대해서도 우
리는 최대한 잘 이해하고 있었다."

결정을 내리는 마지막 회의에 디스커버리호를 조종하게 될 우주비행사들
도 동석했다. 과학자와 엔지니어들, 그리고 관리자들 앞에 앉아 있는 우주비
행사들의 존재는 이번 결정에 얼마나 중요한 것들이 걸려 있는지 강력하게,
그리고 가시적으로 상기시켰다. 그리고 이들 역시 비행준비완료 여부를 묻
는 투표에 참여했다. 판단의 결과에 생사가 걸려 있는 사람들을 직접 의사결
정 과정에 참여시킨 좋은 예라고 하겠다.

STS-119는 3월 11일에 발사하도록 승인을 받았다. 밸브 문제와 상관없는
액체수소 통풍관의 누출 때문에 발사가 몇 번 연기된 끝에 디스커버리호는
2009년 3월 15일 발사되었으며, 안전하고 성공적으로 자신의 임무를 완수
했다.

지속적으로 훌륭한
판단 내리기
우주왕복선 발사를 분석해서 연기하고

궁극적으로 승인하는 데 활용된 과정의

몇 가지 요소들이 나사가 훌륭한 판단을 내리는 데 기여했다. 무엇보다도 가

장 중요한 요소는 다양한 전문가와 관계자들을 그렇게 많이 한곳에 모이게

하고, 또한 일련의 잘 짜인 오프라인 업무회의를 통해 함께 일하게 만든 FRR

문제해결 과정의 설계였다. 그리고 문제에 대한 논의는 '위계질서보다 진실

을 알아내는 것이 먼저' truth first, hierarchy later 라는 사고방식에 따라 이해당사

자들이 서로의 의견을 경청하며, 각자의 조사결과와 견해를 놓고 논의하도

록 기술적으로 진행되었다. 결정을 내리게 될 소수의 고위관리자에게 정보

만 제공하는 방식이 아닌 광범위한 민주적 여론조사는 이 과정의 또 다른 특

징이었다. FRR은 그 과정 안에 판단의 중요한 요소로 다중적 관점과 여러

분야의 전문지식이 참여하고 영향을 미치게끔 설계되었으며, 이것이 성공적

인 의사결정에 대단히 중요하다는 사실이 여러 연구를 통해 밝혀졌다.[5]

그리고 별도의 그룹이 동일한 문제에 서로 다른 접근법을 취하게 하는 것

등 테스트와 조사연구의 범위와 수준도 중요했다. 나사의 과학문화, 그리고

사실에 입각하고 가능한 최선의 정보를 입수하려는 헌신적인 노력도 중요한

측면이었다.

어떤 결정의 중요성과 이 결정으로 인해 생기게 될 결과를 이해하는 것은

판단을 이끌어내는 이 과정의 또 다른 중요한 차원, 즉 결정에 걸려 있는 중

요한 것들과 결정에 대한 책임을 지는 문제를 긴밀하게 연결시키는 것을 잘

보여주는 예이다. 이번 사례에서는 우주왕복선의 테크놀로지에 목숨이 걸려 있는 우주비행사들을 직접 보고, 동시에 안전한 비행이 가능하다고 판명되는 대로 빨리 발사를 해야 할 정당한 필요성을 이해하는 것이었다.

이 모든 과정을 관리한 리더의 접근방식과 스타일도 매우 중요했다.[6] 결정을 내리는 과정이 리더에 의해 뒤집어지는 경우가 많다. 즉, 여러 사람과 협의하겠다고 입에 발린 말을 하고 겉으로는 개방적인 태도를 취하지만 결국에는 자신이 이미 정한 선택을 받아들이도록 압력을 가하는 리더들이 있다. 마찬가지로 이와는 정반대 스타일, 끝없는 논의를 부추길 뿐 다수가 공감하는 합의를 이끌어내지 못하는 경우에도 제대로 작동하는 의사결정 과정을 만들어내지 못한다.

나사의 동료들은 거스턴마이어가 프로젝트의 일정을 맞춰야 하는 여건 속에서 가능한 최선의 답을 찾아야할 필요성에 신경을 쓰면서도 논의와 토론에 대해 개방적 태도를 취한 점을 높이 칭찬했다. FRR 회의에 참석했던 몇몇 사람은 나사의 조직문화가 어떻게 바뀌었는지에 대해 개괄적으로 언급했다. 즉, 나사는 이전의 비극적 사례에서 교훈을 얻어 더 이상 발사 열기에 휩쓸리지 않고 안전 문제에 이전보다 훨씬 더 균형 잡힌 태도를 취하게 됐으며, 이전처럼 엔지니어나 다른 사람들이 반대의견을 내는 것을 꺼리거나 묵살하지 않고, 오히려 과학적인 문제 제기를 최종 의사결정의 중요한 파트너로 포용했다는 것이다.

우주왕복선 프로그램에서 이전에 치명적 에러들이 발생했던 이유에는 사실 우주비행이 여전히 복잡한 테크놀로지의 한계를 시험하는 위험한 시도임에도 불구하고 나사가 우주비행을 일상적인 루틴, 즉 실험적인 것이 아니라 운영 업무로 보게 된 경향도 포함되어 있었다. 거스턴마이어는 명백한 기술적 문제가 없는 경우에도 우주왕복선의 비행실패 확률은 약 1/77이라고 말했는데, 이는 상업비행이라면 누구도 받아들일 수 없는 확률이다. '우리가 배운 몇 가지 안전 교훈'이라는 글에서 브라이언 오코너는 무사안일주의와 싸우는 것이 얼마나 중요하고 또 어려운지에 대해 썼다.

사고에서 회복하는 것보다 무사안일주의에 대처하는 것이 더 어렵다. 우리는 여러 번 성공하고 나면 우리가 엔지니어링과 운영 면에서 완벽한 상태에 도달했다고, 그래서 절대로 실패하지 않을 것이라고 가정하게 된다. 그러한 심리적 경향에 맞서 창의적으로 대응할 방법을 찾아내야 한다.[7]

안전과 훌륭한 판단을 향한 헌신적인 노력을 계속 유지하기 위해서는 결정과정과 조직문화 모두에 계속 신경을 써야 한다. 작가 에드먼드 고스가 오래 전 '더 많은 겸손' higher modesty 이라고 표현한 자세가 그래서 요구된다. 다시 말해, 우리가 아무리 똑똑하고 지식이 많아도 여전히 중요한 문제에서 완전히 틀린 판단을 내릴 수 있다는 점을 인식할 필요가 있다.[8]

무사안일과 오만을
물리친 나사의 힘

최근의 한 연구에서 칼 웨익과 캐슬린 서트클리프는 자신들이 '신뢰도가 높은 조직' high-reliability organization이라고 부른 조직들을 분석하고, 이들 조직이 꾸준히 높은 수준의 질적 관리를 유지하며 임무를 수행하기 위해 어떻게 하고 있는지 분석했다.[9] 인질협상팀이나 긴급의료팀, 핵발전소, 소방서 같은 조직의 사고방식이나 업무처리과정은 다른 많은 조직보다 임무수행능력이 더 뛰어나도록 통합·설계되어 있는데, 이것은 그럴 수밖에 없다. 이런 종류의 조직이 임무수행에 실패할 경우 치러야 할 대가가 매우 높기 때문이다. 이들 조직이 끊임없이 극복하려고 노력하는 가장 중요한 장애물은 바로 무사안일주의와 오만이다. 웨익과 서트클리프는 이들 조직이 갖고 있는 다섯 가지 속성에 주목했는데, 우리는 그 속성들을 모두 이번 나사 사례에서 찾아볼 수 있다. 그 다섯 가지 속성은 ●작은 실패도 철저히 추적하는 노력 ●복잡한 사안들을 찾아내 이해하는 능력 ●일선 운영 근로자들에 대한 진정한 관심 ●이전의 실수나 오류에서 교훈을 얻고 다시 도약하는 능력 ●위기에 효과적으로 대처하는 임기응변 능력이다.

이 모든 것들을 해내는 나사의 능력에서 중요한 부분을 차지한 것이 바로 이번 사례에서 살펴본 나사의 문제해결 과정이었다. 그 과정은 명확하고 논리적이며, 분석적인 접근법을 적절한 순서에 맞춰 따라갔으며, 필요시에는 순서를 따지지 않는 융통성으로 균형을 잡아주었다. 조직을 관통하는 문화는 개방적인 의견교환, 다양한 의견 존중, 반대의견을 낼 권리를 인정하는 것 등의 특성을 지녔다. 오늘날 우리는 나사가 거둔 성공뿐 아니라 챌린저호와 컬럼비아호의 참사를 딛고 다시 도약한 능력에 찬사를 보낸다. 미국항공우주국 나사는 높은 회복력을 보여준 '신뢰도가 높은 조직'의 좋은 예이며, 나사가 구축해 온 훌륭한 판단력은 분명 지금의 나사를 규정하는 매우 중요한 부분이다.

2

주택 건설회사 WGB 홈즈의 조직 경영

사원들의 지혜 모아 미분양 문제 해결

그렉 버릴은 WGB 홈즈의 창업자이자 오너이다.

WGB는 미국 보스턴 서쪽과 남쪽 교외에 1800

채의 주택을 지었다. 보스턴은 128번 도로의 테크놀로지 회랑technology

corridor 으로 알려져 있지만, 사실 지난 수년간 테크놀로지 활동은 대부분 그

보다 외곽에 있는 주간州間 고속도로인 인터스테이트 495 부근에서 이뤄지

고 있었다. 인터스테이트 495는 처음 건설되었을 때 농장과 밭, 그리고 작은

마을들을 지나는 도로였지만 지금은 상황이 바뀌었다. 이제 이 지역은 EMC,

HP 휴렛패커드, 스테이플스 등 많은 테크놀로지 기업의 본거지가 되었으며, 그렉 버릴은 이들 기업의 중역과 사원들을 위한 주택을 많이 지었다. 메트로웨스트 또는 블랙스톤 밸리라고 알려진 이 지역은 매사추세츠 턴파이크 유료 고속도로와 통근열차를 통해 보스턴 도심에도 쉽게 갈 수 있는 곳이다. 이 지역은 개발할 땅과 일자리가 많았기 때문에 지난 이삼십 년 간 보스턴 지역 주택부동산 시장에서 가장 좋은 성장세를 보였다.[1]

버릴은 주택건설업에 종사한 지 39년 됐는데 업계의 호황과 불황을 모두 겪으며 지금까지 버틴 것을 볼 때 뭔가 잘하는 부분이 있는 게 분명하다. 그는 보수적 방식으로 사업을 하는 사람으로 다른 많은 주택건설업자와 달리 절대로 많은 채무를 지는 법이 없었다. 대출비율을 낮추고 현금을 갖고 있어야 한다는 게 그의 신조이다. 버릴은 또 어려운 시기에는 그냥 개발과 건설의 속도를 늦춘다. 사실 지난 수년간은 매우 어려운 시기였고, 버릴은 주택부동산 시장에서 불황이 이렇게 오래 지속된 경우는 처음 봤다고 했다.

WGB 홈즈는 기본적으로 가족기업이다. 그렉 버릴의 동생인 스티브가 부사장이고, 그렉의 두 딸인 에리카와 바네사, 사위 한명까지 모두 이 회사에서 일한다. WGB 홈즈에 대해 쓴 한 신문기사에 따르면, 이 회사가 지은 집을 산 고객 중 한명이 이 가족을 '친절하고, 정직하며, 공정한 사람들'이라고 평가했다.[2] 이 회사의 패턴은 주택개발 프로젝트를 한 번에 하나씩만 추진하는 것이다. 즉, 회사나 가족의 모든 일원에게 계속 일거리를 줄 정도로만 할 뿐, 갑작스럽게 주택건설 불황이 닥칠 경우 회사를 파산시킬 수 있는 일은 벌이지 않는 것이다. 이 회사는 미개발 토지의 매입, 택지 개발, 주택 건설, 마케팅 등 모든 일을 다 한다. 그리고 가끔씩은 집주인의 부탁으로 단지 내에 있는 주택을 전매하는 일도 한다.

WGB가 현재 하고 있는 개발 프로젝트는 브룩메도우 빌리지라는 이름으로 다소 전원적인 마을인 사우스 그래프턴에 있다. 그래프턴은 '기도하는 인디언들'로 잘 알려진 매사추세츠주의 마을로, 메이플라워호를 타고 영국에서 미국으로 건너온 선교사 존 엘리어트가 1671년 이곳에 니프머크 부족을 위한 교회와 학교를 세웠다. 이곳은 그 후 모직공업으로 잠시 알려졌고, 지금은 주로 보스턴 가까운 곳의 높은 집값을 감당할 수 없는 젊은 층들이 사는 준교외 지역이다. 그렇지만 이곳의 집값도 그렇게 싼 편은 아니어서 브룩메도우 빌리지에 있는 새 집의 가격은 평균 50만 달러를 조금 넘었다.

브룩메도우 빌리지는 집터가 91개 있는 주택단지이다. 버릴은 단순한 주택단지가 아니라 사람들이 어울리는 공동체를 짓는다는 자부심을 갖고 있으며, WGB 홈즈는 자사가 건설한 주택단지에 사는 주민들을 위해 연중 열리는 파티와 피크닉 행사를 후원한다. 브룩메도우 빌리지는 총면적이 130에이커로, 작은 쇼핑센터와 75에이커의 공터, 야구장과 축구장으로 이어지는 2마일 정도의 산책로를 포함하고 있다. 이 단지에 지어진 모든 주택은 에너지스타 인증을 받은 절전형 주택으로 버릴의 개발 프로젝트 중 처음으로 에너지스타 인증을 받았다. 어려운 경제상황을 감안할 때 이 주택단지의 분양은 전반적으로 잘 된 편이었다. 20여 채의 집이 지어져서 팔렸으며, 그중에는 에리카 버릴 부부가 산 집도 포함되어 있었다.

미분양 원인 파악에
조직적 판단 도입

주택단지는 전반적으로 성공을 거두고 있음에도 불구하고, 수요를 예측하고 지은 브룩메도우 빌리지의 스펙 하우스spec house 중 하나가 통상적인 기간보다 오래 미분양 상태로 남아 있었다. 55만 달러의 가격이 매겨진 이 집은 가족기업으로서는 상당히 많은 투자에 해당했다. WGB는 이 집에 뭔가 새로운 것을 시도하긴 했지만, 버릴이 알고 있는 인구통계와 고객취향의 변화를 감안할 때 성공할 가능성이 커 보였다. 그런데 왜 팔리지 않는 것일까?

WGB처럼 작은 사업체로서는 이처럼 미분양 집이 가끔씩 생기는 것은 큰 문제였다. WGB가 이 문제에 대처한 방식은 어쩌면 위대한 '조직적 판단'의 가장 핵심적인 요소를 반영하고 있다. 그것은 바로 문제해결의 반복적인 과정을 통해서 가장 나은 결정을 추구하는 것이었다. 그리고 WGB의 방식은 이 회사의 특별한 문화와 창업자 그렉 버릴의 리더십 스타일을 반영하고 있기도 하다.

버릴의 영업직원들은 장성한 자녀가 떠나고 둥지에 홀로 남은 엠프티 네스터empty nester 부모들과 장성한 자녀가 있는 가족들로부터 교외의 공동체 분위기를 좋아하긴 하지만 나이 어린 자녀가 있는 가족들과는 다른 욕구가 있다는 이야기를 자주 들었다. 이 고객들은 일층에 안방인 마스터 베드룸이 있으면 좋겠다는 말을 많이 했다. WGB는 이들처럼 나이가 들면 이층으로 올라가는 계단을 자주 오르락내리락 하기 싫어질 것이라고 예측하고, 베이비붐 세대의 노령화로 이런 집의 전매가치가 높아질 것이라고 보았다. 그래서 WGB는 일층에 마스터 베드룸이 있는 집을 설계해 옥스퍼드라고 이름 붙였다. 이 집은 이층에 침실이 세 개 더 있고, 삼림지대가 보이는 쪽에 비교적 작은 뒤뜰이 있었는데, 이것 역시 잔디 깎는 데 많은 시간을 보내고 싶어 하지 않는 베이비붐 세대를 염두에 둔 것이었다.

예상대로 이 집에 대한 관심은 높았다. 그렇지만 집을 둘러보는 사람이 상당히 많았음에도 불구하고, 이 집은 6개월 후에도 여전히 팔리지 않은 채로 남아 있었다. 이 시점에서 버릴은 영업직원들과 함께 집을 팔 대안을 궁리하고 있었으며 가격도 약간 내렸다. 그러자 더욱 많은 사람이 집을 보러 왔지만 수개월이 더 지나도 집은 여전히 팔리지 않았다. 집의 위치에 문제가 있는 것은 분명히 아니었다. 그렇다면 대지 면적이나 가격, 아니면 설계의 어떤 부분에 문제가 있는 것일까?

버릴은 문제의 집에서 어떤 것을 바꿀 수 있을지 체계적으로 생각했다. 대지 면적은 바꿀 수 없는 것이고 가격은 이미 약간 내렸다. 가격을 더 내리면 브룩메도우 빌리지의 다른 집과 대지의 가치를 떨어뜨릴 수 있었다. 그는 설계가 문제라는 쪽으로 생각을 돌렸다. 그래프턴 지역에 다른 업체가 지은 비슷한 설계의 다른 집들도 팔리지 않고 있었다. 그러나 설계변경은 어려운 일이기 때문에 보다 많은 추가 정보가 필요했다.

군중의 지혜에
답을 묻다

버릴은 이전에도 주택시장이 어려울 때 비슷한 상황을 겪은 적이 있었기 때문에 자신이 어떻게 해야 할지 알고 있었다. 그는 집이 팔리지 않을 때면 언제나 '군중' crowd의 지혜를 구했다. 이번 경우에 군중은 사안에 대해 잘 알고 의견을 낼 수 있는 부류로 다음과 같은 사람들이었다.

- 아내, 동생과 두 딸, 사위 등 회사에서 같이 일하는 가족
- 가족이 아닌 약 12명의 WGB 홈즈 직원
- 문제의 집과 다른 집을 짓는 작업에 참여한 하청업체들
- 이 주택단지에 있는 다른 집을 산 고객들

버릴은 문제의 집을 본 모든 사람에게 어떤 점을 개선해야 할지 의견을 물었다. '모든 사람은 마음속으로 디자이너이며 건축가'라는 말을 그는 자주 한다. 그러니 누구한테서나 배울 수 있다는 말이었다. 대부분의 사람은 기꺼이 자신의 의견을 내놓는다. 버릴은 때때로 고객들을 대상으로 보다 큰 규모의 조사를 실시하기도 했다. 예를 들어 WGB는 최근 약 4백 명의 고객을 대상으로 자사의 영업과정과 모델하우스에 관한 인식 등에 대해 조사했다.

버릴은 자기가 지은 집에 대해 다른 사람들이 어떤 생각을 갖고 있는지 늘 관심을 가졌지만 사업규모가 커지고 자신의 가족이 회사 업무에 더 많이 관여하게 되면서 집을 짓고 파는 일에 관련된 모든 사람의 통찰력과 견해가 너

무나 소중하다는 사실을 깨달았다. 그는 이렇게 말한다. "나는 나보다 더 똑똑한 사람들이 내 주위에 있게 하려고 노력한다. 그리고 가능한 많은 의견을 들으려고 노력한다. 그렇지만 결정을 내려야 하는 사람은 나 자신이다."

집 단 논 의

여러 가지 의견을 들어 본 다음 버릴은 집합적인 의사결정을 목표로 WGB 가족회의를 소집했다. 문제의 집을 둘러본 비공식 자문단 중 몇몇은 버릴이 기대했던 만큼 베이비붐 세대 구매자가 많지 않았다고 생각했다. 그리고 이들보다 나이가 젊은 가족들은 일층에 마스터 베드룸이 있는 것을 좋아하지 않았다는 것이다.

판매와 마케팅을 맡고 있는 버릴의 딸 에리카와 바네사는 나이 든 부부들에게서도 비슷한 문제를 포착했다. 애초에 이 집의 잠재적 구매자로 점찍었던 노부부들은 머릿속으로는 일층에 마스터 베드룸이 있는 것을 원한다고 생각했는지 몰라도 막상 집을 살 때는 이전부터 익숙한 구조의 집을 사는 것 같았다. 특히 마스터 베드룸 때문에 일층에 손님을 접대할 공간이 좁아진다는 사실을 깨달은 것이 주된 이유로 보였다. 어떤 고객은 "일층의 절반은 마스터 베드룸이 차지하겠네"라는 말을 했다. 옥스퍼드 모델에 큰 관심을 보였다가 결국은 이층에 마스터 베드룸이 있는 모델을 사기로 결정을 내리거나, 심지어 이층에 마스터 베드룸이 있는 다른 업체의 모델을 택하는 경우가 여러 번 있었다고 에리카와 바네사는 말했다. 따라서 버릴과 그의 가족은 고객들이 일층에 마스터 베드룸이 있는 것이 좋다는 말을 하면서도 실제로 보인 구매습관은 달랐다는 사실을 알게 되었다.

회의가 끝날 무렵 참석자들은 집의 설계에 문제가 있다는 결론을 내리고 개선책을 몇 가지 생각해냈다. 구체적인 변화에는 이층에 침실을 추가하고 이를 위해 차고 위쪽 부분을 확장하는 것 등이 있었다. 이와 같은 구조변경은 어린 자녀가 있는 부모가 처음에는 이층 침실을 사용하다가 나중에 자신들이 원하는 시점에 일층으로 내려올 수 있도록 했다. 그리고 어떤 경우에도 이층의 손님용 방은 매우 유용하게 쓰일 수 있었다. 버릴은 또 일부 창문의 구조를 바꾸어서 집의 뒤쪽에서 보이는 전망을 개선하고, 부엌 공간을 거실 쪽으로 터서 손님 접대 공간을 확대했다. 그런데 이렇게 한꺼번에 많은 변화를 주는 것의 단점은 개선된 부분의 어떤 점이 성공적인 결과를 낳는지 정확히 알 수 없게 된다는 것이다. 하지만 버릴은 한 가지 변화만 시도해 보는 이론적인 실험을 할 시간적 여유가 없었다.

회의에서 결정된 변화들을 WGB가 실행한 과정 또한 조직적 판단의 교훈을 보여주는 예이다. 이 회사의 경우 실패한 결정을 뒤집는 것은 다른 많은 회사들처럼 그렇게 힘든 일은 아니었는데, 그것은 WGB가 이른바 '후後배치' late configuration라고 하는 방식을 쓰기 때문이다. 베네통이 한때 하얀색 실만 써서 스웨터를 만들고 나중에 소매업체가 특정한 색상을 주문한 후에야 염색에 들어갔던 것처럼 버릴은 스펙 하우스를 지을 때 우선 그 집의 바깥 부분만 완성한다. 이런 식으로 하면 나중에 구매자가 자신의 취향대로 내부의 디테일을 완성해달라고 주문할 수 있고, WGB는 판매완료 후 빠르면 32일 만에 집을 완공할 수 있다. 집이 미완성 상태로 있다는 사실은 또한 이번 사례처럼 집이 팔리지 않을 경우 미완성 부분의 구조를 보다 실질적으로 쉽게 변경하도록 해 준다.

끊 임 없 이
수 정 보 완

설계변경은 효과가 있는 것 같았다. 집을 재설계한 지 몇 달 후 주택시장이 어려운 상황에서도 어떤 베이비붐 세대 부부가 이 집을 산 것이다. 부부는 집의 설계에 좋은 반응을 보였고, WGB에 지하실을 완공하도록 요구해 집의 사용 공간을 더 확장했다. 그들이 이 집에 대해 가장 좋아했던 특성들은 바로 참여적 의사결정 과정에서 나온 아이디어가 실행된 것들이었다.

일층에 마스터 베드룸이 있는 모델로 다른 업체가 팔고 있던 그 지역의 다른 두 집은 참여적 의사결정을 통해 설계에 수정을 가하고, 고객의 취향에 맞추는 일을 하지 않았다. 우리가 이 책을 쓰고 있는 시점에 그 중 한 집은 여전히 팔리지 않은 상태였고, 다른 한 집은 최근 원래 부른 값이나 주변의 다른 집보다 상당히 낮은 가격에 팔렸다.

그렉 버릴은 이 모델의 수정안이라면 히트 상품이 될 것이라고 생각해서 지금 동일한 설계의 집을 더 짓고 있는 중이다. 이 수정된 옥스퍼드 모델은 이제 WGB 고객들이 선택할 수 있는 약 12개의 정식 모델 중 하나가 되었다.

그리고 이 회사의 다른 모든 설계안이나 수정안과 마찬가지로 이 모델도 회사의 CAD^{컴퓨터이용설계} 저장소에 보관되었다.

동일한 설계의 집을 계속 짓는 다른 교외 건축업자들과 달리 버릴은 언제나 자신이 짓는 집의 설계를 계속 다듬고 개선하는 작업을 한다. 그는 처음에 외부의 건축설계사를 고용해 CAD 베이스의 설계를 하도록 하지만, 이 설계안은 이후 피드백에 따라 끊임없이 수정된다. 잘 팔리는 주택 설계를 한 경우에도 버릴을 비롯한 WGB 직원들은 그 집에 살고 있는 고객과 하청업체, 그리고 그 설계를 본 사람이면 누구나 함께 이야기를 나누며 그들의 의견을 청취한다.

수정된 옥스퍼드 모델의 경우처럼 WGB는 기존 설계를 개선한 수정안을 만들고 이를 CAD 시스템 안에 넣는 경우가 자주 있다. 이 회사는 스스로를 고객주문에 따른 제작자가 아닌 생산 건축업자로 여기지만 개별 고객을 위한 맞춤형 변경도 기꺼이 해 주는 것이다. "사람들은 까다로우니, 이 가격 수준에 여러 가지를 변경해 주길 바란다." 버릴은 이렇게 말한다. 모든 변경사항은 CAD 파일에 저장되기 때문에 언제라도 쉽게 다시 활용할 수 있다.

예를 들어, 어떤 고객이 집의 전반적 설계는 좋아하지만 격식을 갖춘 거실이나 식당을 원하지 않는 경우가 있다. 그래서 WGB는 구매자의 의견에 따라 커다란 시골풍의 부엌과 원래보다 큰 가족실을 설계하고 시공했는데, 이 설계안은 시스템 안에 저장되어 같은 구조를 원하는 다른 고객에게 언제라도 다시 쓸 수 있도록 했다. 더구나 고객의 이런 요구들은 WGB 팀으로 하여금 전반적으로 격식을 갖춘 거실을 덜 강조하게 만들었다. 현재 활용하고 있는 설계안 중 많은 것은 이전에 거실이었던 공간의 크기를 줄여 서재나 재택 사무실로 쓸 수 있는 방이 되게 했다.

집단 판단

버릴은 집단 협의 접근방식을 설계에 관한 결정을 내릴 때만 쓰는 것이 아니라, 다른 사람이 훌륭한 통찰력을 보일지 모르는 모든 주제에 대해 이 방식을 쓰려고 노력한다. 예를 들면, 최근에 내린 어떤 협의적 결정은 WGB가 1980년대에 지은 아파트의 전매 가격을 정하는 문제와 관련된 것이었다. 버릴의 어머니와 딸 바네사 모두 이전에 여러 차례 거주한 적이 있는 아파트가 시장에 매물로 나온 것이었다. 어떤 잠재적 구매자가 이 아파트를 사겠다는 제안을 했지만 호가보다 상당히 낮은 가격이었다.

버릴은 이 제안에 대해 나름대로 생각이 있었지만, 회사의 다른 사람들이 이 아파트에 대해 더 잘 안다고 생각했다. 바네사는 이 아파트에 산 적도 있고, 이번 제안을 한 고객을 만난 적도 있었다. 한때 WGB에서 판매를 담당했던 조우는 이 아파트가 지어졌을 당시 여러 가구에 분양한 적이 있는 사람이었다. 그래서 버릴은 바네사와 조우를 모두 참석시킨 회의를 열었다.

버릴이 이 비공식 자문단과 가진 협의는 몇 가지 의견 차이를 드러냈다. 바네사와 에리카는 가격을 높게 유지하고 싶었기 때문에 이번 제안을 거절하라고 했다. 조우는 고객이 제시한 가격에 파는 쪽으로 기울었다. 그리고 그렉 버릴은 좀 협상해 보자는 쪽이었다. "우리가 이 아파트를 어떻게 개량했는지 고객에게 이야기해 주면 가격을 약간 올리는 쪽으로 기울지도 모르지. 창문도 새로 만들고, 화강암으로 된 새 싱크대에 가전제품도 새로 설치했잖아. 고객을 아파트 내부로 초대해서 제시가격을 좀 더 올려 보자고."

버릴은 자신의 동료와 딸들의 의견을 경청했지만 최종 결정은 자신이 내려야 한다는 것을 알고 있었다. "바네사는 그곳에 살았고, 그 아파트를 정말 좋아했다. 바네사와 에리카는 마케팅과 판매를 맡고 있기 때문에 그 아파트 단지가 계속 높은 가격을 유지하길 원한다. 그런 점을 이해하지만 문제의 아파트가 6개월이나 계속 시장에 나와 있는 건 분명히 문제였다."

이 결정 과정에서 서로 감정이 상한 일은 일체 없었다. 그렉 버릴이 협의 당사자들에게 보낸 이메일에서 잠재적 구매자와 협상할 의향을 밝히자, 이에 찬성하는 회신이 신속하게 왔다. 바네사 버릴은 몇 분 후 아버지에게 전화를 걸어서 말했다. "아빠, 구매자에게 보내는 이메일에 사용할 수 있는 텍스트를 보내드릴게요."

다양한 지혜의 집합

WGB 홈즈의 이야기에서 잘 드러나듯이 소규모 가족기업도 조직적 판단을 개선하기 위한 활동을 통해 도움을 얻을 수 있다. 사실 작은 회사의 경우 하나의 잘못된 결정이 회사를 망하게 할 수도 있기 때문에 결정을 잘 내리는 일은 특히 중요하다.

WGB 홈즈의 의사결정에서 전형적인 특징은 사안을 잘 알고 있는 여러 당사자가 참여한다는 것이다. CEO인 그렉 버릴은 자신의 판단에 확신을 갖고 있지만, 보다 많은 사람이 참여해야 더 나은 판단이 나온다는 것을 알고 있다. 결정을 내릴 때 다른 전문가들과 협의하고, 결정 가능한 여러 대안들을 끌어내고 논의하기 위한 과정과 컨텍스트를 구축하는 것은 바람직한 행동이다. 그렉 버릴은 최종 결정은 자신이 내리지만, 가능한 모든 곳에서 다른 사람의 통찰력과 전문지식을 구한다. 조직의 리더는 다양한 의견을 경청하고 여러 곳에서 지혜를 구해야 하지만, 그래도 최종적인 판단은 자신이 내릴 필요가 있는 것이다.

이 WGB 이야기는 결정과정을 설계하는 데 있어서 핵심적인 측면도 잘 보여주는데, 그것은 보다 많은 정보를 입수할 때까지 결정내리는 것을 연기하거나, 최초의 결정이 최선이 아니었다고 판단할 경우 마음을 바꾸는 데 치러야 할 대가를 줄이는 것이다. 이것은 실제로 잘못된 조직적 판단이 치러야 할 대가를 최소화하는 방식이다. WGB의 경우 잘못된 판단을 내린 경우는 드물었지만 앞서 언급한 미완성 주택 방식 덕분에 문제해결이 비교적 쉬웠다.

WGB는 주택설계와 관련해 내린 결정들을 자사의 CAD 시스템에 저장한다. 새로운 설계안이나 수정된 설계안이 만들어지면 이것은 디지털 형태로 저장해서 나중에 다시 사용하거나, 아니면 또 다른 수정안의 토대가 되도록 한다. 이와 같은 방식은 주택설계의 지식경영 형태라고 할 수 있으며, WGB 가 작은 회사라는 점을 감안하면 사실상 설계과정이 있는 어떤 조직이라도 이 회사와 비슷한 방식을 활용할 수 있을 것이다.

따라서 버릴이 비공식 자문단과 협의하는 것은 조직적 판단을 구축하는 좋은 예라고 할 수 있고, 그의 회사가 채택하고 있는 후後배치 late configuration 방식은 의사결정의 대가를 낮추는 훌륭한 방식이다. 그리고 이 회사의 CAD 시스템은 탁월한 설계 결정을 저장해서 나중에 손쉽게 재활용할 수 있게 하는 방식이다. 만일 여러분의 회사가 좋은 아이디어가 있는 모든 사람과 협의하고, 마지막 순간까지 계획을 융통성 있게 유지한다면, 그리고 회사의 지식이 나중에 재활용되도록 체계적으로 저장되도록 한다면 여러분의 회사 안에서 이뤄지는 모든 결정이 얼마나 많이 개선될 수 있을지 한번 생각해 보기 바란다. 이것은 규모에 상관없이 모든 기업이나 조직이 효과를 볼 수 있는 경영방식이다.

3

맥킨지 앤 컴퍼니의 인재 풀 변경 과정

MBA 출신 아닌 인재를 뽑을 것인가?

지난 1980년대 세계적인 컨설팅회사 맥킨지 앤 컴퍼니McKinsey & Company의 파트너들은 자사 컨설팅 프랙티스practice의 폭발적 성장이라는 행복한 문제와 씨름하고 있었다. 그러나 맥킨지는 독특한 재능을 가진 인력을 바탕으로 경쟁하는 전문적 서비스 기업이기 때문에 수요 증대에 맞추기 위해 맥킨지 기준에 부합하는 신입 컨설턴트associate들을 어떻게 확보하느냐 하는 근본적이고 전략적인 문제에 부딪쳤다.[1]

"우리는 회사가 그때까지 경험한 것 중에 가장 큰 인력부족의 시기가 시작되는 시점에 있었다." 당시 맥킨지의 인사담당 디렉터 제롬 바셀라로는 이렇게 회고했다. "너무나 업무량이 많았기 때문에 산악지역의 라마라도 고용해야 할 지경이었다." 라마를 고용한다는 말은 미소를 자아내게 만들지만, 이 것은 뼈 있는 농담이었다. 인재를 찾는 문제는 양이 아니라 질의 문제였다. 왜냐하면 맥킨지는 그때나 지금이나 특별한 인력, 즉 뛰어난 분석력과 도덕성, 그리고 지도력을 갖춘 인재 확보에 근거해 세계적인 명성을 쌓아올린 조직이기 때문이다. 1990년대 초 인력채용을 담당했고, 지금은 은퇴한 테리 윌리엄스는 이렇게 말했다. "우리는 회사가 진짜 중대한 문제에 부딪쳤음을 알아차렸다. 우리는 매년 하버드 경영대학원 졸업반 학생의 약 10퍼센트를 채용하고 있었는데, 그곳에서도 우리가 원하는 수준의 우수한 인재는 충분히 확보하기 어려웠다. 우리는 인재를 구할 수 있는 다른 출처를 생각해내야 했다."

이전에는 하버드나 스탠퍼드, 시카고대 등 다른 상위권 경영대학원의 MBA들이 바로 맥킨지 채용담당자들이 인재를 구하는 전통적이고 가장 생산적인 출처였다. 하지만 하필 폭발적인 성장을 구가하던 그때 모든 출처에서 유능한 인재 확보 비율이 떨어지고 있었다. 다른 최상급 컨설팅 회사들과 벌이는 고객 및 인력 확보 경쟁도 치열했다. 당시 맥킨지의 매니징 디렉터인 프레드 글럭 회장은 테리 윌리엄스와 같은 의견이지만 보다 직설적으로 말했다. "우리는 선택의 여지가 없었다. 우리의 인적 자본이 부족해지고 있는

게 분명했고, 뭔가 새로운 시도가 불가피했다."

좀 더 자세히 캐묻자 글럭은 새로운 채용전략이 불가피하긴 해도 그것이 성공할지 여부는 확신하기 어려웠다고 털어놓았다. 당시 같이 일한 다른 사람들도 문제가 정말로 심각했다고 회상했다. 그래서 현재 맥킨지의 회장인 도미닉 바튼은 당시의 결정을 회사가 당면한 대단히 중요한 결정적 순간이었다고 했다. 당시의 이야기를 종합해 보면 바튼의 표현이 과장된 것이 아님을 알 수 있다. 맥킨지가 자사에 맞는 새로운 채용전략을 어떻게 찾아냈는가에 대한 이야기는 그들이 실제로 무엇을 했느냐에 대한 이야기인 동시에, 이 회사의 파트너들이 어떻게 결정을 내렸는가에 대한 이야기이다. 이 이야기는 회사의 파트너들이 새로운 방향을 구축한 뒤 이것을 다시 회사의 일상적인 업무방식에 통합시킨 과정을 보여준다는 점에서도 주목할 만하다. 조직적 판단의 사례 연구로서 이 이야기는 일련의 강력한 가치와 심층적인 조직문화에 뿌리를 둔 지속적인 문제해결 과정이 갖는 힘을 보여준다. 그 과정은 조직의 다층적인 변신을 가져왔고, 이를 통해 차세대의 매우 특별한 인재를 찾아내야 하는 문제를 성공적으로 해결하도록 해 주었다.

MBA 전성시대

당시 맥킨지가 처한 딜레마의 핵심은 최상위 경영대학원 졸업자들 중에서 인재를 구하던 전통적 방식에 대한 보완으로 MBA 학위가 없는 신입 컨설턴트들의 대규모 채용을 시작할 것인가 하는 문제였다. 당시 이 문제는 기본적으로 북미지역이 당면한 문제였다. EU 지역의 맥킨지 책임자들은 일반적으로 현지의 주요 기업에서 떠오르는 스타 관리자들을 채용했다. 독일의 경우 그 나라의 사업 환경에 맞게 각 분야의 박사학위 소지자들을 채용하는 관행이 있었는데, 특히 공학 분야의 박사들을 많이 채용했다. 런던 사무소는 역사적으로 인근의 옥스퍼드와 케임브리지 대학의 최상위 성적 우수자들을 채용하고, 미국에 있는 동료들이 로즈 장학생과 마샬 장학생들을 채용하도록 도움을 주었다.[2]

그러나 1980년대는 북미지역 사무소들이 여전히 맥킨지의 무게중심을 차지했고, 특히 규모와 영향력이 큰 뉴욕 사무소가 그랬는데, 뉴욕 사무소는 아이비리그 및 다른 권위 있는 경영대학원들과 긴밀한 관계를 유지하고 있었다. 맥킨지의 매우 중요한 부분인 이곳에서 최상위 MBA 출신 신입사원의 부족은 심각한 문제였다. 당시 많은 맥킨지 사무소에서는 멜빵을 메고 눈부신 분석력을 갖춘 MBA 출신 컨설턴트라는 틀에 박힌 이미지가 지배적이었다. 고객의 인식이나 회사의 자아의식 모두 그랬다. 사실 이런 전통은 여러 해에 걸쳐 형성되었다. 맥킨지는 초창기에 경험 많은 인력을 확보하고 각 분야의 노련한 파트너들이 미국의 CEO들과 신사적이고 깊은 관계를 맺고 노련한 조언을 해 주는 것으로 명성을 얻었다. 현대의 맥킨지를 만든 창시자로 유명한 마빈 바워는 1950년대 후반부터 특정 산업에서 경력을 쌓은 간부 출신뿐 아니라, 자신의 모교인 하버드 출신의 젊은 MBA들도 채용하는 실험을 통해서 회사의 포커스를 바꾸기 시작했다. 그리고 시간이 흐르면서 미국의 직업교육에서 MBA 학위의 지위가 높아지자 맥킨지는 일류 MBA 프로그램의 졸업생들을 더 많이 채용하기 시작했다.

이와 같은 맥킨지의 MBA 조직 문화는 1980년대 들어 더욱 강화됐다. 비즈니스 문제해결을 위한 세련된 분석모델의 성공, 특히 브루스 헨더슨 모델과 라이벌인 보스턴컨설팅그룹**BCG**의 '학습곡선' learning curve 및 '포 박스 성장 매트릭스' four-box growth matrix 접근방식의 성공은 맥킨지로 하여금 일류 MBA 프로그램 출신의 최정예 애널리스트들에게 더욱 더 집중하게 만들었다. 이전의 MBA 출신들과 달리 이들 신세대 신입사원들은 젊고 실무경험도 적지만 경영대학원 교육과정의 특징인 전략적 도구와 사고 면에서 면도날처럼 예리한 인재들이었다. 마빈 바워는 1950년대와 60년대에 다방면에 해박한 제너럴리스트적인 비즈니스 기법과 교육이 특정산업에서의 경력보다 더 중요해지고 있다는 과감한 생각을 받아들임으로써 인재채용에 대한 맥킨지의 생각을 바꾸었다. 그리고 바워가 은퇴할 무렵인 1980년대가 되자 맥킨지는 이와 같은 생각의 볼륨을 최대치로 높였다.

같은 시기에 컨설팅은 하나의 산업으로 호황을 누리기 시작했다. 경제가 성장하면서 기술혁신과 세계화, 규제완화는 변화를 이끄는 동력이 되었다. 비즈니스 리더들의 사업에 대한 접근방식을 바꾸고 있던 이들 젊고 똑똑한 MBA 출신 컨설턴트들은 어떤 비즈니스 잡지에서 처음 사용한 표현대로 '정장 입은 펑크족' punks in pinstripes이라고 불리기도 했다. BCG와 베인 앤 컴퍼니와 같은 경영전략 컨설팅 회사들은 마이클 포터 스타일의 전략적 사고와 접근방식으로 포춘 500대 기업의 총아가 되었다. 맥킨지 앤 컴퍼니도 이 그룹의 선두가 되기 위해 노력과 비용을 아끼지 않았고, 최우수 졸업생들을 채용하기 위해 치열한 경쟁을 벌였다. 컨설팅업계의 이 새로운 게임에 참여하고 있던 모든 회사들에게 이제 성공의 관건은 가장 뛰어난 MBA 출신자들을 자기 회사로 끌어들이는 것이었다.

당연한 이야기인지 몰라도 맥킨지에서 파트너 지위까지 오른 사람들은 대부분 어떤 사람이 이상적인 신입사원인지에 대해 같은 생각을 계속 갖고 있었는데, 그것은 바로 자신들처럼 될 수 있는 사람을 찾는 것이었다.

변방으로 도는 비非MBA 출신들

우수한 MBA 채용 후보자들이 계속 부족해지고 있다는 인식이 커지는 가운데, 새로 채용할 로즈 장학생도 충분하지 않은 현실에 어떻게 대처할 것인가 하는 문제를 놓고 논란이 점점 더 커졌다. 현지에서 성공적인 독일 방식을 써보자는 제안은 그곳에선 맞을지 몰라도 우리와는 맞지 않다는 미국 내 직원들의 반박에 부딪쳤고, 중위권 경영대학원에서 분석력이 뛰어난 인재를 발굴해내자는 제안은 불가능하지는 않지만 양과 질적인 면에서 모두 만족스런 결과를 얻으려면 비용과 노력이 엄청나게 들 것이라는 점이 문제였다. 채용문제에 적극 관여했던 돌프 디비아시오는 당시 상황을 이렇게 기억했다. "맥킨지의 통상적 분석방식에 따라 누군가 비용을 계산해 보고 나서 우리 모두에게 그것이 성공하지 못할 것이라는 확신을 시켜 주었다.”

디비아시오는 당시 북미지역 인재 채용팀에서 함께 일한 다른 파트너들과 가진 코네티컷주 스탬퍼드에서의 회의를 지금도 생생하게 기억하고 있다. “우리는 회의실을 돌아다니며 서로 이야기하고, 데이터를 보면서 MBA 스쿨에서 우리가 필요한 수만큼 우수한 인재를 구하지 못하고 있다는 얘기를 듣고 있었다.”

그러면 어떻게 해야 할 것인가? 당시 어떤 기준이 뛰어난 인재이고, 그런 인재를 어디서 찾을 것인가 하는 물음에 대해 ‘방 안의 코끼리’ 같은 문제가 몇 가지 있었다. 모든 사람이 알고 있는 심각한 문제지만 모두들 무시하고 언급하지 않는 문제를 가리키는 말이다. 스탬퍼드 회의에 참석했던 사람은 모두 알았지만 북미지역 사무소들은 지난 수년간 간헐적으로 이른바 비전통적인 신입사원 채용을 실험해 보고 있었다. 로즈 장학생을 채용한 것은 대부분 옳은 선택이었다는 데 논쟁의 여지가 없었으며, 1980년대에 시작된 혁신적인 교육프로그램인 미니 MBA의 도움도 컸다. 그것은 MBA 학위가 없는 아주 유능한 신입사원에게 MBA 과정의 핵심 도구와 개념을 가르치는 실용적인 집중교육이었다.

당시 더 문제가 됐던 것은 회사의 일부 부서에서 산업 경력자들을 더 많이 채용하는 방식, 다시 말해 이전의 접근방식으로 되돌아가려는 노력을 했다는 사실이다. 1980년대에 맥킨지의 몇몇 부문에서는 심층적인 기술지식이 있는 스페셜리스트들을 채용해, 당시 새롭게 형식을 갖추고 있던 산업 프랙티스 그룹에서 일하도록 하려는 시도를 시작했다. 맥킨지의 고객서비스는 여러 분야의 프랙티스 그룹으로 나뉘어져 있다. 이 채용전략의 선봉에 선 것은 급성장하고 있던 맥킨지의 에너지 프랙티스였고, 당시 이 그룹은 통념을 타파하는 디렉터로 유명했던 존 소힐이 이끌고 있었다. 경제학 박사로 미국 정부 에너지부의 행정관과 뉴욕대 총장을 역임했던 소힐은 맥킨지가 사내의 각팀에서 보다 스페셜리스트적인 지식을 발전시킬 필요가 있다는 점을 예리하게 인식하고 있었다. 그는 특히 자신이 적극적으로 개발하고 있던 석유와 가스, 공익산업과 같은 분야의 고객들을 위해 스페셜리스트가 필요하다고 생각했다. 1980년대에는 금융서비스와 IT, 그리고 제약산업과 같은 부문에서도 보다 전문화 된 신입 컨설턴트들을 영입하려는 노력이 진행되고 있었다.

비록 프랙티스 그룹의 리더와 회사의 많은 컨설팅 팀이 이들 신입 컨설턴트의 전문지식을 인정해 주긴 했지만, 이들 스페셜리스트 specialist는 MBA 출신을 가리키는 회사의 강력한 제너럴리스트 generalist 편향에 좌초되는 경우가 많았으며, 업무평가나 승진 문제에서 특히 더 그랬다. 이들은 자신들의 전문분야 외에 다른 종류의 고객업무에서는 소외되는 경우가 많았는데, 파트너가 되려면 다양한 고객업무 경험이 중요한 요인이기 때문에 이런 소외는 매우 불리하게 작용했다. 그리고 뭐라고 꼬집어 말할 수 없지만 여러 측면에서 이들 경력 신입사원은 적응에 어려움을 겪었다. 그것은 독자적인 문화와 인간관계를 바탕으로 발전한 회사에서는 무시할 수 없는 요소였다. 하버드 MBA 출신으로 당시 맥킨지의 에너지 프랙티스에서 활동했던 밥 하비는 1980년대 텍사스 사무소에서 스페셜리스트 신입사원들의 사회적 · 직업적 통합과 관련해 겪은 몇 가지 어려웠던 순간들을 이렇게 회상했다.

그들 중 몇몇은 다른 사람들보다 더 잘 적응하긴 했지만 항상 어떤 일을 잘할지에 대한 의문이 있었다. 그들은 대부분 우리보다 나이가 많고, 우리는 도시의 중심부에서 살고 있었지만 그들은 교외에 살았다. 그들의 아내는 우리들의 아내와 달랐고, 그들은 자녀가 있었지만 우리는 대부분 아이가 없었다. 그들은 대부분 전문적인 서비스 마인드보다는 기업의 사고방식을 갖고 일했다. 그리고 그들은 때때로 모든 것에서 최고가 되기 위해 총력을 기울이는 업무수행 문화에 대한 관심이 우리들보다 덜한 것처럼 보였다.

강력한 맥킨지 문화에 잘 적응하는 것은 매우 중요한 문제였기 때문에, 비非MBA 출신들은 때때로 열등한 지위에 있는 것 같은 느낌을 지울 수 없었다는 이야기를 했다. 이들 중 많은 사람이 처음에 조사연구 스태프의 지원을 받는 데 어려움을 겪었고, 프로젝트 수행 때 MBA 출신들보다 덜 중요한 역할을 맡는 경우가 많았다.

비전통적인 신입사원으로 채용됐던 현 회장 도미닉 바튼도 입사 초기엔 좀 불편한 기분을 느꼈다고 했다. 그는 1986년 로즈 장학생으로 토론토 사무소에 입사했다. "처음엔 확실히 내가 좀 다르다는 느낌이 있었다. 첫 출근날, '이 자식은 뭐지? 진짜 쓸 만한 거야?'라고 생각하는 파트너가 몇몇 있다는 인상을 받은 기억이 난다." 이 프로그램의 초기에 채용됐던 분자생물학자인 로드니 제멜은 자신을 채용한 파트너와의 첫 번째 면접을 이렇게 기억했다. "그는 면접 서두에 '이건 회사로서는 굉장히 실험적인 일'이라고 말했다. 그는 나를 격려하고 있었지만 동시에 어떤 기대에 부응해야 한다는 의중을 내비치고 있었다." 제멜은 지금은 회사의 모든 채용에 대해 글로벌 감독권을 가진 디렉터로 활동하고 있다.

현재 맥킨지 디렉터 중 한명인 루이스 쿠냐도 비슷한 견해를 보였다. "이렇게 채용된 사람들은 각기 나름대로 문화적 변화를 나타내고 있었고, 회사는 그런 방향전환을 받아들이기가 쉽지 않았다."

사실 1980년대가 끝나갈 무렵, 북미지역에서 비非MBA 출신들이 보인 업무실적을 보면 비전통적 신입사원들에 대한 편견이 정당했다고 생각한 사람이 많았다. "회의실에서는 그러면 그렇지 하는 소리가 들렸다."라고 돌프 디비아시오는 당시를 기억했다. 당시 그를 비롯해 다른 채용 책임자들은 스탬퍼드 회의에서 유능한 인재채용을 위한 전략적 결정을 놓고 씨름하고 있었다. "회사에서 우수한 MBA 출신이 부족해지고 있었지만, 비非MBA 출신은 MBA 출신과 동등한 수준으로 파트너 지위까지 오르지 못하고 있는 게 숫자에서 드러났다. 만일 우리가 전통적인 인재 풀에서 벗어나 진짜 새로운 시도를 하려면 이것은 반드시 정면으로 맞서서 풀어야 할 과제였다."

실력 위주의
인재채용으로 전환

회사가 어떤 종류의 인재를 필요로 하느
냐 하는 문제를 둘러싼 논쟁의 중심에는
1988년에 맥킨지의 회장이 된 프레드 글럭이 있었다. 궁극적으로 진화된 새
로운 인재 전략은 분명히 여러 사람이 기여해서 만들어낸 작품이지만, 당시
의 파트너 대부분과 이후의 관찰자들은 변화의 바퀴가 돌아가게 만든 진정
한 원동력이 글럭이었다는 점을 인정한다.[3]

글럭은 맥킨지의 인재 풀 확대에 개인적으로 큰 관심을 갖고 있었다. 그는
브루클린의 가톨릭신자 대가족 집안에서 자랐고, 맨해튼 칼리지를 다녔으며
뉴욕대에서 석사학위를 딴 후 컬럼비아대에서 운영분석**OR** 관련 대학원 과
정을 거쳤다. 글럭은 벨랩**Bell Labs**에 들어가 젊은 엔지니어로 미사일 유도
시스템을 만드는 일에 관여했으며, 이후 스파튼 미사일 프로젝트의 프로그
램 매니저로 일했다. 그 일 덕분에 그는 '나도 로켓과학을 할 정도니 진짜 천
재'라는 농담을 한다. 그런데 그는 좀 특이한 커리어 변경으로 인해 1967년
맥킨지에 입사하게 되는데, 그때만 해도 그의 채용은 전통적인 컨설턴트 업
무 외에 테크놀로지 기업 고객들에게 제공할 수 있는 엄선된 전문지식이 필
요해서 고용한 사례 중 하나였다.

입사한 지 얼마 안 되어서 글럭은 당시 더욱 거세지고 있던 회사의 MBA
편향에 부딪쳤다. 그는 고객을 실제로 만나는 기회를 얻기 위해 힘겹게 싸워
야 했으며, 자신을 숫자나 처리하는 하급직원으로 뒷방에 처박아두려는 몇
몇 파트너들의 편견을 극복해야 했다. 그는 입사 초기에 겪은 이런 여러 경

험에 대해 이야기했다. 그러나 글럭은 뛰어난 지능과 능력으로 고객서비스에서 계속 인상적인 성공을 거둠으로써 결국 파트너 지위에 올랐고, 1976년에는 다시 디렉터로 승진했다. 그리고 이것은 맥킨지가 무엇보다도 실력을 가장 중시한다는 사실을 잘 보여준다.

글럭은 고객서비스에서 거둔 성공 외에 보다 분석적인 토대의 전략을 찾는 시장의 요구에 더욱 적극적으로 다가서야 한다며 회사, 그리고 그의 전임자인 당시 회장 론 다니엘에 도전한 것으로도 유명하다. 그는 다니엘 회장에게 쓴 메모에서 브루스 헨더슨과 BCG가 경쟁사로서 실질적인 위협이 되고 있다는 사실에 맥킨지가 적극 대응할 것을 촉구했다. 그리고 다니엘은 문제를 제기한 그에게 바로 그 일을 맡겼다. 1970년대 말과 1980년대 초에 글럭은 전략과 그 전략의 적용 문제를 둘러싼 지적 논쟁을 벌여 맥킨지 특유의 지식을 구축하는 일련의 이니셔티브를 주도했다. 그는 또한 여러 파트너 간의 지속적인 지식협력을 장려했고, 이것은 나중에 최초의 기능적인 프랙티스 그룹으로 공식화되었다. 글럭이 회장으로 선출될 즈음에는 맥킨지가 자사 고유의 아이디어와 지식을 보다 명시적으로 내세우며 경쟁하도록 변화시킨 파트너로 회사 전체에 널리 알려졌으며, 그는 이러한 점이 맥킨지 문화의 더욱 두드러진 부분이 되도록 만드는 일을 계속했다.

그리고 글럭은 이 새로운 지식의 중요성이 회사의 인재채용에 대한 사고방식에도 적용되게 만들기 시작했다. 그는 MBA 출신들로 대변되는 전략적 사고의 중요성을 잘 인식하고 있었지만, 그 자신 非MBA 출신으로서 똑똑한 인재를 발견할 수 있는 곳이 경영대학원만은 아니라는 사실을 알고 있었다. 회사 전체의 비非MBA 출신들을 둘러보고 또한 자신의 성공에 대해 생각해 본 결과, 글럭은 맥킨지가 요구하는 것의 핵심은 이런 저런 학위가 아니라 뛰어난 분석력과 창의적인 지성을 지닌 비범한 인재들이라는 점을 알았다. 맥킨지가 하버드 경영대학원이나 이와 비슷한 기관에서 인재를 채용하는 데 질적인 한계에 이르고 있음을 보여주는 데이터가 나오기 시작하자, 글럭은 자신의 친구이자 북미지역팀 멤버인 돌프 디비아시오에게 매우 똑똑한 인재들, 그리고 반드시 MBA 학위를 가지고 있을 필요가 없는 인재들을 더 많이 채용할 수 있는 방안을 찾아내는 과제를 맡겼다.

변화의 과정을 중시하는 맥킨지 문화

만일 당시 글럭 회장이 그냥 회사에 필요한 게 이러한 결정이라고 한번 발표하는 데 그쳤다면, 그것은 맥킨지의 문제해결 접근방식과 문화가 상징하는 것에 대한 근본적인 배신행위가 되었을 것이다. 글럭 자신이 이 점을 힘주어 강조했다. "한번 결정하고 끝내는 것이 절대 아니었다. 우리가 그냥 어느 날 밤 같이 술에 취해 '자, 이제 인재를 구하는 새로운 접근방식을 취할 때야'라고 결론을 내리는 건 아니라는 말이다. 대신 일련의 작은 결정이 있었고, 사이사이에 일련의 시도와 논쟁, 그리고 논의가 이어지는 과정을 거쳐 마침내 우리가 알고 있는 그 결과가 나온 것이다."

당시 상황에 대해, 그리고 전반적인 맥킨지 문화에 대해 이야기해 준 파트너들은 모두 기본적으로 같은 점을 강조했다. 샌프란시스코 사무소의 디렉터, 뉴욕 사무소 매니저, 그리고 조직 프랙티스의 리더를 지낸 존 카첸바흐는 이렇게 말했다. "이런 결정은 때맞춰 한 순간에 내려지는 것이 아니다. 하나의 회사로서 우리의 가치관은 논쟁과 '반대의견을 낼 의무'를 장려했다. 파트너라는 지위는 서로 다른 아이디어를 말하고 도전할 수 있는 안전한 공간을 제공해 주었고, 이를 통해 어떤 방향으로 행동을 취해야할지 서서히 윤곽이 잡힌 것이다.[4] 우리는 각자의 자존심이나 위계질서가 아니라 데이터를 사용해서 공통분모를 찾아냈다." 바셀라로도 재미있는 비유를 쓰며 비슷한 이야기를 했다. "이 회사의 DNA가 어떤 것인지 기억해야 한다. 전 세계에 걸쳐, 각 팀과 사무소에서, 수많은 작은 세포에서 실험이 진행되고 있다. 우리는 이런 저런 실험을 수년간에 걸쳐 했다. 로스쿨 출신도 고용해 보고, 로즈 장학생도 고용해 보고, 서로 다른 여러 배경을 가진 사람들을 시험적으로 고용해 보고, 미니 MBA도 실시해 보고, 여러 가지를 해 봤다. 비非MBA 출신 채용을 위한 공식 프로그램이 마침내 개발되었을 때, 그것은 이미 증명되고 학습된 많은 것을 조립해서 만든 것이기 때문에 마치 미스터 포테이토 헤드 **Mr. Potato Head** 조립인형 같았다."

그렇긴 하지만 인재채용의 새로운 방향이 특정 개인과 상관없이, 즉 리더의 의식적인 노력 없이 정해졌다고 말할 수는 없다. 돌프 디비아시오의 말에 귀를 기울여 보면, 중요한 작은 결정들이 서로 꿰매지고 맥킨지와 외부 시장의 도가니 속에서 단련을 거친 다음 궁극적으로 대세를 결정지었다는 얘기를 듣게 된다. 그리고 이런 결정들을 밀어붙인 사람이 그와 글럭인 경우가 많았다는 사실이 명백하게 드러난다. 그렇지만 오늘날의 맥킨지가 지적으로 훨씬 더 다양한 곳이 되게 만든 그 결과물이 1991년 당시에는 전혀 성공 여부가 확실하지 않은 상태였다.

1991년에 돌프 디비아시오와 채용팀 동료들은 인재 찾는 일을 명성이 좀 낮은 경영대학원들에게까지 확대하는 전략을 분석한 뒤에 그 아이디어를 퇴짜 놓았다. 그런 다음 박사학위 소지자나 변호사, 의사 같은 부류의 사람들, 즉 비즈니스 자체는 훈련받지 않았지만 높은 지능과 깊이 있는 분석력, 창의적 사고, 그리고 더욱 더 까다로워져 가는 고객들에게 개인적 임팩트를 줄 수 있는 잠재력을 보여준 사람들에게 집중한다는 아이디어에 매달렸다. 그리고 이 노력에 실질적인 힘을 싣기 위해서 디비아시오는 성공을 위한 몇 가지 핵심 요인들을 정했다. 이렇게 정한 요인들은 프레드 글럭, 테리 윌리엄스, 제롬 바셀라로, 그 외 다른 파트너들, 그리고 회사의 채용담당 매니저들과 함께 가진 활발한 논의와 논쟁을 통해 발전되고 모양을 갖추었다. 매니저들 중에서도 특히 리더인 카렌 키더가 유능한 역할을 했다. 이 그룹이 새로운 인재 풀을 활용하는 문제에 대해 분명한 결정이 내려졌다고 선언한 순간은 단 한 번도 없었다. 하지만 이 접근방식을 갖고 앞으로 더 나아가도 좋을 만큼 충분한 합의가 있었다. 이 아이디어에 대한 '내부 시장 수용성'internal market receptivity이 구축되기 시작한 것이다.

우선 첫 단계로, 용어를 이전부터 점진적으로 진화해 왔고, 지금은 주류인 중앙무대로 움직여 나아가고 있는 현상을 지칭하는 용어로 바꿀 필요가 있었다. 돌프 디비아시오는 이렇게 말했다. "우리는 비전통적 채용이라는 용어를 없애고 대신 '타고난 선수 프로그램' natural athlete program이라고 부르기로 했다. 우리는 마이클 조던 같은 선수는 무슨 스포츠를 해도 잘할 것이라는 신호를 사람들에게 보여줄 생각이었다. 이런 사람한테는 무슨 일을 맡겨도 탁월한 능력을 보여줄 것이라는 메시지였다. 비록 지금은 그것이 그 사람의 전문 분야가 아니지만 앞으로는 그렇게 될 것이라는 점을 암시하는 용어였다."

다음 단계는 전형적인 맥킨지 분석을 실제 절차에 적용시키는 것으로 미국 전역의 최상위 박사과정과 의과대학, 로스쿨, 대학원, 행정대학원, 기타 전문적 교육프로그램들을 폭넓게 훑어본 뒤 디비아시오와 키더가 각 학교의 최고책임자와 개별 면담을 가졌다. 이런 절차를 가진 목적은 적절한 인력 풀의 잠재력과 크기를 가늠하고, 해당 학교에서 채용목적을 실제로 달성할 가능성과 해당 학교의 졸업생들이 하고 있는 일의 성격을 이해하는 것이었다. 이 절차의 목적에는 맥킨지 입사가 해당 학교의 졸업생들이 검토해 볼만한 좋은 대안이라는 점을 납득시키려는 것도 있었다. 디비아시오의 말을 다시 들어보자. "우리가 그 사람들을 만나 요청한 것은 단지 '우리에게 기회를 달라'는 것뿐이었다. 그중 몇 군데는 우리가 자신들의 프로그램에 접근하는 것을 싫어하기도 했지만, 이 아이디어에 개방적인 태도를 보인 학교가 많았고, 우리는 함께 협력하기 시작했다." 이와 동시에 키더와 그녀가 이끄는 채용 매니저들은 '타고난 선수'를 찾는 과정에서 비非MBA 출신을 채용하기 위한 보다 전문적인 접근법을 설계하기 시작했다. 공공정책 타입이나 물리학, 역사학 분야의 박사 등은 비즈니스 세계를 잘 모르는 경우가 많았고, 맥킨지 컨설팅이 어떤 곳인지는 더 몰랐다. 그래서 맥킨지는 잠재적 후보자들의 관심을 끌기 위한 여러 가지 다른 방안을 개발하고, 또 반복적으로 실험을 했는데, 여기엔 특별히 고안된 사회적 행사와 지적인 도전의식을 북돋우는 모의 워크숍, 비非MBA 출신으로 맥킨지에서 성공을 거둔 사람들이 유망한 후보와 접촉하는 것 등이 있었다.

도미닉 바튼은 자신이 아직 옥스퍼드 재학생이었을 때 맥킨지 채용담당자들이 자신에게 어떻게 처음 접근했는지에 대해 다음과 같이 회고했다. "그들이 했던 그룹 프레젠테이션은 좀 기계적이라는 느낌이 있었고, 우리 같은 사람들을 잘 이해하지 못하는 것 같아서 별로 인상적이지 않았던 것으로 기억한다. 그렇지만 맥킨지 디렉터인 알리 해너가 나를 한쪽으로 데려가 서로 허물없이 이야기를 나누게 됐을 때 상황이 바뀌었다. 그는 단지 '지금 고객과 관련해 좀 재미있는 문제를 갖고 씨름중인데, 혹시 나를 도와줄 수 있는 아이디어가 있는지 알고 싶다'는 말을 했을 뿐이다. 그와 가진 대화는 너무나 좋았고, 그 후 나는 이 회사가 바로 내가 일하고 싶은 종류의 직장이라는 생각을 갖게 됐다."

새 채용 방식에 대한 지지 확산

'타고난 선수 채용팀'이 가동되어 인재를 찾는 시장에서 성공하는 법을 배워가고 있을 때, 회사 내부에서 이 정책이 수용되도록 하고, 성공을 보장하기 위한 노력도 열심히 진행되고 있었다. 이 과정이 진행되는 모든 단계마다 풀어야 할 문제와 부수적인 문제가 있었다. 돌프 디비아시오는 오랜 동료인 지역 사무소장들을 방문해서 이 프로그램을 지지하겠다는 약속뿐 아니라, 이를 통해 채용한 신입사원들을 맥킨지의 주류 업무, 다시 말해 중요한 고객업무에 투입하겠다는 약속도 받아냈다. 회사에서 확고하게 자리 잡은 이들 리더의 약속은 이 프로그램의 성공에 필수적인 것이었다. 바셀라로는 다음과 같이 당시를 회고했다. "돌프는 각 사무소를 차례로 방문해서 동료의 눈을 똑바로 들여다보며 '자네가 필요로 하는 슈퍼스타와 인재들을 줄 테니 이들을 자네 팀에서 실제로 활용하겠다는 약속을 해 달라'고 했다." 돌프 자신은 채용팀과 함께 이들 신입사원이 회사 전반에 걸쳐 호의적인 고객업무 디렉터 밑에 배치되도록 열심히 로비를 했고, 자신들이 힘들여 채용한 이들 신입사원이 어떤 진전을 보이는지 부지런히 체크하고, 이들의 회사 적응을 돕기 위해 필요하다고 판단될 때는 적극 개입하기도 했다고 회고했다.

이러한 과정이 비공식적이었다고 말한 사람이 많았지만, 돌프 디비아시오는 다른 사람들과 함께 회사 전체의 중요한 인사위원회들을 대상으로 브리핑을 했고, 이들 위원회에는 파트너 후보들을 심사하는 위원회와 파트너들에 대한 업무평가인 이른바 PCEC와 PRC를 지속적으로 수행하는 위원회도 포함되어 있었다. "여기서도 마찬가지로 우리가 원했던 것은 단지 기회를 달라는 것이었다. 우리는 그냥 이 새로운 타입의 신입사원들에게 평가과정에서 공정한 기회를 주라고 요청했을 뿐이고, 일단 이들의 실적이 공정하게 평가된 후에는 조금이라도 다른 대우를 하지 말라고 했다."

그런데 이 결정 과정의 주요 참여자들이 회사 주주위원회**SHC**의 관여 여부, 또 어떤 식으로 관여했는지에 대해 서로 다르게 보고 있다는 것은 맥킨지의 조직문화가 얼마나 분권화되어 있고, 또한 민주적인지 알 수 있게 해 준다. SHC는 다른 기업의 운영이사회와 비슷한 성격을 갖고 있지만, 맥킨지 파트너들 간에는 서로 신뢰하는 문화가 강했기 때문에 어떤 일을 하기로 했을 때 노골적인 찬반 의견을 내기보다는 조언과 충고를 하기 위한 목적으로 모이는 경우가 많았다. 프레드 글럭은 '그 결정은 주주위원회에서 내려지지 않았다'고 주장했고, 그의 밑에 있던 당시 최고운영책임자**COO** 짐 구드리치도 '우리는 그래야 할 필요성을 느끼지 않았다'며 비슷한 얘기를 했다. 그렇지만 돌프 디비아시오는 이 프로그램의 개념에 대해 SHC와 최소한 한 차례 중요한 논의를 했던 것으로 기억했고, 테리 윌리엄스는 SHC 회의에서 어떤 일이 있었는지 이렇게 설명했다. "처음에는 그 아이디어에 대해 좀 비관적인 시각이 있었지만, 프레드 글럭이 각 테이블을 돌며 그 자리에 참석한 파트너들 중 절반은 비非MBA 출신이라는 점을 밝히자 분위기가 바뀌었다. 그 후엔 우리에게 필요한 지지를 얻어낼 수 있었다."

새로운 제도로
정착

돌프 디비아시오와 카렌 키더, 그리고 다른 채
용담당자들은 자신들이 맡은 숙제를 잘했고,
이 프로그램을 통해 발굴한 새 인재들은 대부분 잘 성장했다. '타고난 선수'
들이 성공을 거두기 시작하자 이 프로그램을 지지하는 파트너들이 더 늘어
났다. 얼마 지나지 않아 이 프로그램은 보다 공식적인 명칭인 고급전문학위
Advanced Professional Degree 프로그램이라는 새 이름을 얻게 되었고, 지금도 맥
킨지에서 APD라는 명칭으로 활용되고 있다. 돌프 디비아시오는 채용담당
자들과 지지자들이 어떻게 여러 대학원과 전문적 프로그램들을 대상으로 옹
호자 네트워크와 지원 네트워크를 구축했는지 회상했다. 미니 MBA 프로그
램의 개선과 확대, 그리고 성공적인 APD 후보 집단의 성장이 이뤄지면서 차
세대 비전통적 출신들을 끌어들이고 발전시키는 일이 더 쉬워졌다. 어떤 기
관이 가장 성공적인 후보자들을 제공하고 있는지, 그리고 새로 채용된 사람
들이 어떤 사무소에서 어떤 타입의 파트너 밑에서, 또 어떤 종류의 고객업무
에서 잘하고 있는지 채용팀이 철저히 추적했다. 이처럼 분석적인 사고를 지
향하는 맥킨지의 경향도 프로그램의 성공을 확대시켰다. 회사가 어떤 인재
를 찾고 있는지, 그런 인재를 어디서 찾아야 하는지, 그리고 이렇게 채용한
인재들을 어떻게 성공하게 만들지에 관한 모델이 매년 더 세밀한 형태로 발
전했다.

이것은 분명 잘 통솔된 문제해결 과정을 거친 후 조직적 학습과 지속적인
개선이 이뤄진 이야기이다. 회사가 새로운 종류의 인재를 발견하고 발전시

키는 방식에서 시도-학습-개선-집중의 선순환이 뿌리를 내리면서 인재채용 노력은 더 현명해졌다. 맥킨지의 인사담당 디렉터 미셸 자라드는 1990년대 초 북미지역 신입 컨설턴트 associates의 약 10퍼센트를 차지한 것으로 추정된 APD 출신이 지금은 약 20∼30 퍼센트로 늘어났다고 추산했다.[5] 그리고 맥 킨지 조직 자체를 포함해 그 누구도 이 '결정 아닌 결정'이 가져다 준 임팩트 에 대한 인과관계를 주장하지 않지만, 맥킨지가 지난 이십여 년 간 재정적인 성공(외부의 추정에 따르면 6배가 넘는 성장)을 거둘 수 있었던 데는 이 조직적 인 인재채용 전략이 한몫했다는 점을 부인하기 어려울 것이다.[6] 당시 회사 의 채용담당 디렉터였던 테리 윌리엄스는 이렇게 말했다. "하나의 회사로서 우리의 성공은 언제나 새로운 종류의 인력을 통합하고 이들이 업무를 잘하 도록 교육하고 발전시켰기 때문에 가능했다."

다양성의 문화가 맥킨지의 성장동력

이제는 의사나 물리학 박사, 혹은 국제정 책 입안자와 같이 다양한 배경의 인재들 을 채용하는 방식이 맥킨지에서 일반적인 것으로 받아들여지고 있다. 다른 배경을 가진 컨설턴트들과 이들의 실적을 비교해 보면 별다른 차이가 없다. 맥킨지 컨설턴트 중에는 여전히 하버드 MBA 출신이 많긴 하지만, 잘 나가 던 학자나 과학자가 자신의 팀에 동료로 합류하는 것을 미심쩍은 눈으로 바 라보는 맥킨지 사람은 거의 없다. 지금 세대에서는 이 중요한 다변화가 처음에 어떻게 시작되었는지 그 내력을 모르는 사람도 일부 있긴 하지만, 그 중요성을 의심하는 사람은 거의 없다. 그래서 채용업무에 적극 관여하고 있는 루이스 쿠냐 같은 디렉터는 '누가 이 아이디어를 처음 생각해냈는지 모르지만, 분명히 매우 똑똑한 사람이었을 것'이라는 식으로 말한다. 미셸 자라드는 이렇게 말했다. "파트너들이 나한테 전화를 걸어 '우리 팀에서는 물리학자와 같이 일할 수 없다'는 식으로 스태프 충원 문제에 대해 이야기한 경우는 한 번도 없었다. 이것이 이제는 통상적으로 회사의 강점으로 받아들여지고 있다." 그녀는 또한 바튼 회장이 했던 말을 되새기며 이렇게 덧붙였다. "우리는 여기서 수많은 상징적 순간을 경험하고 있지만, 바로 그 순간에는 대개 그것이 갖는 의미를 알아차리지 못한다."

맥킨지가 보다 다양한 인재 풀을 활용하게 된 것은 지난 수십 년 간 제너럴리스트적인 지식과 스페셜리스트적인 지식, MBA 기법과 다른 분석적·비분석적 관점 간에 내부 논쟁과 건설적인 긴장이 있었으며, 이렇게 진행되어 온 현상이 다른 차원으로 진화했음을 드러내는 것이기도 하다. 맥킨지 스타일의 글로벌 컨설팅에서 성공하기 위해서 어떤 배경이 필요한지에 대해 이전에는 '둘 중 하나' either-or를 선택해야 한다는 논쟁이었다면, 지금은 훨씬 더 미묘한 '둘 다' both-and 선택하는 논의로 진화했다. 맥킨지의 행정 및 채용 담당 디렉터 브라이언 롤프스는 "직원들이 가진 배경의 다양성은 우리의 문제해결과정에 도움이 되며, 이것이 바로 맥킨지 스타일의 핵심"이라고 지적했다. 동시에 맥킨지의 현재 파트너들도 일례로 만일 제약회사 고객을 위해 일하는 자신들의 팀에 분자생물학 박사나 의사가 있다면 귀중한 관련 지식을 제공해 줄 뿐 아니라 그 업계의 회사 간부들에게 쉽게 신뢰감을 줄 수 있다며 그와 비슷한 이야기를 했다.

특정한 배경을 가진 누군가가 특정 산업을 전문적으로 다루는 고객업무에 특별한 이점을 가져다 준 이야기도 있고, 해당 산업의 문제에 대한 특별한 교육 배경이 없었던 특정 팀의 지식과 생각을 독특한 방식으로 보완해 줌으로써 그 팀의 고객을 위한 훌륭한 돌파구를 만든 이야기도 있다. 그리고 자라드와 바튼 모두 맥킨지 인재 풀의 다양성이 이제는 공공·민간 부문과 시민단체 등 다양한 부문에서의 경력을 포함해 교육배경의 다양성에 그치지 않고, 인종이나 성별, 성적 취향의 다양성으로 확대되고 있다고 말했다.

발전을 이끄는 과정의 문화

지금까지 우리가 살펴본 맥킨지의 결정은 장기간에 걸친 문제해결 과정을 통해 서서히 형성된 것으로, 실제로 행동을 취하고 시도하는 실행과정과 점진적으로 통합된 것이다. 단번에 내려진 결정이 아니라 시장의 니드와 개인적 이니셔티브, 이해당사자 논쟁, 제도적 지원을 구축하기 위한 노력, 분석과 실험을 활용해 새 프로그램에 힘을 실어주기 등 이 모든 것이 수년간에 걸쳐 결합되어 하나의 전략적인 결정을 구축했고, 또 그 결정이 성공적인 결과를 얻어냈다. 그 결정이 언제 내려졌는지 정확하게 아는 사람은 아무도 없는 것 같고, 만일 그것을 실행에 옮기려는 초기의 노력이 실패했다면 그 결정은 분명 바뀌었을 것이다. 하지만 계속 진행하기로 한 처음 결정이 성공적이었기 때문에 그것은 시간이 흐르면서 회사의 공식적인 전략과 프로그램으로 진화할 수 있었다.

우리는 여기서 '무엇을?' 이라는 물음과 '어떻게?' 라는 물음이 불가분하게 결합된 하나의 사례를 본다. 이런 사례는 훌륭한 조직적 판단을 보인 이후의 다른 이야기에서도 다시 보게 된다. 이 사례를 성공적인 것으로 만든 요인은 문제해결 과정과 그 배경에 있는 강력한 조직문화인 맥킨지의 심층적 가치관과 특별한 업무방식이 서로 결합된 데 있었다.

조직문화의 개념은 한때 전문적 경영의 미미한, 혹은 애매한 측면으로 간주되었지만, 최근 수년간 충격에 강한 사업체high-impact enterprise들이 갖고 있는 중요한 측면으로 점차 부각되고 있다. 조직문화 개념은 에드 샤인의 연구에서 가장 큰 조명을 받았을 것이다. 샤인을 비롯한 학자들은 조직문화를 정의하는 '행동, 가치, 가정'behaviors, values, assumptions이 어떻게 사람들과 그들이 속한 조직 모두의 행동방식과 사고방식에 영향을 미치는지 일련의 연구를 통해 보여주었다.[7] 조직문화란 그 조직에 속한 각 개인이 어떤 방식으로 성공의 길을 추구하는지, 그리고 새로 합류하는 동료에게 어떤 것을 가르치는지에 대해 설명해 줄 수 있는 문화이다. 이것은 또한 결정 내리는 일을 촉진하기도 하고 때로는 억제하기도 하는 문화적인 신념과 가정들이기도 하다. 어떤 조직의 문화는 그 조직이 드러내 보이는 집합적 판단으로부터 분리될 수 없다.

그래서 맥킨지의 많은 결정은 단번에 내려지지 않고 '서서히 발전한다'는 지적이 자주 있어 왔다. 이것은 맥킨지의 설립자 마빈 바워가 '우리가 여기서 일하는 방식'이라고 말한 것의 일부가 된 다중적이고 복잡하게 얽힌 요인들이 일구어낸 결과물이다. 이 조직문화의 가장 중요한 요소들을 몇 개 살펴보면 1992년 인재 풀의 다변화 결정을 보다 넓은 시각에서 파악할 수 있다.

아마도 가장 중요한 것은 '자율'self-governance과 '상호책임'mutual accountability의 이중성으로, 이것은 미셸 자라드가 지적했듯이 서로 갈등을 빚는 경우도 종종 있지만, 같은 가치관 덕분에 갈등을 해결할 방안을 찾아낸다. 여기서 자율이란 회사의 주식을 공개시장에서 거래하지 않으며, 회사 일을 스스로 관리한다는 맥킨지의 고집이다. 또 개인적 시각, 특히 파트너들의 시각에서 보면 자신이 원하는 것의 많은 부분을 자신이 원하는 방식으로, 또 자신이 원할 때 할 수 있는 자유를 의미한다. 이와 대조를 이루는 것이 모든 사람은 또한 다른 모든 사람에게 책임을 진다는 생각과 회사 전체의 관점에서 도움이 되도록 해야 한다는 것이다.

에드 샤인이 주목했듯이 이 상호책임의 개념에는 여러 가지 행동과 신념, 가정들이 기저를 이루고 있으며, 여기에는 다음과 같은 맥킨지의 핵심적인 속성이 몇 가지 포함된다.

● **파트너들이 공동의 수익 풀pool에 참여하는 방식** | 주식의 외부 매각이나 투기 제한.

- **강도 높은 '잘 하지 못하면 나가라' 식**[up or out] **문화** | 동료들이 정기적으로 최고 위 파트너를 포함한 자신의 파트너들의 실적을 평가.

- **비교적 참여적인 의사결정 문화와 '반대의견을 낼 의무'를 중시하는 등 위계질서의 결여** | 고객 및 회사 업무에서 뭔가 잘못된 것이나 경솔한 것이 진행되는 경우 신참 애널리스트나 컨설턴트들도 거리낌 없이 말할 수 있는 분위기 장려.

다양한 갈등을 봉합해 서로 뭉치게 하는 문화적 접착제 역할을 하는 것은 서로에 대한 신뢰가 무엇보다 중요하다는 생각이다. 이러한 생각은 계속 강화된다. "우리는 언제나 동료들이 선의를 갖고 행동한다는 믿음, 그리고 의견충돌이 있을 때에도 그것은 어떻게 하는 것이 올바르냐에 관한 문제이지, 개인적 이유 때문에 그런 게 아니라는 믿음을 갖고 일했다." 프레드 글럭은 이렇게 말한다. 그렇지만 맥킨지의 조직문화는 실력주의와 투명성을 강조하는 문화이기도 하다. 그것은 글럭 자신이 언제나 '최고의 아이디어가 모이는 시장'이라고 지칭한 것으로, 이것은 투명성에 대한 기대, 그리고 상호책임의 문제와 결합하여 왜 어떤 것을 권하는지 그 이유를 공개적으로 제시하고 과거에 경험한 사실들을 보여주는 것이다.

이런 환경은 전통을 존중하고 혁신을 포용하는 것 사이에서 절묘하게 균형을 잡아 준다. 예를 들면 이런 질문을 동시에 던지는 것이다. "마빈 바워라면 뭐라고 했을까?" 그리고 "이것이 앞으로도 성공할 것이라고 믿는 근거는 뭐지?" 그리고 애사심은 맥킨지 사람들이 성공적인 것으로 검증된 것을 소중히 하는 동시에 뭔가를 좀 더 나은 것으로 만들기 위한 새로운 방식을 찾도록 장려한다. 새로운 아이디어는 대부분 대화로 시작해 토론으로 발전하며, 리스크는 처음에 견본으로 실험해 보고, 다음에는 매 단계마다 어떤 것이 효과적이고 어떤 것이 효과적이지 않은지 측정함으로써 점점 더 가벼운 리스크가 된다. 따라서 당시에 새로운 인재전략을 추구하고 실행하려는 결정은 MBA 출신의 비중이 컸던 맥킨지로서는 어느 정도의 문화적 변화를 의미했지만, 그것은 또한 회사로 하여금 새로운 방안을 탐구하고 실험해서 궁극적으로 변화에 적응하도록 만드는 보다 광범위한 문화적 전통이기도 했다. 오늘날 맥킨지 리더들은 모두 당시의 인재전략 결정이 성공적인 조치였다는 데 동의한다. 회사의 인사담당 디렉터 미셸 자라드는 이렇게 평가했다. "궁극적으로 우리는 판단을 놓고 경쟁하며, 우리는 그 경쟁하는 과정을 고객에게 제공하는 것이다. 우리가 지금 확보하고 있고, 앞으로 계속 구축하고 있는 인재의 다양성은 바로 그 판단을 내리는 문제에서 항상 더 개선할 수 있는 여지를 만들어 준다."

Part
02

테크놀로지와
과학적 분석이 만드는 기회

여기서는 조직적 의사결정이 테크놀로지와 과학적 분석을 체계적으로 활용해서 보다 심층적이고 지속가능한 판단을 내리게 되는 세 가지 사례를 소개한다. 이 이야기들에는 우리가 이미 탐구한 다른 테마의 요소들(문제해결 과정, 참여적 직원 포용)과 이 책의 후반부에 보다 집중적으로 다룰 요소들(예를 들어 올바른 의제 설정 문화와 리더의 역할)이 포함되어 있다. 그렇지만 여기서 특히 주목하는 것은 어려운 결정을 내려야 할 상황에 직면했을 때 디지털 데이터와 분석을 전략적으로 활용하는 것이 어떻게 중요한 역할을 하는가에 대해서이다.

첫 번째 이야기는 의료산업에서의 사례 연구로 보스턴의 파트너즈 헬스케어 병원에 관한 이야기이고, 두 번째는 최첨단 시스템통합 회사인 코그니전트에 관한 이야기이다. 의사결정에 최신 테크놀로지 도구를 전략적으로 활용하는 것은 코그니전트의 운영 스타일에 광범위하고 심층적인 영향을 주고 있다. 그리고 마지막으로 공공교육 분야로 가서 노스캐롤라이나주 샬롯의 학교 시스템을 살펴본다. 이 이야기는 요즘 학교를 휩쓸고 있는 혁명, 즉 학생들의 학업성취도를 높이는 데 과학적인 분석을 사용하여 획기적 변화를 이룬 사례를 잘 보여준다.

4

파트너즈 헬스케어 병원의 체계적인 환자관리

이 환자를 어떻게 치료할 것인가?

의사인 블랙포드 미들턴은 환자가 입을 열기도 전에 이미 그 환자의 문제가 무엇인지 알아보았다. 그는 중년의 남성 환자가 진료실에 들어서는 순간 기침소리를 들었고, 환자가 자리에 앉았을 때 환자의 손수건에 묻은 점액의 색깔을 보았다. 그리고 환자가 대기실에서 진료실로 들어올 때 무기력하게 움직이는 것을 눈여겨보았다. 'URI 같은데'라고 그는 마음속으로 생각했다. 환자는 상기도^{上氣道} 감염^{URI} 환자처럼 보였고, 축농증이나 부비강염일 가능성도 있었다.

보스턴의 파트너즈 헬스케어 병원에서 일하는 의사인 미들턴은 물론 이런 생각만 한 것은 아니고 환자를 직접 검진했다. 그리고 URI의 전형적인 증상이 모두 있다는 것을 확인했다. 그런데 환자가 이런 증상이 나타날 때 항생제를 먹으면 보통 괜찮아진다는 말을 하는 것이었다.[1]

미들턴은 자신도 모르게 움찔했다. 대부분의 URI는 원래 바이러스성이라는 사실이 잘 알려져 있었으며, 이런 케이스를 항생제로 치료할 경우 항생물질에 대한 환자의 내성만 키울 뿐이었다. 그렇지만 그는 환자들이 이런 이유로 항생제를 포기하지는 않는다는 것을 과거의 경험으로 알고 있었고, 환자들과 이 문제로 입씨름하고 싶지는 않았다.

이 환자의 경우, 미들턴은 과거에 여러 번 성공을 거뒀던 방식을 써보기로 했다. 그는 파트너즈의 임상의료정보학 연구 및 개발CIRD 부장이라는 직함도 갖고 있었으며, 파트너즈에서 시험 사용되고 있는 새로운 도구의 개발을 주도했고, 자신이 하는 진료에서 직접 이 도구를 시험 사용하고 있었다. 스마트 폼Smart Form이라는 이름의 이 도구는 환자의 전자의무기록EMR 데이터를 입력하고, 거기에 의사의 진찰내용을 결합시키는 것으로 병원을 찾는 환자에게 치료방법을 권고하고 주의사항을 알려주는 시스템이다.

미들턴은 환자들이 같은 말을 의사로부터 들을 때보다 이 시스템의 치료 권고를 통해 들을 때 더 쉽게 납득하는 경우가 많다는 것을 과거의 경험을 통해 알고 있었다. 그래서 그는 스마트 폼에 환자에 관한 정보를 입력하고 치료 권고를 요청했다. 예상했던 대로 시스템의 권고는 환자의 URI가 박테리아 때문에 생겼을 가능성은 낮다고 지적하며 항생제를 통한 치료는 권유하지 않는다는 점을 명확히 했다. 미들턴은 화면에 나타난 치료 권고를 환자에게 보여주며 이렇게 말했다. "원하신다면 항생제를 처방해 드릴 수도 있지만, 보시다시피 실제로 도움이 되진 않을 겁니다."

이전과 마찬가지로 이번에도 스마트 폼과 이를 뒷받침하는 그의 언급이 결합된 방법은 효과가 있어서, 환자는 증상완화를 위한 기침 시럽의 도움을 받으며 바이러스를 이겨내기로 결정했다. 이런 효과는 동료들과 함께 스마트 폼을 개발했을 때는 미처 예상하지 못한 것이라고 미들턴은 생각했다. 어쨌든 환자와 입씨름하는 것을 피할 수 있어서 좋았다.

의사의 직감 대신 정보에 기초한 진료

파트너즈 헬스케어 시스템은 보스턴 지역의 대규모 연구중심 의료센터로 12개의 병원으로 이루어져 있으며, 7천 명이 넘는 의사와 제휴하고 있다. 매년 4백만 명의 외래환자가 치료를 받고, 16만 명이 입원한다. 파트너즈는 연간 수입이 약 80억 달러인 비영리 기관으로 생체의학 연구에 매년 10억 달러가 넘는 돈을 쓰고 있다. 또한 하버드 의과대학의 수업이 진행되는 주요 제휴기관이기도 하다.

블랙포드 미들턴은 파트너즈의 다른 많은 스태프와 마찬가지로 연구와 임상 양쪽에서 모두 일하고 있다. 파트너즈에서 그의 주된 업무는 CIRD 그룹을 감독하는 것인데, 이 그룹은 파트너즈 정보시스템 조직의 일부로서 약 80명이 소속되어 있다. CIRD 스태프는 대부분 미들턴처럼 여러 개의 석박사 학위를 갖고 있는데, 미들턴은 의학박사이며 공공의료 부문과 의료서비스 연구 부문의 석사 학위를 모두 갖고 있다. CIRD의 임무는 다음과 같다.

의료정보학(임상 컴퓨터작업)의 최첨단 최신 지식이 파트너즈 헬스케어의 임상정보 시스템에 통합되도록 함으로써 파트너즈 헬스케어 시스템의 환자들에 대한 진료의 질과 효율성을 개선한다.[2]

CIRD의 역할은 파트너즈가 환자진료에서 정보시스템을 어떻게 활용해야 하는지에 대한 전략을 수립하는 데 도움을 주고, 프로덕션 시스템 제공능력과 스마트 폼 같은 시험 프로그램을 개발하는 것이다. CIRD의 작업은 파트너즈가 환자진료 개선을 위한 데이터와 분석, 컴퓨터화 된 지식의 활용 면에서 세계적인 리더가 되도록 하는 데 상당한 역할을 했다. 그뿐만 아니라 CIRD는 파트너즈를 위해 개발한 도구와 접근방식 중 일부를 보다 광범위한 의료시스템에 적용하기 위한 프로젝트를 여러 개 수행했는데, 모두 미국 정부기관의 재정지원을 받는 프로젝트였다.

CIRD에서 블랙포드 미들턴과 그의 동료들은 파트너즈가 지난 수십 년 간 진행해 온 의료시스템 관련 작업의 혜택을 누리면서 그 작업을 더욱 진척시키는 일을 하고 있었다. 스마트 폼의 발전된 능력은 오랜 기간에 걸쳐 실행되었던 수많은 프로젝트와 테크놀로지에 기반을 두고 만들어졌다. 미들턴과 동료들은 분명 임상정보학의 거인들이었지만, 그들은 다른 거인들의 어깨를 딛고 올라섰던 것이다.

보스턴은 테크놀로지와 의료 분야에서 모두 많은 거인을 배출한 지역이다. 파트너즈의 임상시스템 발전에 큰 영향을 준 보스턴 인사 중에는 보다 나은 임상시스템을 개발할 동기를 부여한 루시안 리프와 돈 버윅이 있고, 그 시스템들을 개발하기 시작한 딕 네슨과 존 글래서가 있었다.

리프는 홀쭉하고 엄격해 보이는 백발의 뉴잉글랜드 사람으로 어떤 편집자는 그를 다음과 같이 묘사했다.

그는 미국에서 현대의 환자안전 patient safety 운동을 시작한 선구자이다. 하버드대 교수인 리프는 이십 년 전 소아외과 의사로 임상 쪽에서 일하다가 의료과실이 어떻게 발생하고 환자의 안전을 어떻게 개선할 수 있는지에 대한 연구에 집중하는 쪽으로 커리어 전환을 했다. 그 후 리프는 여러 획기적인 연구와 해설을 통해 패러다임이 '나쁜 사람들'에서 '나쁜 시스템'으로 바뀌게 만드는 데 기여했다. 미국의학연구소Institute of Medicine의 보고서 〈사람은 누구나 잘못할 수 있다〉가 나오게 된 계기를 만들었으며, 본인 자신도 그 보고서의 작성에 관여했다.[3]

보스턴 지역의 소아과 의사로 지금은 미국 정부의 '메디케어와 메디케이드 서비스 센터'의 책임자로 있는 버윅은 의료과실을 피하기 위한 절차와 프로세스에 큰 관심을 갖고 이를 위한 심층적인 전문지식을 발전시켰다. 그는 마침내 보건의료개선연구소[IHI]를 창설하게 되는데, 이 연구소는 의료과실을 줄이고 생명을 구하는 작업을 위해 전 세계의 병원 및 보건의료 업체들과 함께 일했다.

리프와 버윅은 모두 미국의학연구소가 1999년에 〈사람은 누구나 잘못할 수 있다〉는 제목의 보고서를 작성하는 데 자문역할을 했다. 이 보고서는 미국 내에서 매년 발생하는 약 십만 건의 사망과 약 1백만 건의 부상 사례가 의료 과실에 기인한 것으로 볼 수 있다고 기록했다.

브리검 및 여성 병원(이하 '브리검 병원'으로 지칭)의 최고책임자 네슨은 리프와 버윅을 알고 있었으며, 브리검 병원은 두 사람이 주도한 연구 및 서비스 개선 프로그램에 참여한 적이 있었다. 네슨은 또한 브리검 병원에서 다양한 타입의 의료과실과 의료서비스의 부적절한 활용에 관한 연구 프로그램을 후원하기도 했다. 브리검 병원에서 1995년에 행한 연구에 따르면 5퍼센트가 넘는 환자들이 치료 중에 처방 받은 약에 대해 부작용을 일으켰으며, 입원환자들이 보인 이런 부작용의 43퍼센트는 심각한 수준으로 생명을 위협하거나 사망에 이르는 결과를 낳았다. 예방이 가능했던 부작용 중에 절반 이상이 부적절한 약 처방으로 인한 것이었다. 그리고 팹 스미어 테스트(자궁암 조기 검사법)나 유방암 검진용 X선 촬영에서 미세하게 비정상적인 결과가 나온 경우, 이들 환자의 3분의 1정도는 불충분한 후속조치를 받은 것으로 드러났다. 또한 브리검 병원의 외과 중환자실 의사들이 가장 많이 의뢰하는 여섯 가지 실험실 테스트에 대해 조사한 적이 있는데, 이들 테스트 중 거의 절반이 임상적으로 불필요한 것으로 나타났다. 그리고 브리검 병원에서 실시한 또 다른 조사에서는 특정 심장약을 처방한 사례의 절반 이상이 부적절한 것으로 나타났다. 요컨대 '위대한 인물' 이론이 기업의 중요한 결정에 잘 맞지 않은 것처럼, 병원 같은 곳에서도 의사 개인이 자신의 직감과 판단에만 너무 의존할 경우 좋지 않은 결과가 나올 수 있다는 것이다. 이것은 세계 최고의 병원일지라도 마찬가지다.

정보 시스템에 의한 진료 정착

브리검 병원이 1994년 매사추세츠 종합병원 및 다른 병원들과 힘을 합쳐서 파트너즈를 출범시키기 몇 년 전에, 리프와 버윅의 연구결과와 브리검 병원 내 다른 연구자들의 연구결과를 본 네슨은 의료과실 문제에 대해 뭔가 조치가 취해져야 한다고 생각했다. 그는 매우 다양한 요인이 의료과실, 특히 약 처방에서의 과실 발생에 영향을 미치고 있긴 하지만, 이 문제에 대처할 한 가지 방안이 정보시스템을 통한 방안이라고 확신했다. 그리고 이런 생각을 브리검 병원의 최고정보책임자 CIO 존 글래서와 함께 상의했다.[4]

글래서는 1988년 브리검 병원의 CIO로 취임했는데, 의료정보시스템 분야에서 박사학위를 받았으며 보건의료 산업에서 IT전략 컨설턴트로 일하기도

했다. 그는 큰 키에 안경을 썼으며, 뛰어난 두뇌와 열성, 진지함, 그리고 유머감각까지 갖춘 개성 있는 인물이었다. 글래서가 브리검에서 처음 채용한 사람인 메리 핀레이는 20여 년 간 그의 오른팔 역할을 했는데, 그녀는 브리검 병원, 그리고 나중에는 파트너즈에서 IT 조직의 일상적인 관리업무를 대부분 처리함으로써 글래서에게 보다 큰 것을 생각하고 큰 변화를 구상할 수 있는 여유를 주었다.

어떤 병원이든 임상정보시스템의 기반은 임상데이터 저장소이며, 여기에는 모든 환자에 대한 정보, 환자의 상태, 그리고 환자가 받은 치료에 대한 정보가 들어 있다. 입원환자 임상데이터 저장소는 브리검에서 1980년대에 실행되었다. 네슨과 글래서는 1989년 외래환자 전자의무기록**EMR**의 시행에 들어갔으며, EMR은 기존의 임상데이터 저장소에 외래환자 데이터를 추가할 수 있게 해 주었다.[5] 매사추세츠 종합병원이 이미 1976년에 제대로 기능하는 최초의 EMR 중 하나를 개발했지만 브리검은 EMR을 시행한 최초의 병원 중 하나였다. 2010년을 전후해서는 미국 병원의 약 8퍼센트만이 제대로 기능하는 EMR을 시행하고 있었다.

임상데이터 저장소는 환자에 관한 기본 데이터를 제공하지만 그 자체로는 많은 의료과실 문제를 해결하지 못했다. 글래서와 네슨은 브리검 병원, 그리고 글래서가 최초의 CIO가 된 1994년 이후 파트너즈가 이 저장소와 외래환자 EMR 외에 부가적으로 의사들이 약이나 테스트, 그리고 다른 처치들을 위한 온라인 지시를 입력할 수 있는 설비가 필요하다는 데 합의했다. CPOE라는 이름의 온라인 지시는 알아보기 힘든 의사의 필적을 해석해야 하는 오래된 문제를 해결해 줄 뿐 아니라, 약간의 지능을 갖추게 하면 특정 지시가 특정 환자에게 적절한지 여부도 체크할 수 있게 해 주도록 되어 있었다. 처방을 내린 약이 가장 잘 알려진 의료관행과 부합하는가, 그리고 환자가 이전에 이 약에 대해 부작용을 보인 적은 없는가? 의뢰한 테스트가 이전에 여섯 번이나 했지만 별다른 혜택이 없었던 것과 동일한 테스트인가? 환자를 전문의에게로 보낼 경우 그 전문의가 환자의 의료보험 적용 대상에 포함되어 있는가? 이런 유형의 의무, 행정 지식이 시스템 안에 저장되면 위험하고 시간을 빼앗는 과실들을 예방할 수 있을 것이었다.

네슨과 글래서는 이런 비전을 현실화하기 위해 행동한 선두 그룹에 속했지만, 그 중요성을 깊이 인식한 사람은 이들만이 아니었다. 예를 들어 2009년에 발표된 미국 학술원의 한 연구는 문제의 뿌리를 다음과 같이 묘사했다.

반복되는 의료과실 문제는 의료계 종사자들의 무능을 반영하는 것이라기보다 의료행위 전반에 내재해 있는 복잡한 지식 및 의료 환경의 결과로 보인다. 즉 기존의 의료환경은 임상의가 실수를 피하고, 자신들의 의사결정과 진료행위를 체계적으로 개선할 수 있도록 도와주는 구조가 아니다. 여기에 행정적·조직적 단편화, 복잡하게 분산되어 있고, 권한과 책임소재의 불명확성 등이 더해져서 의료 환경을 더욱 복잡하게 만들고 있다.[6]

네슨과 글래서는 CPOE 외에도 의료과실을 줄일 수 있는 다른 접근방식이 있다는 것을 알고 있었다. 유타주의 인터마운틴 헬스케어 같은 의료서비스 제공 기관들은 의사들로 하여금 잘 확립된 의료행위 지침을 엄격하게 준수하도록 만드는 데 집중했다. 그리고 캘리포니아주의 카이저 퍼머넌트나 클리블랜드 클리닉 같은 기관들은 모든 공급기관이 환자를 위해 협력하게 만드는 방식으로 보험과 의료행위를 결합했다. 네슨과 글래서는 이런 접근방식들을 좋게 보긴 했지만 파트너즈와 같은 연구 중심 의료센터에서는 효과가 덜할 것이라고 생각했다. 파트너즈에서는 의사들이 자율적으로 행동하는 편이고, 각 부서는 연구 및 의료행위 혁신에서 이룬 각자의 명성에 자부심을 갖고 있기 때문이다. 그래서 파트너즈의 경우, 공동의 지식정보 시스템이 환자진료 개선을 위한 최선의 방안으로 보였다. 브리검은 1989년 CPOE 시스템을 출범시켰다.

1994년 브리검과 매사추세츠 종합병원이 파트너즈 헬스케어로 통합되었을 때에도 각 병원은 여전히 이 새 시스템 안에서 상당한 자율성을 지니고 있었다. 그렇지만 두 병원은 합병 초기부터 LMR이라는 명칭의 공동 외래환자 EMR과 브리검이 개발한 지식정보입력시스템 CPOE을 사용하기로 했다. 두 병원 간에는 상당한 경쟁심리가 있었고, 매사추세츠 종합병원이 자체 EMR을 갖고 있었다는 사실을 감안할 때 이러한 결정은 CPOE 시스템에 대해 두 병원이 매우 좋게 생각하고 있었음을 보여준다.

아마도 가장 어려운 문제는 파트너즈와 제휴관계에 있는 의사들까지 모두

LMR과 CPOE 시스템 안에 넣는 일이었다. 이 의사들은 6천 명이 넘는 일반의와 전문의로서 보스턴 도시권 주변에 흩어져 개업하고 있었으며, 자신의 진료실이 아닌 곳에서 의료행위를 하는 경우도 종종 있었다. 이들 중 많은 사람이 자체적으로 시스템을 설치할 수 있는 IT나 전자통신 인프라가 없는 상태였고, 외래환자 EMR 설치비용은 의사 한 명 당 약 2만 5천 달러에 달했다. 그렇지만 파트너즈와 제휴관계에 있는 의료공급자들까지 모두 포괄하는 시스템을 사용하는 것은 파트너즈 조직 전반에 걸쳐 균일한 의료서비스 수준을 확보하는 데 매우 중요했다.

글래서와 파트너즈 IT 조직은 LMR과 CPOE를 계속 늘어나고 있던 파트너즈 병원들에게로 확대하고, 파트너즈 제휴 의사들과 의료행위에도 도입될 수 있도록 부지런히 노력했다. 파트너즈 병원 밖에 있는 의사들의 합류를 돕기 위해서 파트너즈 측은 LMR과 CPOE가 필요로 하는 정보를 공급하는 의사들에게 보상을 해 주도록 보험회사들과 협상했다. 그 결과 2007년에는 파트너즈 제휴 의사들의 90퍼센트가 이 시스템을 사용하기에 이르렀고, 2009년에는 1백 퍼센트의 사용률을 기록했다. 2009년의 경우 파트너즈 조직 전체에서 CPOE 시스템을 통해 입력되는 지시가 시간당 1천 건이 넘었다.

LMR과 CPOE의 결합은 의료과실을 방지하는 데 큰 도움을 주는 것으로 나타났다. 환자의 상태에 맞지 않는 약을 쓰거나 환자에게 알레르기 반응을 일으키는 약을 사용하는 사례는 보통 입원환자 1천 명 당 약 14명의 비율로 발생하고 있었다. LMR과 CPOE를 사용하기 이전 브리검에서는 그 비율이 약 11명이었는데, 이 시스템이 광범위하게 실시된 이후에는 입원환자 1천 명 당 약 5명의 비율로 떨어졌다. 무려 55퍼센트의 감소를 보인 것이다.

　데이터에 초점을 맞춘 환자 진료에 관한 이 접근방식에 관심을 보인 것은 파트너즈만이 아니었다. 병원과 진료소를 비롯한 다른 많은 의료서비스 제공 기관들도 LMR과 CPOE 시스템을 채택하기 시작했다. 사실 미국 정부는 이들 시스템을 전국적으로 실시하는 방안을 후원하기로 결정했으며, 경기부양책 예산에서 약 4백억 달러를 이들 시스템을 설치하고 유용하게 사용하는 기관들에게 제공했다.[7] 정부의 이와 같은 계획을 위해 임명된 국가보건정보기술 조정관은 매사추세츠 종합병원의 의사이자 연구소장인 데이비드 블루멘탈 박사였다. 존 글래서는 파트너즈에서 안식년 휴가를 얻어 블루멘탈과 함께 이 작업에 착수했다. 따라서 파트너즈는 앞으로 미국 전역에서 시행될 테크놀로지를 조기에 채택한 영향력 있는 기관이 되었고, 미국 정부의 계획이 잘 추진될 경우 다른 의료서비스 제공기관들도 비슷한 혜택을 환자들에게 줄 수 있게 되었다.

임상지식 관리 체계화

　　　　　　　　　　파트너즈로서는 LMR과 CPOE의 채택을 용이하게 만드는 것 외에 의료서비스 공급자들이 이들 시스템과 다른 시스템들을 통해 이용할 수 있는 임상지식을 관리하는 것도 커다란 문제였다. '지적知的 CPOE' 전략에서는 필요한 지식의 온라인 액세스가 가능하고 지식을 쉽게 업데이트할 수 있어서 의료서비스 공급자들이 환자와의 실시간 상호작용에서 바로바로 활용할 수 있도록 만드는 것이 필수적이었다.

그리고 의학문헌 탐색같이 파트너즈 사람들이 이용할 수 있는 다른 다양한 온라인 지식 도구들이 있는데, 이들을 모두 합해서 파트너즈 핸드북이라고 불렀다. 브리검 병원에서 CPOE의 사용이 널리 퍼진 후, 이 핸드북의 온라인 이용과 CPOE를 통한 지식 베이스의 이용을 서로 비교해 보았다. 브리검 병원에서만 CPOE 시스템을 통한 액세스가 매일 1만 3천 건이 넘었지만, 파트너즈의 모든 병원에서 핸드북에 액세스 한 횟수는 매일 3천 건에 불과했다. 그래서 고급 지식을 최대한 많이 CPOE에 입력시키려는 노력이 지속적으로 진행되었다.

파트너즈에서 지식의 문제는 양이 부족하다는 것이 아니었다. 다양한 병원과 실험실, 많은 부서와 개인들에게 지식은 흘러넘치고 있었지만 문제는 그것을 어떻게 관리하느냐 하는 것이었다. MBA 학위 소지자로 파트너즈의 지식관리를 담당했던 의사 토냐 홍서마이어는 파트너즈와 연관된 기관 중에서 임상 의료행위에 관해 어떤 형태로든 규칙기반 지식 **rule-based knowledge**이 있지만 중앙관리시스템에서 관리되지 않는 곳의 수를 세어 보았더니 약 2만 3천 곳에 달했다. 지식은 종이 문서, 컴퓨터 스크린샷, 과정흐름도 **PFD**, 참고자료, 임상결과 데이터나 보고서 등 다양한 포맷에 들어 있었으며, 모두 다양한 장소에 분산되어 있고, 서로 공유하는 경우는 매우 드물었다.

블랙포드 미들턴의 임상정보학 연구개발 조직에서 일했던 홍서마이어는 파트너즈에 있는 지식을 파일로 만들어 공동의 포맷과 중앙 저장소에 넣음으로써 CPOE, 그리고 LMR과 같은 다른 온라인 시스템에서 활용할 수 있도록 '지식 엔지니어링 및 관리' 팩토리를 만드는 일에 착수했다. 이를 위해 파트너즈의 지식을 형성하고 있는 수많은 규칙을 담을 새로운 컴퓨터 시스템이 필요했을 뿐 아니라 그 지식을 수집하고 인증하며 유지할 매우 광대한 인력시스템이 필요했다. 이 인력시스템은 다음과 같은 역할과 조직들로 구성되어 있었다.

● 파트너즈 약물치료위원회와 같이 다양한 분야에서 임상 의료행위를 감독한 중진급 의사들로 이뤄진 여러 위원회 – 해당 지식이 정확한 것인지 혹은 가장 잘 알려진 관행인지 검토하고 승인하는 역할.

● 각 주제에 대한 전문가들 – 온라인 협력시스템을 이용해서 예를 들어 다양한 상태에서의 고高콜레스테롤 치료를 위해 가장 좋은 약, 혹은 당뇨병 환자들을 위한 최선의 치료지침과 같은 것에 관한 지식을 토론하고 개선하는 역할.

● 지식 편집자 그룹 – 위의 그룹들로부터 승인된 지식을 받아 온라인 지식 저장소에 입력하는 규칙기반 양식 안에 넣는 역할.

이와 같은 인력 및 기술 인프라가 갖춰지면서 파트너즈는 자신의 온라인

지식 환경을 조직화하고 업데이트하는 데 큰 진전을 이루었다.

수준 높은
임상자료 관리

글래서와 그의 파트너즈 IT 조직은 항상 파트너즈 경영진의 지지를 받고 있었지만, 대부분의 경우 파트너즈의 '조직적 판단'을 구축하기 위해 고안된 활동에서 그들이 관여하는 부분은 최첨단에 서길 원하는 일부 병원과 일부 의사들의 의료행위에 국한되었다. 그런데 매사추세츠 종합병원의 짐 몬갠 원장이(파트너즈가 출범한 직후인 1996년 원장에 취임) 2003년 1월 파트너즈의 CEO로 취임하면서 글래서는 딕 네슨 이래 가장 강력한 고위직 파트너를 갖게 되었다.

몬갠은 매사추세츠 종합병원을 이끌 당시 LMR과 CPOE, 그리고 다른 임상시스템들의 가치를 인식하게 되었지만, 파트너즈의 CEO가 되어 다양하고 자율적인 많은 기관을 책임지게 되면서 다른 시각으로 보기 시작했다.

그래서 파트너즈로 옮겨갈 준비를 하면서 보건시스템을 형성하는 것이 무엇인지에 대해 생각하기 시작했다. 우리를 결속시켜 줄 핵심 열쇠 중 하나는 전자기록이었다. 나는 그것을 우리가 공통적으로 갖고 있는 결합 조직connective tissue이라고 보았다. 다시 말해 전자기록을 통해 보건시스템의 수준을 유지하고, 잘 활용할 수 있도록 도움을 받을 수 있을 것으로 보았다.[8]

몬갠과 글래서는 파트너즈가 이미 다른 기관들에 비해 강력한 임상시스템과 지식관리를 갖추고 있지만 아직도 여전히 개선해야 할 취약점이 몇 가지 있다고 보았다. 그리고 시스템의 역량을 보다 높은 단계로 높이기 위해 몇 가지 조치들을 취할 필요가 있다는 데 의견이 일치했다. 이 시스템들이 파트너즈 진료환경의 전반에 걸쳐 보편적으로 사용되고 있지 않다는 점이 특히 문제였다. 두 사람은 파트너즈의 다른 임상 리더들과의 협력을 통해, 나중에 '고성능 의술'HPM 이니셔티브로 알려지게 된 비전을 구체화하기 시작했다. 이 HPM 이니셔티브는 2003년부터 2009년까지 진행되었다.

글래서는 HPM 이니셔티브의 세부사항을 정하기 위해 팀이 움직여 나간 과정에 대해 다음과 같이 말했다.

몬갠은 파트너즈의 CEO가 된 직후 이것이 어떤 방향으로 가길 원하는지에 대해 명확한 생각을 갖고 있었다. 그 비전을 구체화하는 데 도움을 주기 위해서 우리는 몇 사람이 출장길에 올랐다. 카이저나 인터마운틴 헬스케어, 재향군인병원 등과 같은 고도로 통합된 보건의료시스템을 갖추고 있는 다른 기관들로부터 우리 시스템의 여러 구성요소들을 서로 더욱 가깝게 만드는 방안에 대해 배우기 위해서였다.

몬갠은 다음과 같이 마무리했다.

우리는 또한 15~20명의 임상 리더로 이뤄진 핵심 팀과 함께 작업했고, 마침내 7~8개의 이니셔티브가 있는 목록을 작성했는데 이들 중에서 우선순위를 정할 필요가 있었다. 우리는 참가자들의 투표로 한명씩 탈락자가 결정되는 TV 인기프로 '서바이버' 스타일의 투표과정을 거쳐서 어떤 이니셔티브를 탈락시킬지 결정했고, 그 결과 5개의 이니셔티브가 남았다.

그 5개 이니셔티브는 다음과 같은 구체적인 프로그램들로 이루어졌으며, 각각의 프로그램을 담당하는 팀이 구성되었다.

● **IT 인프라 구축 프로그램** │ 이 프로그램의 초기 작업은 이미 많이 완성된 상태로, LMR과 CPOE로 구성되어 있고 파트너즈 네트워크 안에 있는 다른 병원과 의사들에게로 확대되어 유지되고 있었다. 이 프로젝트는 또한 환자 데이터의 보고가 일정 수준 이상 유지되도록 하고, 지식관리 과정을 추가로 개선하며, 환자들이 자신의 건강정보에 접근할 수 있도록 해 주는 데이터 포털을 만드는 문제를 다루었다.

● **환자 안전 향상 프로그램** │ 환자 안전과 관련된 문제를 다루는 팀으로 다음의 네 가지 특정 프로젝트에 관심을 집중했다.
(1) 신장 질환이나 노인성 질환에 대한 약물투여를 포함한 몇 가지 핵심 분야에서 어떤 약물치료를 처방할 것인지 결정하는 데 도움을 제공.

(2) 임상적으로 의미 있는 테스트 결과를 의사들에게 통보. 특히 환자들이 퇴원한 후 의사들에게 알려준다. (3) 환자의 진료장소가 다른 곳으로 옮겨지거나 퇴원 후에도 정보흐름이 효과적으로 흐르도록 한다. (4) 보다 나은 결정을 내리도록 도와주고, 환자교육과 최선의 의료행위, 항응고 관리기준이 제공되도록 한다.

● **높은 수준이 일정하게 유지되도록 하는 프로그램** | 이 팀은 병원에서 치료하는 심장병, 폐렴, 당뇨병, 그리고 금연과 같은 특정 영역에서의 질적 개선을 다루었다. 이를 위해 환자등록과 결정 지원 도구들을 모두 활용했다. 이 팀은 또한 스마트 폼 프로젝트를 LMR과 CPOE 시스템에 통합시키는 데 주도적 역할을 했다.

● **만성질환 관리 프로그램** | 질환 관리를 다루는 팀은 입원할 리스크가 가장 높은 파트너즈 환자들을 미리 파악해서 입원까지 가지 않도록 예방하는 일에 집중했다. 부전 환자와 같이 높은 수준의 도움이 필요한 환자들을 위한 건강교육 프로그램을 개발했다. 또한 환자들이 자신의 죽음과 관련된 결정에 대해 어떤 소망을 갖고 있는지에 관한 정보 데이터베이스를 새로 구축했다.

● **임상자원 관리 프로그램** | 짐 몬갠의 제안에 따라 이 팀은 고비용 약품과

고비용 이미징 서비스^{imaging services}의 사용을 줄이는 방안에 집중했다. 따라서 차트 리뷰와 같은 로테크 방식과 하이테크 방식을 모두 활용해서 부족한 자원이 보다 효율적으로 쓰이도록 했다. 하이테크 방식은 예를 들어 의사의 이미징 관련 조치를 동료 의사들이 투명하게 볼 수 있도록 해 주는 데이터 웨어하우스 등을 가리킨다.

파트너즈는 HPM과 관련 임상시스템 이니셔티브에 총 1억 달러를 썼는데, 이중 대부분은 궁극적으로 이 시스템들을 사용한 파트너즈 병원들이나 제휴 개업의들이 부담했다. HPM의 진전 상황을 체크하기 위해 파트너즈를 전체적으로 조사한 보고서가 〈HPM 클로즈〉 라는 이름으로 작성되었으며, 수준과 효율성, 그리고 구조적 목표를 달성하는 데 있어서 현재 어떤 상황이고 어떤 추세를 보이고 있는지 조사했다. 이 보고서는 분기별로 발간되어 파트너즈 전반에 걸쳐 실적 측정과 책임성 지원을 위해 적시에 피드백을 제공할 수 있도록 했다.

임상정보 관리에 따르는 문제들

파트너즈는 임상정보 관리를 위한 여러 가지 기본 접근방식에서 상당한 진전을 이룩했지만, 건강과 정보의 두 가지 이슈가 교차하는 영역에서 아직도 다루어야 할 분야가 많이 남아 있었다. 그 중의 하나가 맞춤유전의료^{personalized genetic}

medicine 분야로, 환자들이 언젠가는 자신의 게놈과 프로테옴proteome, 그리고 물질대사에 관한 정보에 근거한 맞춤형 치료를 받게 될 것이라는 생각이다. 파트너즈는 i2b2라는 것을 만들었는데, 미국의 국립보건연구원이 기금을 댄 생체의학 컴퓨팅 센터이다. 존 글래서는 i2b2의 공동 소장으로서 파트너즈의 맞춤유전의료 센터를 위한 IT 인프라를 개발했다. 맞춤유전의료 분야에서 다뤄야 했던 여러 사안 중의 하나는 유전정보를 어떻게 적절하게 LMR에 포함시킬 수 있느냐의 문제였다.

파트너즈는 또한 PMSpostmarket surveillance에 임상정보를 활용하려는 시도를 하고 있었는데, PMS는 환자들이 시중에서 구하는 약품과 의료기구들에 어떤 문제가 있는지 파악하는 것이다. 파트너즈의 일부 연구자들은 LMR 분석을 통해 특정 약품들의 위험한 부작용을 밝혀냈다. 특히 연구과학자 존 브라운스타인의 분석은 매사추세츠 종합병원과 브리검에 심장발작 증세로 입원한 환자들의 기준선 예상수준이 2001년을 기점으로 18퍼센트 증가했다가 2004년에 다시 기준선으로 돌아왔는데 이것은 바이옥스Vioxx 처방이 시작되고 끝난 기간과 일치했다고 제시했다. 그때까지 이런 문제를 파악한 것은 다른 기관의 연구자들이 밝혀낸 이후에 이뤄졌지만, 파트너즈 경영진은 파트너즈가 이런 문제들을 조기에 파악할 수 있는 능력이 있다고 믿었다. 파트너즈는 PMS 과정을 가속화하기 위해 미국의 식품의약국FDA 및 국방부와 협력했다. 존 글래서는 다음과 같이 지적했다.

이것은 매우 중요한 문제이다. 우리는 데이터를 활용하는 능력 덕분에 많은 측면에서 이전보다 나아질 것이다···. 파트너즈는 조기에 위험을 탐지하는 보다 빠르고 보다 집중적이며, 효율적이고 비용효과도 높은 방식이 있다고 확신하고 있다.

파트너즈는 환자진료를 개선하기 위한 커뮤니케이션 기술을 활용하는 데도 초점을 맞추었다. 조 크베다르 박사가 소장으로 있는 연결보건센터는 연구중심 의료센터 환경에서 활용할 수 있고, 의사들을 서로 연결하는 최초의 온라인 협의 서비스 가운데 하나를 개발했다. 이 센터는 또한 환자의 약물요법 준수와 개인건강을 위한 노력, 임상 결과 등을 개선하기 위해서 원격조종 기술과 센서, 그리고 온라인 커뮤니케이션과 온라인 지능을 결합하는 방안을 연구했다. 예를 들어 그날 복용해야 할 약의 정량을 복용했는지 여부를 환자에게 알려주는 약병 같은 게 이런 기술로 만들어진 것이다.

임상지식관리 분야에서 파트너즈는 자신의 지적^{知的} CPOE 시스템에 입력하는 수많은 규칙과 지식 베이스를 조직화하고 유지하는 일을 인상적으로 잘 해냈다. 그렇지만 글래서와 블랙포드 미들턴, 토냐 홍서마이어, 그리고 그녀의 뒤를 이어 지식관리 책임자가 된 로베르토 로차가 볼 때 각 의료기관이 각자의 지식 베이스를 개발하는 것은 별 의미가 없었다. 따라서 파트너즈는 다른 기관들의 임상지식 관리를 적극적으로 도왔다. 미들턴과 홍서마이어, 로차, 그리고 약 13명의 파트너즈 직원들이 미국 보건의료연구원^{AHRQ}이

기금을 댄 대규모 임상결정지원 컨소시엄에 관여했으며, 미들턴은 여기서 주ᵗ 조사관 역할을 했다. 이 컨소시엄에는 다양한 연구기관과 보건의료 업체들이 참여했으며, 주된 목적은 주요 벤더 vendor들이 제공하는 EMR과 CPOE 시스템을 통해 임상지식이 광범위하게 보건의료 공급업체들에게 보급되게 하는 방안을 찾아내는 것이었다.

이런 진전에도 불구하고 파트너즈의 경영진이나 의사 모두가 환자진료 개선을 위해 스마트 정보시스템을 사용하는 비전에 완전히 공감한 것은 아니었다. 예를 들면, LMR과 CPOE가 의사와 환자 관계에 침입자 역할을 한다고 생각하는 사람들도 있었다. 브리검의 한 중견 심장병 전문의는 인터뷰에서 이렇게 주장했다.

나는 의술에 대한 알고리즘 접근방식이 맘에 들지 않는다. 환자에 맞지 않는 기계적 결정이 내려지게 되고, 의학적으로 상당한 낭비가 될 수 있다. 처방전을 쓸 때 나에겐 아무런 선택권이 없으며, 사실상 모든 것이 온라인으로 처리된다. 그리고 나는 경고 피로 alert fatigue를 느끼게 될 것이다. 니트로글리세린 처방전을 쓸 때마다 나는 환자의 비아그라 복용 여부를 확인해 보라는 경고를 받게 된다. 그런 경고가 아니라도 내가 그 정도는 알지 않겠는가? 온라인 치료지침에 대해서는 어느 정도 신뢰한다. 그러나 일단 어떤 것이 컴퓨터화 된 지침 안에 들어가면 그것은 데이터의 타당성 여부에 상관없이 신성불가침의 존재가 되어 버린다. 그리고 어떤 것을 권고할 때는 우리가 그것에 대해 얼마나 확신하는지에 대한 정보도 함께 알려줘야 한다. 아마도 이런 것들은 특정한 몇몇 의사들에게 더 유용할지도 모른다. 예를 들어 심장학같이 세분화 된 전문분야의 의사라면 의사의 지식이 매우 전문적이다. 그렇지만 내과 전문의라면 매우 광범위한 의학적 이슈들을 다루어야 하기 때문에 얕은 지식을 갖고 있을 수도 있다.

파트너즈에서 환자진료를 위한 컴퓨터 시스템 개발에 관여한 사람들 중 많은 사람이 위와 같은 우려가 근거 있는 것이라고 생각했다. 예를 들어 경고 피로는 블랙포드 미들턴의 그룹 내부에서 수년간 문제로 인식되었던 것이다. 그들은 너무 명백한 경고는 제거하려고 시도했으며, 의사들이 자신이 받는 경고 타입을 수정할 수 있게 하는 방향으로 시스템에 변화를 주려고 시도했다. 그렇지만 의사들의 편의를 고려하는 것과 환자들의 생명을 구하는 것 사이에 선을 긋는다는 게 쉬운 일은 아니었다.

계 속 진 화 될
스 마 트 폼 의 미 래

스마트 폼의 시험사용은 대부분 성공적인 것으로 평가되었다. 스마트 폼은 상기도上氣道감염과 관상동맥질환, 당뇨병 사례에서 시험적으로 사용되었는데, 이 시험사용에 참여했던 의사들은 대부분 환자진료에서 유용했다고 말했다. 그리고 이것을 보다 유용하게 만들기 위해 어떤 점을 변경해야 할지 권고한 의사들도 있었다.

파트너즈 당뇨병 협의회의 회장을 맡고 있는 찰스 리버 메디컬 어소시에이츠의 앨런 콜 박사는 다음과 같이 말했다.

스마트 폼은 LMR을 사용하는 가장 쉬운 방법이다. 그것은 생명징후인 바이털 사인과 대부분의 실험실에 대해 접근할 수 있게 해 줄 뿐 아니라 컴퓨터 화면상의 변화나 팝업 없이 몇몇 데이터 요소들을 바로 볼 수 있게 해 준다. 바이털 사인과 일부 건강유지 항목이 이에 해당된다. 결정을 지원하는 스마트 폼의 기능은 문제점이 무엇인지 보여주고, 대응방법을 알기 쉽게 보여줌으로써 환자의 호응을 이끌어낸다. 그리고 개별 정보마다 출력기능이 내장되어 있어서 유용한 수업도구로 활용할 수 있다. 나는 스마트 폼을 매일 5~10회 사용한다.[9]

매사추세츠 종합병원의 차석 의료책임자 엘리자베스 모트 박사도 당뇨병 환자들을 위한 시험용 스마트 폼을 사용했으며, 그 결과에 대해 매우 만족해했다.

스마트 폼은 내가 정보수집에 시간을 쓸 필요 없이 바로 정보를 이용할 수 있게 해 준다. 트렌드 그래픽은 환자의 상태가 지금 어떤 상황이며 어떻게 진행될 것인지 알려주는 일을 시각적으로 쉽게 만들어 주었다. A1C(당뇨병 환자에게 사용하는 헤모글로빈 테스트) 수치가 14이고, 관리가 어렵고 말을 잘 듣지 않는 환자가 한명 있었다. 그런데 그 환자와 그녀의 손녀에게 페이션트 뷰 **Patient View** 그래픽을 보여준 것이 가족 전체가 나서서 그 환자를 돕게 만 드는 데 중요한 역할을 했다. 그 환자의 A1C는 나중에 9 이하로 떨어졌다.

이와 같은 긍정적인 결과에도 불구하고 미들턴과 동료들은 스마트 폼을 좀 더 개선하고 기존 파트너 시스템과의 통합 정도를 증대시킬 필요가 있다 고 생각했다. 사실 그들은 LMR과 CPOE 시스템 안으로 통합시킬 수 있는 스 마트 폼의 몇 가지 특징들을 파악해냈다. 미들턴은 스마트 폼이 성공적인 실 험이라고 생각했지만, 그것이 독립형 시스템이 되어서는 안 된다고 생각했 다. 그는 스마트 폼을 파트너즈와 여타의 곳에서의 보건의료를 계속 개선시 켜 줄 임상시스템에서의 일련의 혁신 중 하나라고 보았다.

미들턴은 1976년 〈뉴잉글랜드 의학지〉에 실린 다음 기사를 자주 인용했다.

결론적으로 말해, 의사 개인이 완벽할 수는 없지만 의료시스템은 완벽해질 수 있다. 미래의 의료시스템을 완벽하게 만드는 데 컴퓨터가 중요한 역할을 할 것이다.[10]

컴퓨터 활용이 의료업무의
성패를 좌우한다

파트너즈와 여타 의료서비스 제공기관의 경험에서 비추어 볼 때, 환자 진료와 다른 많은 사안에 관한 결정이 정보기술 IT의 활용을 통해 보다 빠르게, 그리고 보다 일관적으로 내려질 수 있다는 점은 명백한 것 같다. IT 시스템들을 통해 내리는 결정은 완전히 자동화 될 수도 있고, 파트너즈의 경우처럼 인간과 컴퓨터의 합작을 통한 판단이 될 수도 있다. 파트너즈는 조기에 임상데이터 저장소와 전자의무기록, 온라인 지시 입력 시스템들을 시행했으며, 이제는 이를 추종하는 의료기관이 전 세계적으로 늘어나고 있다. 미국의 경우 연방정부가 의료의 질을 높이고 비용을 낮추기 위한 방안으로 이와 같은 활동을 적극 지원하고 있다.

물론 컴퓨터 지원 보건의료를 시행하기 위해서는 보건의료 종사자들의 행동과 조직의 전반적 문화에 극적인 변화가 있어야 하며, 경영진과 의료 전문가들의 강력한 리더십이 있어야 한다. 파트너즈가 환자 진료의 질적인 면에서 지금과 같은 진전을 이루기 위해서는 컴퓨터와 소프트웨어가 필요했을 뿐 아니라 딕 네슨이나 존 글래서, 짐 몬갠, 블랙포드 미들턴 같은 리더가 필요했다. 파트너즈의 시스템과 마찬가지로 유능한 시스템들이 다른 기관에서 실패한 이유는 리더십의 결여와 효과적인 변화관리 접근방식의 결여 때문이다.

환자 진료와 관련된 조직적 판단을 개선하는 방안에는 컴퓨터의 개입이 전혀 필요 없는 진료절차와 치료지침을 포함해 많은 것이 있다. 그리고 책임자의 개인적인 직관은 여전히 중요한 역할을 한다. 그렇지만 보건의료 분야가 앞으로 발전하는 데 컴퓨터는 필연적으로 중요한 역할을 하게 될 것이다. 컴퓨터의 능력을 잘 활용하지 못하는 의료기관은 결국 질이 떨어지는 서비스를 제공할 수밖에 없다.

5

코그니전트
테크놀로지의
사원 참여 문화

일상적인 문제를 사원들의
참여로 풀어내다

대규모 IT서비스 공급업체인 코그니전트^{Cognizant}

테크놀로지 솔루션즈의 직원들은 고객을 위해

해결해야 할 작지만 좀 성가신 문제가 하나 있었다. 그것은 다국적 기업들이

흔히 부딪치는 타입의 문제였다. 문제의 고객은 미국에 본사가 있는 글로벌

제조업체로서 고객 불만사항의 기록과 추적, 해결을 위한 전사적인 시스템

을 채택하고 있었다. 대부분의 지사들은 이 시스템을 성공적으로 사용하고

있었지만, 이 고객의 한국 지사는 이 시스템의 사용을 꺼리고 있었다. 한국

지사는 이전에 이미 고객불만 관리를 위해 다른 애플리케이션을 설치했기 때문이었다. 이 글로벌 기업의 경영진은 전사적으로 고객불만의 빈도를 모니터하고 싶었기 때문에 한국 지사에도 회사의 전체 시스템에서 쓸 수 있는 고객불만 데이터를 제공하라고 요구했다. 그러나 한국 지사는 자신들이 원래 쓰던 시스템이 현지의 니드와 고객들에게 더 잘 맞는다고 생각해서 기존 시스템을 포기하려 들지 않았다. 한국 지사의 직원들은 고객불만사항들을 원래 시스템에 먼저 입력한 뒤에 본사의 요구에 부응하기 위해서 회사의 전체 시스템에 재입력하고 있었다. 이것은 중복작업을 하게 만드는 결과를 낳았으며, 또한 본사 경영진이 불시에 고객불만사항에 대해 물었을 때 정보를 찾기 위해 추가적인 노력을 해야 했다.[1]

코그니전트는 고객에게 컨설팅과 시스템통합 서비스를 제공했을 뿐 아니라 코그니전트 직원들이 고객의 문제에 아이디어와 해결책을 제시할 수 있는 시스템도 제공하고 있었다. 아이디어 관리시스템 IMS이라는 이름의 이 시스템은 코그니전트가 내부적으로 사용하고 있던 것보다 광범위한 업무관리 및 아이디어 공유 시스템, 즉 코그니전트 2.0[C2]의 한 부분이었다. 코그니전트는 다양한 고객서비스 목적을 위해 C2를 사용했으며, 이것은 최근 이 고객의 아이디어 관리 목적에 맞춰 채택되었던 것이다. C2는 회사의 '조직적 판단'의 중심에 있으며, 전 세계의 코그니전트 사람들이 지식을 서로 공유하고 소셜 미디어를 통한 의사소통을 할 수 있게 해 주는데, 이 모든 것이 필요한 업무를 수행하는 콘텍스트 내에서 이뤄진다. 컨설팅 회사와 전문적 서비스 회사들의 일차적 업무가 고객 문제의 해결을 위해 지식과 경험을 동원하는 것이라면, C2는 그 과제를 쉽게 만들어 줄 수 있는 놀라운 도구다.

한국 지사가 갖고 있는 문제는 C2 IMS 플랫폼 안에 '아이디어 캠페인' 으로 게시되었고, 코그니전트 직원 중에 이 고객이 처한 상황에 대해 잘 아는 사람들이 아이디어를 제시하도록 했다. 그리고 여기서 나온 아이디어들 중에서 현지 시스템을 회사 전체의 표준 고객불만관리시스템에 통합시키자는 제안이 채택됐다. 그리하여 한국 지사의 시스템은 회사의 전체 시스템에 통합되었으며, 그 결과 한국 시스템에 기록된 불만사항이 자동적으로 회사의 전체 시스템에 입력될 수 있었고 불만사항의 재입력 과정을 피할 수 있게 되었다. 실제 불만해결 작업흐름 **workflow**은 회사의 전체 애플리케이션에서 관리되었으며, 불만사항의 현황은 한국 시스템에서 업데이트되었다. 이렇게 해서 최상위 경영진의 목표는 한국 지사의 기존 업무과정을 교란시키지 않고 달성되었다. 생산성이 개선되었고, 수작업으로 하는 재입력에서 생기던 에러도 제거되었으며, 2천 명의 사용자들이 시스템 인터페이스에서 혜택을 얻었다. 모두 합쳐서 1만 1600달러의 비용이 절감되었다.

물론 큰 회사에 이 정도 비용은 미미한 수준이겠지만, 여기서 중요한 점은 이처럼 작은 결정과 판단들이 지속적으로, 그리고 빈번하게 파악되고 채택될 때 전체적으로 이득을 가져다 준다는 것이다. IMS는 코그니전트 직원들이 동일한 고객을 대상으로 수행한 다른 많은 혁신 작업을 포착하고 추적하는 데 이용되었다. 전체적으로 이 고객을 대상으로 IMS를 통해 수행한 혁신

작업은 풍부한 비즈니스 혜택을 거둬들였다. 이 고객을 위한 서비스에 관여하고 있던 총 375명의 코그니전트 직원이 혁신과 IMS의 사용에 대한 정보를 받았지만, 아이디어 챔피언으로 집중 훈련을 받은 것은 14명이었다. IMS는 그 전 해 11개의 아이디어 캠페인을 위한 플랫폼을 제공했고, 총 310명의 직원이 총 1119개의 아이디어를 제시했다. 이중에서 124개의 아이디어 제안이 실행 잠재력이 있는 것으로 파악되었으며, 다시 이중에서 75개의 제안이 고객의 승인을 받았고, 궁극적으로 70개가 실행되었다. 이 모든 아이디어 제안 서비스는 코그니전트에 164만 3536달러의 이득을 가져다주었고, 고객에게 158만 5880달러의 이득을 주었다. 그리고 이것은 단지 고객 하나를 대상으로 1년 간 거둔 성과에 불과하다.

실행된 혁신은 팀의 소프트웨어 도구 사용 개선에서부터 비즈니스 절차상의 효율성 개선, 고객이 벤더vendor 및 파트너들과 보다 나은 관계를 구축하는 것을 가능하게 해 주는 일에 이르기까지 다양했다. 앞서 언급한 고객의 경우, 2010년 코그니전트 혁신지수(혁신 정도를 측정하는 내부지수)가 98퍼센트를 기록했는데, 이는 코그니전트 고객(IMS를 이용하는 고객 208개사) 중에서 가장 높은 수치로서 이 고객에 대한 서비스의 혁신 성숙도를 입증하고 있다. 더구나 같은 해에 이 고객과 같이 일한 코그니전트 직원 두 명은 베스트 혁신 챔피언과 베스트 아이디어 챔피언 상을 받았다. 이 고객에 대한 서비스는 IMS를 적극 활용해서 혁신작업의 일환으로 현장on-site과 오프쇼어offshore에서 아이디어를 끌어내기 위한 아이디어 캠페인을 벌이는 일을 여전히 계속하고 있다.

코그니전트의 IMS 활용 목적은 고객이 앞서 언급한 것과 같은 작은 혁신 문제에 대한 해결책을 찾도록 도와주는 것이었으며, 때로는 큰 문제의 해결을 돕기도 했다. IMS는 C2의 다른 측면들을 내부적으로 활용해서 글로벌 대기업들을 대상으로 복잡한 시스템을 설치할 때 발생하는 일상적인 기술문제들을 해결한다.

코그니전트의 조직적 문제해결 방식

최근 어떤 소매업체 고객과 함께 마이크로소프트 클라이언트/서버를 개발하는 프로젝트와 관련, 코그니전트의 온쇼어onshore와 인도에 근거지가 있는 오프쇼어offshore 자원이 모두 동원되어 이 고객 시스템에 관한 작업을 했다. 그런데 소프트웨어의 배치가 고객 쪽의 기술적인 문제로 인해 갑자기 중단됐다. 개발된 소프트웨어가 큰 용량의 문서를 업로드할 수 없었던 것이다. 이 시스템에 설치된 핵심 기능은 세계 각지의 매장에서 팔리게 될 제품의 디자인 설명서를 같이 공유하는 것이었고, 이 조직 내에서 공유되는 문서들은 대부분 그래픽이 들어간 대용량 파일이기 때문에 이 문제를 해결하는 것은 필수적인 과제였다.

현장의 코그니전트 프로젝트 매니저는 이 문제 해결을 위해 C2를 활용하기로 했다. 그녀가 한 첫 번째 일은 C2 소프트웨어 컴포넌트 데이터베이스를 검색해서 이 문제를 풀 수 있는 잠재력이 있는 컴포넌트를 찾아내는 것이었다. 그렇지만 그녀는 좀 더 조사해 본 후 기존 컴포넌트 중에서는 이번 상황의 독특한 니드에 맞는 것이 없다는 사실을 발견했다. 즉, 인터넷 브라우저와 웹 서버의 여러 버전을 다루어야 하고 여러 언어를 처리할 수 있어야 하며, 일부 국가의 매우 낮은 대역폭으로 인한 제약에 효과적으로 대처해야 하는 니드를 충족시키는 것이 없었다.

이러한 문제에는 심층적인 전문지식이 필요했기 때문에 그녀는 문제 해결을 위해 공동체 전체의 지혜를 구하기로 결정했다. 그녀는 도움 요청을 처리하기 위한 C2 프로세스 템플릿을 사용해 요청 절차를 개시함으로써 티켓을 하나 열었고, 어떤 문제인지 간단하게 설명하는 글을 썼다. 이 문제는 배송 일정에 영향을 주기 때문에 그녀는 이 문제를 최우선 순위의 문제로 분류했다. 시스템의 정해진 작업흐름에 따라 C2는 이와 같은 사안들을 처리하기 위한 '전문가에게 물어보세요' AskGuru라는 이름의 코그니전트 포럼에 이 문제를 게시했다. 그리고 소매업체와 업무수행관리, 그리고 마이크로소프트.NET(마이크로소프트 윈도우 애플리케이션 구축을 위한 프레임워크) 관련 사안이라는 태그를 붙였다.

이 질문이 게시되자 처음에는 응답하는 사람이 없었는데 그것은 이런 요구사항을 처리해야 했던 프로젝트에서 일한 경험이 있는 개발담당자가 거의 없었기 때문이다. 이것이 고객 시스템 설치와 관련된 긴급한 생산 문제지만 하루 동안 응답이 없다는 사실을 인식한 C2는 이 문제를 자동적으로 모더레이터에게 올렸다. 모더레이터는 요구사항을 이해한 후 개발담당자를 사안에 맞는 NET 설계자들과 연결해 주었으며, 이들은 세계 각지의 업무지원을 위해 재사용 가능 컴포넌트에 몇 가지 수정을 가하라고 제안했다. 모더레이터는 또한 업무수행 엔지니어링팀을 개입시켜 해당 컴포넌트를 가늠하고 필요한 변경사항을 제안하도록 했으며, 서버 전반에 걸친 미러링과 복제를 포함한 해결책을 제시했다. 그리고 새로운 접근방식이 비즈니스 과정에 어떤 부정적 영향을 미치지 않도록 하기 위해서 몇몇 소매업 애널리스트들과도 협의했으며, 전자통신이 필요 없는 배경처리 background processing를 통해 수용할 수 있는 프로세스 측면들도 알아냈다. 이 질문에 대한 답을 찾는 데 관여한 직원들은 각각 WAH 포인트(항공사 마일리지와 비슷한 것으로 상품으로 교환할 수 있다)를 획득했다.

현장 팀은 이 해결책을 즉시 사용할 수는 없었는데, 그것은 다중언어 지원에 관한 몇 가지 의문이 남아 있었기 때문이다. C2상의 모든 포스팅은 게시한 직원의 프로필 정보가 들어 있기 때문에 현장 팀은 나중에 그 마이크로소프트 .NET 설계자를 쉽게 추적해서 문제를 해결할 수 있었다. 문제가 해결되자 프로젝트 매니저는 피드백 설문조사에 응답한 뒤에 티켓을 닫았다.

코그니전트의 성장 비결

코그니전트 테크놀로지 솔루션즈는 1994년 던 앤 브래드스트리트사 Dun & Bradstreet Corporation의 구조조정 과정에서 출범했으며, 1998년 공개기업으로 분리되었다.[2] 코그니전트는 그해 나스닥시장에 주식을 상장했으며, 이때부터 십년이 넘는 급성장의 시기가 시작되었다. 1998년 매출액은 5800만 달러였는데, 2010년 말에는 매출액이 45억 달러가 넘었고 영업수익이 7억 달러를 넘었다. 또한 2010년 말에는 직원 수가 십만 명이 넘었다. 코그니전트의 본사는 미국 뉴저지주 티넥에 있지만, 대부분의 직원은 인도에 있고, 부에노스아이레스와 부다페스트, 상하이 등 전 세계 50여 개 도시에 배송센터를 두고 있었다.

같은 기간 동안 오프쇼어 아웃소싱과 시스템통합 산업은 엄청나게 성장했지만, 코그니전트의 매출·수익·주가 성장은 모든 경쟁사들을 압도했다. 세계경제가 불황에 빠진 2008년에도 코그니전트는 여전히 높은 32퍼센트의 매출성장률을 기록했으며, 2010년에는 40퍼센트의 성장률을 기록했다.

코그니전트의 전략은 다음과 같은 몇 가지 뚜렷한 특징을 지니고 있다는 점에서 차별화 되었다.

● **산업 고객의 수직적 섹터화를 강력히 지향** | 코그니전트는 수직적으로 조직화 된 최초의 오프쇼어 기업 중 하나이다. 2009년 중반 코그니전트가 맡고 있던 부문들은 금융서비스와 통신, 엔터테인먼트, 보험, 생명과학, 제조와 물류, 소매, 테크놀로지, 여행 및 접대 등이었다. 코그니전트 직원들은 대부분 특정 산업 그룹별로 배치되었으며, 회사는 자신이 전문적으로 다루는 산업 밖에서는 일을 찾지 않았고, 거절하는 경우도 많았다.

● **고객관계에 철저히 집중함** | 코그니전트는 초창기부터 고객만족과 관계의 구축 및 유지에 집중했다. 코그니전트의 일은 90퍼센트가 기존 고객들로부터 나왔다. 고객만족에 대한 광범위한 설문조사 결과 9년 연속 '만족'과 '대단히 만족' 사이에서 평균점수를 기록했다. 코그니전트는 '공동책임' two-in-a-box 고객관계 모델을 활용했는데, 이것은 고객 파트너가 현장의 고객관계를 관리하고 전담 배송 매니저가 고객을 대신해 현장에 없는 배송 자원이 동원될 수 있도록 해 주는 것이다.

● **현장/오프쇼어 글로벌 배송 모델** | 인도에 근거지를 둔 많은 경쟁사들과 달리, 코그니전트는 처음부터 미국 본사와 인도 센네이 소재의 주요 사업소들을 가지고 글로벌 경영을 했다. 사실상 모든 고객 프로젝트는 세계 각지에서 아웃소싱한 컴포넌트가 들어 있었다. 고객의 현장에 있는 코그니전트 직원들이 통상적으로 프로젝트 업무의 25~30퍼센트를 처리했고, 나머지는 글로벌 배송센터들이 했다. 업무 방법과 도구들이 하나의 세트로 잘 규정되어 있기 때문에 프로젝트 업무는 고객의 현장에서부터 오프쇼어 배송센터까지 매끄럽게 진행되었다. C2는 이런 도구 중의 하나로서 코그니전트가 '지적知的 차익거래' intellectual arbitrage를 보다 효과적으로 적용할 수 있게 해 주고 글로벌 배송을 매끄럽게 할 수 있도록 해준다. 예를 들어, 이 플랫폼은 부다페스트나 부에노스아이레스 같은 니어쇼어 nearshore 로케이션에서 인도나 중국의 글로벌 배송센터와 함께

배송 업무를 분담할 수 있도록 해 준다. 그러면 코그니전트는 전 세계적으로 찾아낸 최고의 재능을 최대한 활용해서 고객들에게 보다 낮은 가격으로 보다 큰 비즈니스 가치를 제공할 수 있게 되는 것이다. 이 모든 과정은 고객에게 투명하게 공개되었으며, 고객은 최종 결과물을 볼 뿐 회사가 배송을 약속한 제품의 한 부분이 중국이나 인도, 아르헨티나, 혹은 여타의 곳에서 만들어진다는 점은 신경 쓰지 않았다. 최종 결과물이 물리적으로 하나로 연결된 팀에 의해 한 곳에서 만들어진 것과 똑같았기 때문이다.

● **광범위한 IT 및 비즈니스 서비스** | 코그니전트는 시스템 개발이나 아웃소싱, IT 인프라 관리, 데이터 웨어하우스와 비즈니스 인텔리전스, 소프트웨어 시험과 편리성 등, IT 개발과 인프라 관리의 많은 영역에서 고객의 역량을 강화하는 서비스를 제공했다. 또한 코그니전트의 비즈니스 컨설팅 사업부는 비즈니스 프로세스 설계와 변화 관리, 아웃소싱 대상 프로젝트에 관한 분석 등 고객의 사업에서 IT와 관련된 부분에 대한 컨설팅을 제공했다.

다른 회사들도 위에 열거한 속성 중 몇 가지, 혹은 전부를 가지고 있을 수 있지만 코그니전트는 이런 속성들을 조기에, 그리고 광범위하게 채택하고 엄정하게 실행함으로써 빠르게 성장하는 성공적인 기업이 될 수 있었다. 이것은 좋은 전략과 조직적 설계를 실행하고 있음을 보여주는 증거이자 그날 그날 결정을 내리고 실행하는 과정이 효과적이었음을 드러내는 증거이다.

지식관리에
투자

지식관리는 코그니전트가 장기적으로 초점을 맞춘 분야였다.[3] 코그니전트의 CEO인 프란시스코 드수자를 비롯한 간부들은 글로벌 배송 모델에는 지식의 글로벌 공유가 필요하다고 굳게 믿었다. 코그니전트는 인도에 주요 사업소를 두고 전담 최고지식책임자CKO를 임명한 최초의 회사 중 하나로서 지식관리자와 도구에 투자했다. 코그니전트 연간 매출액의 약 1퍼센트가 지식관리 활동에 투자되었다.

코그니전트 직원들이 지식을 공유하고 액세스할 수 있게 해 준 최초의 주요 도구가 코그니전트 2.0 지식관리KM 어플라이언스(내부 명칭은 채널원)였다. 이것은 고객 제안서와 프레젠테이션, 기술 관련 문서 등 다양한 타입의 문서들에 액세스할 수 있는 일차적 포털이 되었다. 그러나 다른 많은 회사와 달리 코그니전트는 지식관리에 대한 문서 기반 접근방식에 만족하지 않았다. 저장소에 있는 지식을 끊임없이 업데이트해야 하는 문제가 있는 저장소repository 모델 대신 코그니전트의 지식 관리자들은 사람들과 이들이 찾고 있는 지식을 서로 연결해 주는 것을 지식관리와 시스템의 목표로 하는 라우터router 모델을 채택했다. 지식은 중앙집중적인 문서 저장소 안에 있더라도 개인의 머릿속이나 디스크 드라이브, 혹은 분산 저장소로 쉽게 가져갈 수 있다. 따라서 코그니전트는 그런 모든 지식을 전 직원이 쉽게 활용할 수 있도록 만드는 탐색 역량을 제공하려고 노력했다.

코그니전트의 지식관리 접근방식은 참여적인 문화라는 특성도 가지고 있었다. 지식관리를 활용하던 초기에는 이것이 디스커션 보드나 포럼의 사용을 의미했다. 최근에는 웹 2.0 도구들이 코그니전트 안팎에서 보다 광범위하게 사용되면서 이것들을 지식관리를 위한 주요 접근방식으로 의지하게 되었는데, 이 참여적 도구에는 블로그와 위키, 소셜 태깅 등이 포함되어 있었다. 보통 온라인 참여자의 1퍼센트만이 능동적으로 콘텐츠에 기여한다는 것이 종래의 상식이지만, 코그니전트에서는 참여도가 훨씬 더 높았다. 예를 들면, 약 1만 1000명의 직원이 블로그를 사용했고, 약 1천 명이 블로그에 댓글을 남겼으며, 비즈니스 개발 포럼에는 5천여 건의 질문이 게시되었고, 기술 포럼에는 십만 건이 넘는 질문이 게시되었다는 분석결과가 있었다.

회사의 지식관리 조직이 실시한 조사에 따르면 블로그를 사용한 직원들이 자신의 업무에 대한 만족도나 몰입도가 더 높았다고 한다. CEO 프랭크 드수자는 자신의 블로그에 이런 글을 썼다.

블로그 사용은 직원들 간의 유대관계를 강화하고, 우리가 정직하고 개방적이며 진취적인 환경을 만드는 데 도움을 주었다. 우리는 성공적인 팀 리더십을 위해 의사소통과 협력, 그리고 집합적인 아이디어 생성이 필수적인 노골적인 지식경제 속에서 살고 있다. 나는 블로그 사용이 집합적인 목표

달성에 얼마나 도움이 되는지 스스로의 경험을 통해 알게 되었다.[4]

드수자는 코그니전트의 전략적 쟁점들을 놓고 포럼과 블로그에서 일선 사원들과 토론한 적이 여러 번 있었다.

블로그와 다른 참여적 도구들을 제공한 것 외에 코그니전트는 지식관리를 용이하게 만들기 위해서 다양한 구조적 장치들을 설치했다. 각 컨설팅 프랙티스에는 지식담당자가 있고, 본사의 지식관리사무소[KMO]는 KM 중앙 팀과, 회사의 첫 최고지식책임자였던(그리고 지금은 최고정보책임자이자 혁신 책임자인) 수쿠마르 라자고팔에게 보고하는 지식담당자들로 구성되었다. 라자고팔은 소셜 네트워크를 촉진하기 위해서 프랙티스 커뮤니티[CoP]와 프랙티셔너 네트워크[NoP]라는 구조적 장치를 만들었다. CoP는 산업과 프랙티스 영역인 조직의 경계 안에 있는 구조였으며, NoP는 조직의 경계를 넘어서 운영되었다. 각 CoP에는 지식담당자가 한명 있고, 이 사람은 사업단위 팀 내의 지식 챔피언들과 협력해서 프로젝트 수준 전문지식을 문서화했다. 지식관리를 위한 구조적 장치들은 분명 지식의 생산과 포착, 배포에 효과적이었지만, 코그니전트의 비즈니스에 성공적으로 적용되고 있는지 확실히 하기 위해서는 좀 더 많은 작업이 필요했다.

코그니전트 2.0

KM 어플라이언스(채널원)는 저장된 문서나 참여적 도구 모두의 채택 및 사용에서 매우 성공적이었지만, 코그니전트의 간부들은 이 도구들이 사업목표의 달성을 지원하는 데에도 사용되어야 한다고 생각했다. 당시 코그니전트의 최고지식책임자였던 수쿠마르 라자고팔은 이렇게 말했다.

우리는 코그니전트의 참여적이고 지식지향적인 문화가 커다란 자산이라고 생각했다. 그렇지만 우리는 또한 이 문화와 핵심과정의 실행에 초점을 맞춘 조직의 원칙을 결합시키고 싶었다. 이것이 코그니전트 2.0이 탄생하게 된 배경이다.

코그니전트의 최고전략·마케팅책임자 말콤 프랭크는 C2의 여러 가지 속성을 이렇게 설명했다.

우리의 의도는 코그니전트와 코그니전트의 고객 및 벤더들을 위한 프로그램 공동 관리와 지식공유 플랫폼을 만드는 것이다. 우리는 그것이 로케이션에 구애받지 않고 최고의 배송자원을 활용하는 데 고객을 도와줄 수 있기 바란다. C2는 코그니전트의 사업체 전체에 걸친, 그리고 지리적으로 분산되어 있는 프로젝트 팀 전체에 걸친 협력이 매끄럽게 이뤄지게 만드는 플랫폼 역할을 한다. 또한 그것은 철저히 세밀하고 실시간적인 수준의 배송에서 품질관리를 제공할 필요가 있다. 우리는 어떤 시점이든지 다중적 프로젝트들을 수립하고 제어해야 하기 때문에, 그것은 특정 작업 프로세스의 맥락에서 지식에 대한 액세스를 제공해야 하며, 또한 지속적인 프로세스 안내를 제공해야 한다. 마지막으로, 그것은 프로젝트 전체에 걸쳐 핵심적인 활동과 조치들을 보여주는 통합된 관점을 우리에게 제공해야 한다. 이 모든 속성들이 C2 안에 합쳐져 있다.

지식 지향의 리소스는 이전에 KM 어플라이언스에서 개발된 적이 있었다. 그렇지만 아직 개발되지 못한 것이 코그니전트가 수행하고 있는 주요 고객 업무나 자체 업무(예를 들면, 이 장의 서두에 언급한 아이디어 관리 프로세스)를 위해 구조화 된 업무 프로세스 지침과 과제들이었다. 또한 프로세스 단계와 관련 지식 간에 미리 정해진 연결 상태predefined linkages를 확립하는 것이 필요했다. 물론 코그니전트 직원들이 태깅을 통해 그런 연결을 제공할 수는 있었다. 이 두 가지 역량은 지식이 고객 프로젝트에서 적시에 제공될 수 있도록 해 줄 것이었다.

2009년 중반 코그니전트는 세 건의 주요 고객서비스와 관련해 명시적인 과제설명서가 딸린 프로세스 작업흐름을 개발했으며, 여기에는 시스템 배송과 시스템 관리 및 유지가 포함되었다. 이와 같은 프로세스를 만드는 일은 코그니전트 내 전담 프로세스 설계 그룹의 책임이었는데, 이 그룹의 과제는 코그니전트가 오랜 기간 프로세스에 집중한 조직이었고 카네기 멜론대의 소프트웨어공학연구소가 개발한 역량 성숙도 모델 **CMM**에서 5단계 지위를 얻은 초기 기업들 중 하나였다는 사실로 인해 훨씬 더 쉬워졌다. CMM은 어떤 조직이 소프트웨어 구축에서 프로세스 원칙을 사용하는 정도를 측정했다.

중앙의 프로세스 그룹은 또한 코그니전트 2.0에서 사용될 수 있는 다른 많은 프로세스 구조물들을 놓고 다양한 프랙티스 및 커뮤니티들과 함께 작업하고 있었다. 당시 개발이 진행되던 것 중에는 마케팅 캠페인 관리, 고객의 제안서 요구사항에 대한 대응, 그리고 전략 컨설팅까지 포함되어 있었다. 개발된 프로세스들은 고정된 것이 아니고 프로젝트의 크기나 다른 사정에 맞춰 환경을 설정할 수 있었다. 각 프로젝트 팀의 품질 관리자는 프로세스 모델의 효과성과 유효성을 인증했다.

사실 C2는 지식과 프로세스 관리 포털이었을 뿐 아니라 글로벌 배송 네트워크 전반에 걸쳐 코그니전트의 업무를 관리한 플랫폼이었다. 사용자에 따라 다른 아이템의 배치 설정도 가능하지만 다음 페이지 사진을 보면 화면의 왼쪽에는 사용자가 자신의 고객 프로젝트 및 작업 프로세스의 콘텍스트에서 완수해야 할 일련의 과제들이 나타나 있다. 그리고 오른쪽에는 잠재적으로 유용한 지식 리소스들이 보인다.

코그니전트 2.0 스크린샷

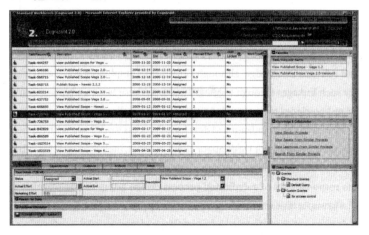

　　화면에 나타나는 안내와 지식은 언제나 콘텍스트 안에서 표시된다. 이중 몇몇은 화면의 안내 색인표^{tab}와 같이 실제 작업의 콘텍스트에 집중되어 있는 반면, 다른 것들은 비슷한 프로젝트의 데이터를 보기 위한 링크와 같이 프로젝트 콘텍스트에 좀 더 관련되어 있다. 어떤 과제이든 안내 정보와 템플릿, 아티팩트, 노트, 그리고 체크리스트가 있다. 프로젝트 멤버는 언제라도 어떤 프로젝트와 어떤 과제가 자신에게 맡겨졌는지, 그리고 다른 프로젝트나 과제들과 어떤 의존관계에 있는지 볼 수 있다.

　　C2는 코그니전트 프로젝트 팀원들이 사내 전문가들과 협력할 수 있도록 안내했다. 그것은 전문지식을 찾는 사람들을 올바른 포럼으로 연결시켜 주었으며, 그들의 질문을 게시하고 질문에 대한 응답을 기록했다. C2는 또한 사용자가 적절한 해결책을 찾기 위해 다양한 이슈·디펙트·리스크 데이터베이스의 콘텐츠를 탐색할 수 있게 해 줌으로써, 이전 프로젝트 정보를 현재

의 업무환경에서 활용할 수 있도록 해 주었다.

C2는 또한 정보시스템의 배송 품질과 생산성을 개선할 수 있었다. 그리고 다양한 IT 개발환경과 통합되어 코드 리뷰의 자동 트리거나 자동화 된 유닛 테스팅과 같은 개발 및 지원 환경 애스펙트의 자동실행을 지원할 수 있었으며, 버전 관리와 환경설정 관리 애플리케이션들과도 통합될 수 있었다.

사용률 급성장

C2는 2007년 10월 처음 도입된 이후 새로운 제공 능력들이 빠르게 배치되었다. 이것의 활용 여부는 자발적 선택에 맡겨졌지만 프로젝트 팀들은 이 플랫폼을 빠르게 채택했다. 2009년 중반이 되자 3200개가 넘는 팀들이 이 플랫폼을 사용하고 있었는데, 대부분 협력 플랫폼으로 사용한 것이 아니라 개별 지식 및 프로젝트 관리 도구로 사용했다. 예를 들어 코그니전트 2.0 플랫폼 내에서 프로젝트 정보를 보는 일차적인 소스인 'C2 프로젝트 배송 도메인'의 월간 페이지뷰가 5백만 건이 넘었다.

코그니전트 직원들은 이 시스템을 비교적 쉽게 사용하는 것처럼 보였지만 지식관리사무소KMO는 더 쉽게 사용할 수 있도록 만들기 위해 노력했다. KMO는 새로 입사한 신입사원들과 새 사용자들에게 교육을 제공했다. 교육을 맡은 트레이너는 코그니전트 직원들이 포럼이나 블로그, 위키 같은 참여적 지식 도구들에는 익숙했지만 프로세스 구조나 안내에는 좀 덜 익숙하다는 것을 알았다. 프로젝트 팀 차원에서 일부 프로젝트의 경우 C2의 프로세스 사이드나 지식 사이드 중 어느 한 쪽은 잘 사용했지만 두 가지를 합쳐서 사용하는 일은 잘하지 못했다.

KMO는 또한 코그니전트 2.0 사용을 경쟁적으로 하도록 장려했으며, 매년 이 플랫폼을 사용한 최고의 프로젝트와 직원에게 상을 수여했다. 이런 상을 수여한 데에는 가장 효과적으로 C2를 사용한 프로젝트를 코그니전트 전체 조직에서 좀 더 가시적으로 만들려는 목적도 있었다.

C 2 와
조직적 판단

C2는 그날그날의 결정을 개선하고 직원들의 행동을 개선하기 위한 코그니전트의 핵심 이니셔티브 중 하나가 되었으며, 회사는 이것에 상당히 많이 의지하고 있었다. 고객들이 어떤 회의에서 CEO 드수자에게 코그니전트의 핵심 이니셔티브들에 대해 물었을 때 그가 처음으로 언급한 것은 C2였다.

코그니전트 2.0은 우리 회사의 글로벌 배송 모델이 차별화 되는 방식을 이루는 근본적인 부분이다. 그렇지만 아직 시작에 불과하며 우리는 이 플랫폼에 계속 투자할 것이다.

부회장인 락쉬미 나라야난은 같은 회의에서 고객들에게 다음과 같이 말했다.

C2의 사용으로 우리는 프로젝트를 20퍼센트 더 효율적으로 배송할 수 있다. 또한 C2 배송관리 기능의 효율적인 사용으로 구체적인 프로젝트 관리 활동에서 생산성을 70퍼센트까지 올릴 수 있다.

코그니전트의 사장이며 글로벌 배송 관리책임자인 찬드라 세카란은 이렇게 말했다.

우리가 최근에 시작한 모든 프로젝트의 89퍼센트는 이미 코그니전트 2.0 플랫폼에 있다. 우리는 최근 프로젝트 유지를 지원하기 위한 모듈을 출범시켰으며, 점점 더 많은 유지용 제품들이 코그니전트 2.0에 탑재되고 있다.

조직적 판단의 동의어라 할 수 있는 집합적인 지혜는 코그니전트에 잘 정착되어 있었다. 하지만 회사의 경영진은 이것을 고객 조직들에게로 확대해서 그들이 스스로 활용할 수 있게 만드는 것에도 똑같이 적극적이었다. 수쿠마르 라자고팔은 고객 지식을 관리하는 자사의 능력에 대해 다음과 같이 생각했다.

고객들은 우리에게 이런 역량들을 사용해서 자신들의 지식관리를 구조화해 달라고 요청하고 있다. 우리는 그런 종류의 일을 몇 가지 시작하고 있지만, C2 같은 환경이 우리 조직에서 그랬던 것처럼 고객의 조직에서도 잘 작동되게 하려면 참여적인 문화와 프로세스 원칙이 필요한데 고객에게 그것이 없을 수도 있다. 이 부분이 바로 우리가 좀 더 배울 필요가 있는 부분이다.

프랭크 드수자는 특히 코그니전트 2.0 같은 기능이 자신의 사업에 유용하다고 생각할 고객 타입에 관심이 많았다.

우리는 일부 고객의 프로세스가 특히 이것에 잘 맞을 것으로 생각하는데, 예를 들어 규제나 순응 문제와 관련된 프로세스 같은 것이 그럴 것이라고 본다. 금융서비스 부문 고객들은 세계 각지의 서로 다른 규제 문제에 대처하는 데 도움이 된다고 생각한다.

이 장의 서두에 언급한 글로벌 제조업체의 사례에서 묘사했듯이 코그니전트는 이미 코그니전트 2.0을 제공가능 서비스로 선전하기 시작했다. C2가 내부적으로나 고객서비스에서나 코그니전트의 미래에 중심적인 역할을 하게 될 것은 분명해 보였다. 그런데 과연 그 미래는 어떤 미래일까? 예를 들면, 코그니전트 고객들에게 프로젝트 현황과 지식 저장소에 대한 실시간 액세스를 가능하게 해 줌으로써 상당한 이득이 있을 것으로 예상된다. 고객의 입장에서는 조직의 민첩성을 더욱 강화하고 불필요한 비용을 피하며 계획수립 역량을 개선하는 이득을 얻을 수 있을 것이다. 또한 코그니전트와 고객의 관계도 더욱 긴밀해질 것이다. 경영진이 보기에 C2의 핵심 이슈는 수많은 잠재적 혜택 중에서 어떤 것을 활용할지 결정하는 것이었다.

참여적인 문화가
코그니전트의 성공 토대

코그니전트와 같이 세계 각지에 널리 퍼져 있는 글로벌 조직은 개인적 판단을 조직적 판단으로 바꾸는 일을 직접 얼굴을 맞대고 하는 상호 작용을 통해 할 수 없다. 십만 명이 넘는 사람들을 서로 연결시켜 줄 수 있는 유일한 수단은 정보기술뿐이며, C2는 어떤 조직에서든 이와 같은 연결을 가능하게 해 주는 가장 혁신적인 도구 중 하나이다.

코그니전트는 그날그날의 의사결정과 조직적 판단을 개선하기 위해 소셜 미디어와 지식관리 도구들을 활용했을 뿐 아니라, 그 일을 생산성과 실적을 개선하는 방식으로 해냈다. 조직적 판단에 가장 큰 도움을 준 것 중에는 구조화 된 작업 프로세스 도구들을 지식공유와 협력을 위한 소셜 도구들과 함께 결합시킨 것도 포함되어 있으며, 우리는 이 결합을 '소셜 + 구조' 라고 부른다. 지식 근로자들을 위한 코그니전트의 C2 플랫폼은 코그니전트와 고객 모두에게 혜택을 주는 다양한 목적을 위해 사용된다.

이런 도구들의 성공을 가져온 또 다른 열쇠는 이들의 사용이 측정된다는 것이다. 이와 같은 테크놀로지의 성공을 측정하고 효과적인 사용을 위해 필요한 행동들을 측정하는 것은 이 도구들의 성공적인 실행을 위해 매우 중요하다. 예를 들어 C2에 가장 많이 기여하는 사람들은 또한 그 조직에서 가장 좋은 실적을 올리는 사람이기도 하다는 사실을 알면 상당히 유용할 것이다.

물론 테크놀로지의 역할과 관련해 통상적으로 하는 경고들은 여기서도 마찬가지로 적용된다. 코그니전트의 소셜 테크놀로지와 협력 테크놀로지는 그 조직이 이미 참여적인 문화를 갖고 있을 때에만 성공할 수 있다. 둘 다 성공하기 위해서는 조직의 고위 관리자들이 참여적 문화와 함께 이러한 테크놀로지의 직접적인 사용을 지지하고 스스로 모범을 보여야 한다.

6

데이터로
학교를 바꾸다
-미국의 샬롯
초등학교

학생들의 읽기 능력을
어떻게 향상시킬까?

노스캐롤라이나주 샬롯에 있는 데이비드 콕스 로드 초등학교의 2학년생 마이클 엘리스는 5월 어느 화창한 수요일, 버스에서 내려 학교 정문으로 들어갈 때 건물의 화사한 파란색 금속 지붕이 눈에 들어오지 않았다.[1] 아이는 학교 바깥에 있는 세 개의 큰 바위 위에 페인트로 쓴 '저스틴 P, 여덟 번째 생일 축하해.' '저런 저런 누군지 몰라도 마흔 살이 되네요.' '우리 자원봉사자들 정말 대단해요!' 같은 글귀도 알아채지 못했다. 이런 다양하고 유쾌한 표지판과 현관 복도의 벽에 걸려 있는 학생들의 인물사진도 이날은 마이클의 눈에 들어오지 않았는데, 그것은 생각이 다른 데 쏠려 있었기 때문이다. 마이클은 몇 분 후에 이번 학년의 마지막 '읽기 능력'reading fluency 테스트를 받게 된다는 사실을 알고 있었다. 읽기 능력은 구두로 하는 읽기 속도 테스트를 통해 측정했는데, 이 시험에는 기술적으로 속도 외에 감정을 담아 읽는 것과 단어의 자동인식 테스트도 포함되어 있었다.[2]

마이클과 담임선생님, 그리고 학교의 지원 스태프는 지난 학년 내내 마이클의 읽기 능력을 향상시키고자 열심히 노력했다. 그들은 어떤 방식으로 노력했을까? 데이터 기반data-based 측정과 결정, 그리고 행동을 통해서였다. 마이클은 학년이 시작되었을 무렵 분당 18개 단어를 정확하게 읽고 있었는데, 이는 2학년 초의 기준인 분당 30~60 단어에 훨씬 못 미치는 수준이었다. 이와 같은 평가를 받은 후, 마이클은 지난 학년 내내 매일 아침 정규수업 교실에서 나와 따로 보조교사와 함께 읽기 연습을 했다. 아이는 단어의 즉독능력sight-reading을 향상시키기 위해 노래를 불렀는데, 처음에는 느린 노래로 시작해 점점 더 빠른 노래를 불렀다. 특히 좋아한 노래는 십대들의 우상인 인기 여가수 마일리 사이러스의 '파티 인 더 유에스에이'Party in the USA였는데, 마이클은 이제 그 노래에 들어 있는 단어를 많이 알았다.

그리고 마이클은 집에서도 아빠와 함께 연습했다. 마이클의 아버지는 실직상태였기 때문에 아들의 읽기 능력 향상을 위해 같이 연습해 줄 시간이 많았다. 데이비드 콕스 초등학교 K-2 학년의 독서지도사 크리스타 올렉은 어느 금요일 마이클이 집으로 돌아갈 때 마이클의 읽기 능력 수준에 관한 자료가 들어 있는 패킷을 건네주었고, 척 누시노브 교장은 마이클의 집에 전화를 걸어 마이클의 부모가 아들의 읽기 능력 향상을 도우라고 권유했다. 마이클의 아빠는 아들이 읽기 연습 숙제를 다 하도록 시켰으며, 주간 기록부에 확인 서명을 해서 매주 금요일 마이클을 통해 학교에 돌려주었다. 마이클은 집에서 부모와 함께 읽기 연습을 하는 1백 명의 데이비드 콕스 초등학교 학생 중 한명이었다.

유치원 교육과정에 문제 제기

데이비드 콕스 유치원을 다니는 타미카 윌슨은 유치원에 들어간 지 몇 달도 안돼서부터 수업시간에 차분하게 있지 못했다. 타미카는 11월에 엄마에게 수업 시간이 지루하다고 말했다. "글자 공부만 하는데, 난 이미 글자를 다 알잖아!" 타미카의 엄마는 10월의 학부모 행사에서 이 문제에 대해 질문했는데, 유치원의 전체 교육과정이 단어 인식에 관한 것이라는 대답을 들었다. 지난 수십 년 간 유치원에서의 읽기 교육은 이 글자 인식에 일차적 초점이 맞춰져 있었으며, 이는 앞으로도 오랫동안 지속될 것으로 보였다.

그렇지만 도나 헬름스는 이와 같은 방침에 반기를 들었다. 그녀는 타미카의 선생님이었으며, 타미카가 엄마에게 한 말을 들어도 놀라지 않았을 것이다. 헬름스는 33년 경력의 교사였지만, 데이비드 콕스 유치원의 유서 깊은 교육과정이 만족스럽지 않았다. 교사로서 오랜 경험을 갖고 있고 다른 지역 유치원들의 교육과정을 체험한 적도 있는 그녀는 유치원생들의 대다수는 읽기 학습능력이 있다고 생각했는데, 《새 유치원에서 가르치기》**Teaching in the New Kindergarten** 라는 책을 읽은 후 이와 같은 생각은 더욱 굳어졌다. 헬름스는 기존의 표준 유치원 교육과정은 시간과 학습기회를 낭비하는 것이라고 생각했다. 아이들이 단어 인식을 배우는 대신, 10월에는 사과, 11월에는 호박, 12월에는 크리스마스트리에 대해 이야기하고 배우는 식으로 수업이 진행되고 있었다. 헬름스는 이와 같은 교육과정은 이미 유효기간이 지났다고 생각했으며, 아이들에게 제대로 된 수업을 해 주지 못하고 있다고 느꼈다.

10월에 있은 유치원 교사들의 정기적 회의에서 헬름스는 이미 글자를 다 알고 있는 타미카와 다른 많은 아이들에 대한 이야기를 꺼냈다. 척 누시노브 교장이 데이터 기반 결정을 지원하고 있었기 때문에, 헬름스는 유치원 교육과정을 변화시킬 기회도 열릴지 모른다는 생각을 했다. 누시노브는 개인적으로 그녀의 생각을 지지했으며, 다른 교사들에게 이 문제를 제기해 보라고 권유했다. 다른 교사들도 대부분 아이들이 이미 글자를 다 안다는 사실을 알고 있었다고 말했다.

데이터 활용으로 학교를 바꾸다

마이클과 학교 친구들이 하고 있던 읽기 능력 연습, 그리고 타미카와 유치원 친구들의 교육과정이 변화할 가능성은 샬롯 멕클렌버그 학교^{CMS} 시스템 내의 데이비드 콕스 로드 초등학교와 다른 학교들에서 학생들의 학업수행에 관한 결정들이 내려지고 실행되는 방식에 매우 중요한 변화가 있음을 보여주는 두 가지 예이다. 지난 3~4년간 누시노브 교장의 주도에 따라 학교 운영진과 교사들은 데이터 기반 접근방식을 학생 평가와 수업에 활용해 왔다. 물론 이 학교만 독특한 것은 아니지만 최소한 이와 같은 변화를 보여주는 좋은 예였다. 범세계적인 현상은 아닐지 몰라도 미국 전역에서 학교의 의사결정에 데이터를 더 많이 활용하는 경향이 나타나고 있었다.

데이비드 콕스는 샬롯의 북동부 교외에 위치해 있고 잘 운영되고 있는 학교였지만, 아무런 문제도 없는 교외의 풍요로운 학교는 아니었다. 흑인 학생 비율이 60퍼센트, 백인 학생 비율이 19퍼센트이고, 나머지는 다양한 인종의 학생들로 구성된 학교였다. 그리고 재학생의 55퍼센트는 빈곤층으로 간주되는 가정의 자녀들이었다. 그러나 이러한 사실은 학교의 외관만 보아서는 결코 알 수 없었다. 학교는 밝고 깨끗했으며, 재미있는 시각적 자극으로 꽉 차 있었다. 행정직원들은 사교적이고 친절했으며, 복도에서 보이는 학생들은 에너지가 넘쳤지만 산만해 보이진 않았다.

척 누시노브는 데이비드 콕스의 교장으로 재직한 지 4년이 되었으며, 그전에 수년간 교감으로 일했다. 데이비드 콕스 로고가 박힌 골프 셔츠에 카키색 옷을 입은 그는 정력적이고 활달했다. 누시노브는 이 학교에 부임한 이래 학교의 문화가 데이터 지향적인 방향으로 가도록 추진했고, 이제 그런 문화가 뿌리를 내리기 시작하고 있었다. 누시노브는 각 학년 전체 교사 6~8명 가운데서 최소한 2~3명의 교사들이 데이터 기반 결정 방식에 큰 믿음을 갖게 되었다고 추정했다. 따라서 만약 자신이 어느 날 갑자기 학교버스에 치이는 불의의 사고를 당하더라도 이 운동은 자기가 있든 없든 상관없이 계속 추진될 것이라고 추측했다.

누시노브는 교사가 되기 전에 보석 소매 체인의 매니저였다. "스물네 살 무렵 나에겐 아메리칸 드림이 있었다. 높은 월급과 회사차, 업무비용 계정, 그런 것들이었다." 그는 이렇게 말했다. "그런데 중년의 위기가 일찍 찾아오는 바람에 훨씬 적은 월급으로 수학을 가르치기로 결정했다." 그러나 누시노브는 이전의 일자리에서 활용했던 매출 데이터의 가치를 기억했다. "우리는 기본적으로 어떤 시점에서든, 주간 실적이 어떤지, 월간, 분기 실적이 어떤지 무엇이든 다 알고 있었다. 그러다가 나중에 교사가 된 후에, 어떤 특정 시점에서 학생들의 학업성취도가 어떤지 보여주는 좋은 데이터가 없다는 사실을 깨닫게 됐고, 그 후 계속 이 문제에 매달려 있다. 노스캐롤라이나대 UNC 샬롯 캠퍼스의 교육 실습생들에게 '교육에서의 데이터 분석'이라는 과목도 가르치고 있다."

누시노브는 CMS 구역이 하버드 교육대학원과의 제휴를 통해 채택한 데이터 와이즈라는 프로그램을 가지고 데이비드 콕스 학교에 서서히 데이터를 도입했다.[3] 데이터 와이즈는 데이터의 효과적인 사용을 위해 교사와 직원들을 실질적으로 교육시키는 내용을 포함하고 있었다. 그러나 누시노브와 이 프로그램을 만든 하버드 교수진 모두 이것이 상당한 문화적 전환을 의미한다는 점을 알았다. 투명성 증대는 일부 교사들의 수업방식이 덜 효과적인 것처럼 보이게 만들 것이었다. 하버드 자료에 따르면 데이터 와이즈를 사용하는 다른 구역의 어떤 교사가 '데이터는 사람들에게 상처를 줄 수 있다'는 말을 했다고 한다.

이러한 문제를 해결하기 위해서 누시노브는 데이터 지향 제도를 4년간에 걸쳐 단계적으로 도입했다. 그는 이렇게 말했다. "내가 여기에 처음 왔을 때 성적을 공유하는 교사는 아무도 없었다. 그리고 학생들의 학업수행에 관한 보고서에서 교사들의 이름은 모두 삭제했다." 그러다가 다음 해에는 평균 성적을 서로 공유하기 시작했고 교사의 이름도 넣었다. 그리고 그 다음 해에는 학년별 계획 수립 회의를 할 때마다 학생들의 학업성취도 데이터를 공유하기에 이르렀다. "그 다음부터는 사람들이 데이터를 요구하는 단계가 됐다." 누시노브는 이렇게 회상했다. "처음에는 몇몇 사람이 상처를 받았겠지만 우리 모두 그것을 극복해냈다."

데이터 와이즈 접근방식은 이 프로그램을 채택하는 각 학교가 데이터 팀을 만들어야 한다고 명시했다. 데이터 팀은 학교의 교감이 운영 책임을 맡았으며, 학년별로 최소한 한명의 교사와 3~5명의 조력자를 포함시켰다. 이 팀의 목적 중 하나는 교사들에게 데이터 와이즈 접근방식에 따라 데이터를 해석하는 방법을 가르치는 것이었다. 데이터 팀은 문제를 파악하고 학생들의 학업수행 데이터를 이용해 그 문제를 처리하기 위해서 교사들과 협력하기 시작했다. 또한 학생들의 읽기 능력 연습을 도와줄 보조 교사를 채용하기로 결정했으며, 내년에 집중해야 할 부문에 독해를 추가하기로 결정했다.

　학생들의 학업수행 데이터는 학교의 다른 다양한 맥락에서도 활용되었다. 각 학년의 교사들은 매주 회의를 했는데, 데이터는 이 주간 회의에 꼭 필요한 부분이 되었다. 누시노브 교장과 직원, 그리고 교사들은 최근, 이주일마다 한 시간씩 데이터 평가 회의를 열기로 합의했다. 교사들은 평소 하던 회의에서 수업계획에 대해 논의할 시간을 빼앗기지 않도록 데이터에 관한 별도의 회의를 하자고 했다.

　노스캐롤라이나주와 CMS 구역에서 정한 테스트들은 학생들의 학업수행에 관한 신속한 의사결정에 맞지 않았기 때문에, 누시노브 교장과 학교 운영진은 자체적으로 여러 가지 테스트를 해 봐야 했다. 교장실의 선반 위에는 버블 차트 테스트의 점수를 매기는 스캔트론 기계가 있었으며 사용하지 않은 테스트 양식들이 무더기로 쌓여 있었다. 학생들의 학업수행을 평가하는 보다 나은 방식을 찾는 과정에서 데이비드 콕스 학교의 학생들은 읽기 능력이나 읽기에서 저자의 목적 이해하기, 4학년의 경우 분수와 소수에 대한 능력, 교사 효율성teacher effectiveness 등과 같이 주州나 구역 기관이 아직 다루지 못하고 있던 부문들에서 빈번하게 테스트를 받았다. 누시노브 교장의 컴퓨터에는 읽기와 수학, 과학 등을 포함한 다양한 과목에서 능숙도proficiency를 평가하는 스프레드시트들이 들어 있었다.

　데이터에 집중하는 이런 노력은 데이비드 콕스 학교에서 열매를 맺기 시작했다. 이전 같으면 학생들의 학업수행을 악화시킬 수 있는 요인들이 많이 생겼음에도 불구하고 효과가 나타났다. 예를 들면 학교 배정을 위한 구획이 최근에 새로 설정되면서 빈곤층 가정의 아이들이 더 많이 데이비드 콕스에 배정되었다. 빈곤층 학생 비율은 2006년 34퍼센트에서 2010년 56퍼센트로 증가했다. 그리고 수업을 잘 하는 장기근속 교사 중 일부가 인근의 새 학교로 전근되어 갔다. 그렇지만 데이비드 콕스 학교는 수학과 읽기 모두에서 전반적으로 65퍼센트의 능숙도 수준을 유지했다. 지난 2년간 데이비드 콕스 학생들은 평균적으로 1년이라는 기간 동안 평균 1년의 학습 성장을 이룩했는데 이것은 주州교육 학업목표의 핵심 부분이었다.

학교 운영진의 목표 중 하나는 백인 학생과 흑인 학생 및 히스패닉 학생 간의 성취 격차를 줄이는 것이었다. 2009~2010 학년의 경우 그 격차를 2퍼센트 줄이는 목표를 세웠고, 학년 말 테스트 결과는 그 격차가 다양한 인종 집단에 따라 6~18퍼센트 줄어들었다는 것을 보여주었다.

노스캐롤라이나주에서 교사들을 대상으로 실시한 설문조사에서도 학교의 풍토가 변하고 있음이 드러났다. 2007~2008 학년의 경우 설문조사에 응한 데이비드 콕스 교사의 비율이 57퍼센트에 불과했지만, 2009~2010 학년에는 92퍼센트의 응답 비율을 보였다. 그리고 응답자의 1백 퍼센트가 '교사와 직원이 같은 비전을 공유한다'에 동의했는데, 2년 전에는 그 비율이 92퍼센트였다. 또한 90퍼센트가 넘는 교사들이 '학교의 운영진이 ~에 대한 교사들의 우려를 해결하기 위해 지속적인 노력을 하는가'라는 유형의 질문에 긍정적으로 답했다.

결론적으로 데이터는 분명 데이비드 콕스 로드 초등학교에 큰 영향을 주고 있었다. 누시노브 교장과 교직원들은 학생들의 학업수행을 판단하고 개선하기 위한 데이터 사용에서 상당한 진전을 이룩했다고 생각했다. 물론 개선의 여지는 여전히 남아 있었지만, 그 학교에서 무사안일주의는 찾아보기 어려웠다.

학업성취도
데이터 기반 만들기

물론 학생들과 관련해 데이터 기반 의사결정을 추구한 사람은 누시노브 교장만이 아니었다. 샬롯 멕클렌버그 카운티에 있는 학교들CMS은 데이비드 콕스 초등학교와 같은 시기에 동일한 접근방식을 적극적으로 추구하고 있다. CMS의 노력은 데이터 기반 학교운영을 지향하는 추세를 보이는 미국 전역에서도 가장 선두에 있었다. 오바마 행정부의 안 덩컨 교육부 장관은 다음과 같이 지적했다.

다른 여러 분야에서 우리는 성공에 대해 끊임없이 이야기하고, 또 그것을 입증하기 위해 통계나 다른 측정기준을 제시한다…. 그런데 왜 교육 분야에서는 성공이 어떤 것인지 이야기하길 두려워하는가? 도대체 숨길 게 뭐가 있는가?… 모든 주州와 구역district은 교사의 능력에 대한 정보를 수집하고

이것을 교사들과 공유해야 하며, 다른 중요한 측정기준들과 마찬가지로 학부모들과도 공유해야 한다.[4]

CMS는 전체 학생수가 13만 3600명으로 노스캐롤라이나주에서 두 번째로 큰 구역이고 미국 전체에서는 20번째로 큰 구역이다. 다른 많은 도시 학교 구역과 마찬가지로 CMS도 지난 수십 년간 빈곤과 인종 간 균형, 그리고 낮은 학업성취도 등의 문제와 씨름했다. CMS는 미국 대법원이 1971년 승인한 강제버스통학 이니셔티브 **busing** 대상이었다. 이는 백인과 흑인의 균형을 맞추기 위해 아동을 거주지역 밖의 학교로 보내는 제도를 말한다. 2005년에는 성적이 나쁜 고등학교를 다니는 학생들에게 '학업 면에서의 집단학살'을 범하고 있다는 비판을 카운티의 판사로부터 받았다.

새 감독관 피터 고먼은 2006년에 CMS에 왔는데, 그는 학업성취와 실력 측정, 교사와 학교 운영진의 책임성을 대단히 중시했다. 고먼은 곧바로 이 문제들을 다루기 위한 전략계획을 발전시켰으며, 2010년 무렵에는 확실한 진전이 이뤄지고 있었다. 2009년에 수립된 2014년 전략계획의 머리말에는 다음과 같은 내용이 들어 있다.

2010년이 다가오는 지금 CMS는 전략계획에서 정한 목표 중 많은 것을 달성했으며, 나머지 목표를 실현하기 위해 나아가고 있다. 이 계획의 가장 중요한 목표인 학생들의 성취도 향상은 여러 분야에서 달성되었다.

2008~2009 학년에서 학생들의 성취도는 주정부와 연방정부 시행 테스트로 측정한 25개 분야 중 24개 분야에서 향상되었다. 그리고 1년의 기간 동안 평균 1년의 학습 성장을 이룩한 학교가 차지하는 비율도 상당히 증가했다. 2006년에는 CMS 학교 중 54.3퍼센트가 1년의 기간 동안 평균 1년 이상의 학습 성장을 이룩했지만, 2009년에는 그 비율이 89.6퍼센트로 늘었다. 이것은 단 3년 만에 35.3 퍼센트나 증가한 것이다.

고먼의 교육배경을 보면 학교 감독관으로서는 특이하게 교육학 박사학위와 MBA 학위를 모두 갖고 있다. 그는 자신이 어떻게 해서 데이터와 측정을 그렇게 중시하게 됐는지 다음과 같이 설명했다.

박사 학위를 취득했을 무렵, 나는 당시 사용되고 있던 그 모든 교육 실적 측정법에 좌절감을 느끼고 있었다. 왜냐하면 그것들은 학생과 학부모들인 고객의 문제를 실제로 다루지 못하고 있었기 때문이었다. 그러다가 경영대학원에 갔을 때, 기업들이 고객 측정법이나 균형성과평가법, 그리고 아주 다양한 실적 측정법을 사용하고 있는 것을 알게 됐고, 이런 방식을 학교에서도 활용할 수 있겠다는 생각을 했다. 또한 세이버메트릭스**sabermetrics**(컴퓨터를 이용한 야구 데이터 분석법)로 유명한 빌 제임스의 영향도 받았다. 나는 그의 저서 《야구 개요》**Baseball Abstract**를 매년 읽었는데, 어느 날 그가 야구선수들에게 사용한 방식과 동일한 방식을 학생들에게도 적용할 수 있겠다는 생각이 떠올랐다.

고먼의 주도 하에 CMS는 학생과 교사, 그리고 행정기능을 위한 다양한 측정 및 학업수행 프로그램들을 확립했다. 데이비드 콕스 로드 초등학교(그리고 구역 전역)에서 시행하고 있던 데이터 와이즈 프로그램 외에 CMS는 오리건대학이 개발한 기본 조기문자해독기술지표DIBELS 프로그램도 채택했는데, 이것은 조기 문자해독 기술의 습득을 평가하는 절차와 측정기준, 그리고 문자해독literacy에 관한 학생 및 구역의 실적 데이터베이스를 포함하고 있었다. CMS는 또한 구역 내 각 학교에 전문적 학습 공동체professional learning community를 발전시키려는 시도를 하고 있었다. 이 개념을 발전시킨 리처드 뒤푸르는 이렇게 말했다.

전문적 학습 공동체를 만들려면 가르치는 일보다 배우는 일에 집중하고, 협력적으로 일하며, 결과에 대한 책임을 져라.[5]

CMS는 또 빌 앤 멜린다 게이츠 재단으로부터 140만 달러의 보조금을 받아서 학생들의 학업수행에 관한 데이터 기반 결정을 지원했다. 이 보조금은 특히 '성취 지대'에 있는 5개의 CMS 구역 고등학교에 집중됐다. 성취 지대는 학업실적이 낮은 학교들이 모여 있는 곳으로 학생들의 학업성취도를 개선하기 위한 추가적인 자원과 집중적인 학업지원을 받는 대상을 가리킨다.

데이터 집약적인 이니셔티브들을 추진하기 위해서 고먼은 수석 전략 · 책임 담당관이란 자리를 만들었으며, 로버트 아보사가 이 자리에 취임해 샬롯 멕클렌버그 구역의 실적 측정 및 관리를 맡았다. 아보사와 직원들은 데이터 와이즈 프로그램뿐 아니라 데이터 기반 결정과 관련 있는 다양한 프로그램을 감독했다. 아보사의 부하직원들은 새로운 시스템과 프로세스를 설치했으며, 사용법을 교사와 행정직원들에게 가르쳤다. 예를 들어, 파라 산토나토는 데이비드 콕스 로드 초등학교의 직원과 교사들에게 데이터 와이즈 프로그램에 대해 가르쳤다. 아보사의 사무실에는 또한 네 명의 지역지원 조정관이 있었는데, 이들은 각 구역의 네 개 지구 중 하나를 맡아서 데이터와 실적 관련 이니셔티브들에 대해 자신이 맡은 지역의 학교들과 함께 일했다.

아보사의 사무실은 학생들의 학업수행 정보 포털을 개발하기 위해서 수석 학사관 사무실 및 수석 정보관 사무실과 협력했다. 이 포털은 궁극적으로 척 누시노브가 데이비드 콕스 학교에서 시행하고 있는 것과 같은 학업수행 정보 외에 훨씬 더 많은 것을 포함하게 될 것이다. 누시노브 교장의 자체적인 데이터 활용 방식에 대한 질문을 받자 고먼은 이렇게 대답했다. "너무 잘하고 있다고 생각하지만 그 일을 그만두게 만들고 싶다. 데이터베이스와 보고용 도구들에 너무 시간을 빼앗겨서는 안 되니까. 앞으로 포털이 준비되면 그럴 필요가 없을 것이다." CMS는 궁극적으로 교장들과 지역감독관들, 그리고 구역 전체 감독관의 니드에 개별적으로 맞춘 포털을 개발할 계획을 세웠다.

고먼과 아보사는 CMS 학생들의 학업수행을 계속 개선시키기 위한 노력을 포괄적으로 보여주는 '지속적인 개선 사이클'(다음 페이지 그림)을 개발했다. 여기엔 투명한 정보 가용성과 정보 활용 지원, 활용 촉진을 위한 압력이나 동기부여의 선순환이 구체적으로 나타나 있다. 고먼과 아보사는 이 다양한 메커니즘과 도구들이 CMS의 문화와 프로세스에 지속적인 변화를 가져다줄 것으로 기대했다.

어떤 특정한 리더 밑에서 극적인 변화가 이뤄질 경우, 리더가 바뀌면 그 변화도 사라질 수 있는 위험이 언제나 있다. 하지만 고먼은 데이터에 근거해 결정을 내리는 방식이 앞으로도 계속 CMS에 남아 있을 것이라고 확신했다.

CMS 이사회도 이 방식을 지지하고 있다. 결정을 내리는 데 데이터를 활용하는 것은 이사회가 굳게 믿는 것 중의 하나이며, 특히 이사회 의장의 적극적인 지지가 있다. 이사회의 공식 정책에 데이터 대시보드와 학교별 목표 달성 보고서, 데이터에 근거한 전반적인 의사결정의 시행이 명시되어 있다. 내가 이 자리에 채용된 이유에는 나의 데이터 지향성도 들어 있다고 생각한다. 사람들은 나보고 데이터만 아는 괴짜라고 하지만, 나는 그런 말을 명예로운 훈장처럼 생각한다. 우리가 과거에 쓰던 데이터는 SAT 점수가 학생이 아닌 대학을 위해 쓰이는 것처럼 우리가 아닌 다른 사람을 위한 것이었다. 주州에서 시행하는 시험들도 활용하기엔 수준이 너무 높다. 시체를 부검하는 것이나 마찬가지다. 하지만 우리는 부검이 아니라 신체검사를 하길 원한다. 조치를 취할 시간이 있을 때 데이터를 사용할 수 있어야 한다.

샬롯 멕클렌버그 학교들의 지속적인 학력 개선 사이클

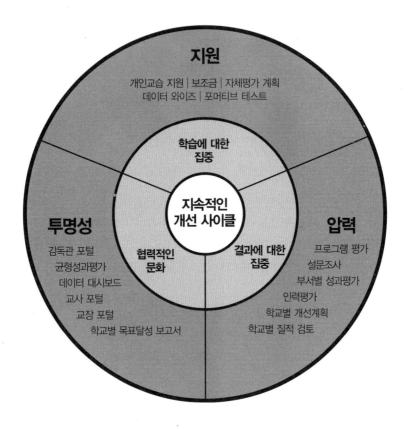

지원

개인교습 지원 | 보조금 | 자체평가 계획
데이터 와이즈 | 포머티브 테스트

학습에 대한
집중

지속적인
개선 사이클

투명성

감독관 포털
균형성과평가
데이터 대시보드
교사 포털
교장 포털
학교별 목표달성 보고서

협력적인
문화

결과에 대한
집중

압력

프로그램 평가
설문조사
부서별 성과평가
인력평가
학교별 개선계획
학교별 질적 검토

전략계획 2014

개혁 관리 정책

교육위원회 비전, 임무, 핵심 신념과 공약, 행동 이론

고면과 아보사, 그리고 누시노브 모두 2011년에 CMS를 떠나 다른 일자리를 얻었기 때문에, 데이터에 근거한 이와 같은 접근방식이 앞으로도 계속 살아남을 것이라는 고면의 예측이 맞을지는 앞으로 곧 알게 될 것이다.[6]

일년 만에 크게 향상된 읽기 능력

읽기 문제가 있던 데이비드 콕스로드 초등학교 2학년생 마이클 엘리스는 5월에 그 학년의 마지막 읽기 능력 테스트를 받고 좋은 결과를 얻었다. 일년 만에 18개 단어에서 84개 단어로 늘었으며, 이것은 분명 극적인 개선이었다. 마이클은 여전히 샬롯-멕클렌버그 구역 학교의 2학년말 기준인 90개 단어보다는 약간 아래지만, 미국 전역에서 50번째 백분위수 바로 밑에 있는 수준이고 분명히 빠르게 향상되고 있었다. 마이클의 아버지는 수업이 끝난 후 학교로 아들을 데리러 왔을 때 그 소식을 들었다. 그는 K-2 학년의 독서지도사 크리스타 올렉의 사무실로 달려가서 그녀를 포옹하며 기뻐했다. 두 사람 모두 마이클이 지난 한 해 동안 보인 급속한 진전을 믿을 수 없는 수준이라고 말했다.

11월 무렵 이미 글자를 다 알고 있어서 수업시간을 지루해했던 유치원생 타미카 윌슨도 보람찬 한 해를 보냈다. 그녀의 선생님인 도나 헬름스는 유치원 교사들이 읽기 기술을 가르치기 시작해야 한다고 상당 기간 주장해 왔다. 그녀는 척 누시노브 교장의 지지에 힘입어 주간週間 회의에서 동료 유치원 교사들에게 이 문제를 제기했다. 크리스타 올렉은 이 아이디어를 놓고 헬름스와 긴 이야기를 나누었으며, 나중에 교사 회의에서 발음중심 어학교수법인 기본적인 파닉스^{phonics} 테스트를 사용해 유치원생들의 글자인식 능력을 테스트해 보자고 제안했다.

파닉스 테스트가 11월 말에 완료되었을 때, 전체 유치원생 125명 중에서 글자를 다 알지 못하는 아이는 10명뿐이라는 결과가 나왔다. 이후 열린 회의에서 올렉과 교사들은 새 교육과정에 합의했는데, 이 새 교육과정에서 유치원생들은 시詩에서 단어들을 찾고, 글자와 소리들을 구분하며, 어휘를 배우도록 했다. 이것은 실제로 읽기를 가르치는 수준에는 못 미쳤지만, 아이들의 읽기 능력이 구축되는 것을 도와주었다.

학년이 끝날 무렵에는 많은 유치원생이 읽을 수 있게 된 것이 분명했다. 이것은 물론 1학년 교사들이 이에 맞춰 1학년 교육과정을 수정해야 한다는 것을 의미했으며, 교사들은 그 작업에 착수했다.

그리고 헬름스에게는 이 유치원 교실에서 보낸 지난 한 해가 그녀의 교직 경력에서 가장 보람찬 기간이 되었다. 33년간의 교직 생활 후 이제는 퇴직할 수 있는 나이지만, 그녀는 가르치는 일이 너무 재미있어서 데이비드 콕스 로드 학교를 떠날 수 없다고 누시노브 교장에게 말했다. 헬름스는 다음 해에는 처음부터 알파벳을 가르치는 것을 계획하고 있을 뿐 아니라 글자와 단어를 가르치는 방안의 하나로 수화를 활용할 계획도 갖고 있었다. 그리고 타미카 윌슨은 유치원을 마칠 무렵 이미 2학년 수준의 읽기를 하고 있었다.

데이터 기반의
교육 효과 입증

데이터에 근거한 의사결정 방식의 활용은 조직적 판단을 개선하는 강력한 방법으로, 다양한 산업에서 채택하고 있다. K-12 교육(유치원에서 고등학교에 이르는 미국의 정규교육) 산업도 그 중의 하나이다. 의료산업에서와 마찬가지로 미국의 연방정부는 정책과 재정지원을 통해 데이터와 분석으로의 변화를 적극 지원하고 있다.

조직적 판단을 위한 이와 같은 접근방식으로 이행하려면 통상적으로 강력한 리더십이 필요하다. CMS에서는 감독관의 리더십이 분석적 접근방식과 도구들을 도입하고 보급하는 데 매우 중요한 요인이었다. 그리고 학교의 문화를 학생들의 학업수행과 다른 사안들에 대해 사실에 근거한 결정을 내리는 것을 중시하고 나아가 요구하기까지 하는 문화로 변화시키는 데에도 리더십이 필요하다. 어떤 조직이 결정을 내리기 위해 활용하는 일차적 요인들이 데이터와 과학적 분석법인 경우에는 결정이 일선에 더 가깝게 내려지게 하는 효과를 낳는 경우가 많다. 데이터에 근거한 의사결정은 책임을 지는 문화를 요구하고, 또 이런 문화의 혜택을 받는다.

학교에서는 주로 교사와 행정직원들인 데이터와 분석도구의 실제 사용자들은 자신들이 필요로 하는 데이터를 찾고 그것을 정확하게 분석해서 자신들이 내려야 하는 결정에 연결시키는 데 도움이 필요한 경우가 많다. CMS에서는 중앙 구역사무소의 행정관들과 지역 조직의 행정관들이 이를 위한 지원서비스를 제공했다.

학생들의 학업수행에 관한 데이터 기반 결정이 도시 학교들이 안고 있는 많은 문제를 해결할 유일한 해답은 아닐지 몰라도, 개선으로 가는 하나의 길인 것은 분명하다. 이 접근방식은 학교로 하여금 도움이 가장 많이 필요한 학생들과 그들의 특별한 학습 니드에 자원을 집중할 수 있도록 해 준다. 이제는 연필이나 책가방뿐 아니라 데이터도 학습에 필수적인 도구가 되었다.

Part
03

문화의
힘에 관한 이야기

여기서는 조직문화의 역할을 보여주는 이야기들이 소개된다. 이른바 '우리가 여기서 소개하는 방식'이 한 조직의 집합적 판단을 어떻게 개선시키고 이끌어 갈 수 있는지 보여준다. 첫 번째 이야기는 역사적으로 유명한 사건에 관한 것으로, 2천여 년을 거슬러 고대 그리스 아테네로 가서 세계 최초의 민주주의 문화가 어떻게 조직적 역량을 발휘해서 보다 나은 결정을 내릴 수 있었는지 살펴볼 것이다. 조직적 판단의 몇몇 원칙들은 새로 발명되고 있는 것이 아니라 단지 재발견되고 있는 것이다. 그리고 두 번째 이야기는 현대로 돌아와 뱅가드 그룹에서 결정이 내려지는 과정을 소개한다. 이 그룹은 조직문화의 원칙과 가치 덕분에, 끔찍한 결과로 이어질 뻔한 투자 결정을 피할 수 있었다. 마지막 이야기는 동일한 교훈이 다른 방식으로 강조된 사례로서, 테크놀로지 회사 EMC가 소셜 미디어의 활용을 통해 새로운 문화적 가치들을 구축한 이야기이다. 이 새로운 문화적 가치들은 어려운 경제 환경에서 직원들의 의욕과 단합을 극적으로 증대시킬 수 있게 해 주었다.

7

고대
아테네인들의
민주적인 선택

생사가 걸린 침략에
어떻게 맞설 것인가?

기원전 480년 여름 6월의 늦은 오후, 아테네 프
닉스 언덕에 드리워진 후텁지근한 공기가 드디
어 조금 시원해지기 시작할 무렵이었다.[1] 그곳은 아테네 시민들이 나라의
문제를 놓고 토론과 투표를 하기 위해 모이는 곳이었으며 매우 긴장된 분위
기였다. 석회암과 벽돌로 된 공회당의 그림자가 길어지기 시작했고, 약 6천
명의 남자들이 함께 모여 서로 얼굴을 마주 보며 원형으로 된 긴 돌 의자 위
에 앉아 있었다. 그들 중 일부는 사람들의 말을 경청하고 있었고, 또 다른 사

람들은 고함을 치고 있었으며, 그날의 회의를 주재하는 사람은 질서를 유지하느라 애를 먹고 있었다. 모두들 그 자리에 모인 민주적인 시민들이 곧 하게 될 투표의 결과가 자신들의 생사를 결정지을 뿐 아니라, 가족들이 지금 그곳으로 진격하고 있는 엄청난 규모의 페르시아 육군 해군 병력을 피해 도망쳐 피난길에 오르거나 아니면 잡혀서 노예가 되느냐 하는 문제를 결정짓게 된다는 사실을 알고 있었다. 동방에 있는 방대한 제국 페르시아의 크세르크세스 왕은 그리스를 정복하기 위해 20만 명의 병사와 1300척의 배를 이끌고 헬레스폰트(다르다넬스 해협의 옛 이름)를 건넜다. 페르시아 군대가 그리스 영토를 휩쓸고 지나가면서 대량 학살과 약탈을 저지르고 포로를 참수하는 등 온갖 야만적인 악행을 저지르고 있다는 소식이 연일 아테네시로 날아들고 있었다. 시민들은 아테네, 그리고 궁극적으로는 그리스 전체의 방어 문제를 놓고 생사가 걸린 투표를 앞두고 있었다. 아테네인들은 이제 어떤 선택을 할 것인가?[2]

최초의 참여 민주적 의사결정

민주적인 조직의 의사결정에 관해 이야기할 때 역사적으로 매우 유명한 순간이었다. 우리는 여기서 어떤 교훈을 얻을 수 있을까? 우리가 이 책에서 주장하고 있듯이 참여적 문제해결 과정, 그리고 집단적인 참여collective engagement를 지지하는 문화가 조직적 판단에 도움이 된다면, 역사적으로 기원이 되는 사례, 다시 말해 기원전 6세기와 5세기에 걸쳐 고대 아테네인들이 이룩한 세계 최초의 진정한 민주주의와 민주적 문화를 돌아볼 필요가 있을 듯하다. 개방형 혁신 소싱innovation sourcing과 군중의 지혜에 대한 관심이 커지고 있는 요즘과 같은 인터넷 시대에 수천 명의 사람이 실제로 모여 토론하고 결정을 내렸던 문화에서 우리는 무엇을 얻을 수 있을까?[3] 오늘날과 같은 현대 경제에서도 진정으로 민주적인 기업체는 여전히 드문 게 사실이다. 하지만 지난 수십 년 간 업무방식에 있어서 권한이 더욱 분산되는 방식과 보다 협력적인 문제해결 방식, 팀과 네트워크에 기반을 둔 접근방식이 현대 조직의 문화와 프로세스에서 주류적 사고방식이 되고 있다는 인식이 늘고 있다.[4] 고대 아테네는 인류가 최초로 어떻게 평등과 자유, 그리고 심층적인 토론이 합쳐져서 집합적인 의사결정 문화에 의한 위대한 판단을 내릴 수 있었는지 이해하는 시금석이 될 수 있다.

대부분의 역사가들은 이 고대의 황금시대에 왕과 과두제 집권자들에 맞선 민중의 정치적 힘이 커짐으로써, 지금의 서구문명을 이룬 기반이 된 민주적 가치와 제도들을 탄생시킨 새로운 형태의 정치체제가 생겨났다고 서술한다. 그렇지만 보다 나은 의사결정을 위해 집합적 지식을 동원한 조직의 모델로서 고대 아테네의 민주주의를 연구하거나 설명한 경우는 별로 없었다.[5] 사실은 이 고대국가가 해낸 것이 바로 보다 나은 의사결정을 위해 집단 지식을 동원한 것이었다. 고대 아테네인들이 진정한 대중 민주주의를 창조했다면, 이들은 일종의 조직적 판단을 내리는 데 필요한 접근방식도 만들어낸 것이다. 이들은 책임 있는 다양한 시민들이 심층적 논의와 토론을 하는 조직화된 과정을 통해서 왕 한 사람이나 소수의 귀족 지도자들이 개별적으로 내는 의견보다 더 나은 결정이 나올 수 있다고 생각했다. 우리는 먼저 이번 사례에서 그들의 집단 판단이 어떻게 발휘되었는지 살펴본 다음, 그런 종류의 역량을 가능하게 한 문화와 가치, 그리고 과정들에 대해 보다 깊이 탐구해 보기로 한다.

아테네 방어안 놓고
6천 명이 직접투표

그날 아테네 의회에서 운명적인 투표를 하기 며칠 전부터 아크로폴리스 언덕 아래 먼지 나는 거리에서는 공포와 거센 분노가 뒤섞여 있었다. 아테네로 진격하고 있는 크세르크세스 왕은 복수심으로 불타고 있었고, 예언자들은 아테네에 재앙이 닥칠 것이라고 예고했다. 이전 세대의 아테네인들이 크세르크세스 왕의 아버지가 통치하던 소小아시아 지방에서 발생한 선동적인 반란을 지원함으로써, 반란을 초기에 진압하려던 크세르크세스 부친의 노력을 좌절시킨 적이 있었다. 크세르크세스 왕은 이제 아테네를 무너뜨리고 자신에게 저항하는 그리스 도시는 어느 곳이든 모두 짓밟음으로써 부친의 명예를 회복하고자 했다. 그는 마침내 그리스를 삼켜서 '페르시아 땅의 경계는 오직 제우스신께 속하는 하늘밖에 없도록' 계속 팽창하는 페르시아 제국의 지배 아래 두겠노라고 맹세했다.

그날 도시의 중심에 모인 아테네인들은 자신들의 앞에 놓인 결정이 어렵고 파멸을 초래할 수도 있는 대안들 중에서 올바른 선택을 해야 하는 매우 힘든 일임을 알고 있었다. 그들은 때때로 이기적이기로 악명 높은 다른 그리스 도시국가들과 힘을 합칠 것인가, 아니면 단독으로 저항할 것인가를 결정해야 했다. 둘 중 어느 쪽을 택해도 아테네는 수적으로 열세였다. 그리고 북쪽으로 진군해서 침략자들에게 맞설 것인가, 아니면 바다를 통해 공격할 것인가, 아니면 그대로 기다렸다가 중앙 요새에서 도시를 지키며 침략군을 격퇴할 기회를 노릴 것이냐도 결정해야 했다.

몇몇 사람들은 엄청난 수의 페르시아군이 쳐들어온다는 공포에 대다수 그리스 도시국가들이 아테네인들의 편에 서서 페르시아 군대에 맞설 연합전선을 구축하게 될 것이라고 믿었다. 그러나 대부분은 소문과 경험에 근거해서, 이와 같은 상황에서는 오히려 동맹이 될 수 있는 다른 도시국가들마저도 아테네의 편에 서지 않을 것이라고 추측했다. 이미 많은 곳에서 그랬듯이 그들은 페르시아 왕에게 항복함으로써 새로운 신하로서 관대한 대우를 받기를 바라거나, 아니면 남쪽으로 퇴각해서 코린트 지협에서 방어태세를 취할 가능성이 높았다. 그렇게 되면 아티카의 아테네인들은 북쪽에서 쳐들어오는 침략군의 예봉에 그대로 노출될 것이다. 아테네인들은 뭔가 자신들이 유리한 여건에서 반격할 수 있는 전략을 수립해야 하는 동시에 가족들의 안전을 도모하기 위한 조치를 취해야 한다는 것을 알고 있었다. 그러기 위해선 어떻게 해야 할까? 수일간의 토론과 관련사항에 대한 조사 끝에 이제 아테네 시민들 앞에 제시된 것은 대담하지만 매우 고통스런 전략이었다. 즉 아테네시를 완전히 포기하고 아녀자와 노인들은 안전한 해안지방으로 대피시키는 한편, 아테네의 모든 남성 시민은 최근에 만든 수백 척의 군용선을 타고 바다로 나가 페르시아군과 전투를 벌인다는 전략이었다.

전령관은 모두들 조용히 해달라고 말한 다음 투표에 붙일 사항들을 읽기 시작했다. 그는 먼저 민주적 통치의 가치와 문화를 존중하는 '의회와 시민의 결의에 따라' 라는 말로 운을 뗀 뒤 다음과 같은 세부사항을 읽었다.

- 아테네시를 어떻게 비우고 떠날 것인가 하는 소개疏開 방안. 뒷일은 여신 아테나에게 맡긴다.
- 아녀자와 재물을 인근의 트로이젠과 아이기나로 이동시킨다. 두 곳 다 아테네에서 배로 반나절 걸리는 거리.
- 징병 연령의 남자들은 모두 아테네 해군의 노가 삼단인 군용선에 승선한다. 일부는 북쪽으로 항해해 아르테메시움에서 전투태세를 갖추고, 나머지는 인접한 살라미스 섬에서 후속 공격에 맞설 기지를 구축한다.
- 정치적 이유로 도편陶片 추방제도에 따라 국외추방당한 주요 인물들을 다시 불러들여 대의의 전쟁에 도움이 되도록 한다.

경청하고 있던 남자들의 무리 중에서 몇몇 사람은 도시를 감싸고 있는 오래된 언덕들을 흘낏 돌아보았으며, 또 다른 사람들은 좀 더 멀리 히메투스산

맥과 펜텔레산맥을 바라보았다. 앞으로 그들이 군용선 갑판 아래 갇혀서 쉴 새 없이 힘들게 노를 저어야 할 것이라는 암울한 생각이 들었기 때문이다. 노를 저어 본 적이 없거나 삼단 노 군용선에서 싸워 본 적이 없는 사람들은 자신이 과연 그 일을 해낼 수 있을까 하는 의문이 들었다. 무장한 병사가 육지에서 페르시아군과 싸우려는 시도조차 해 보지 않는 것은 어리석은 일이라는 생각을 하는 자들도 있었다. 그리고 많은 사람들은 도대체 어떻게 아녀자와 노인들로 하여금 조상 대대로 살아온 삶의 터전을 버리고 다른 곳으로 떠나라고 할 것인지, 사랑하는 가족들이 과연 트로이젠 같은 인근 지역에서 안전하게 머물 수 있을지를 걱정하며 옆 사람들과 수근 거렸다.

그러나 대부분의 남자들은 군중의 앞에 서 있는 영리하고 연설 잘하는 정치가 테미스토클레스를 바라보고 있었다. 그는 남을 감동시키는 연설은 잘 했지만 항상 신뢰가 가는 인물은 아니었다. 그래서 사람들은 그가 방금 발의한 제안이 정말로 애국심에 근거한 탁월한 지혜에서 나온 것인지, 아니면 대재앙을 가져올 수밖에 없는 무모한 승부수인지 자문하고 있었다. 통통한 얼굴에 수염을 기른 이 남자, 때로는 '그리스의 음흉한 뱀'이라고 불리는 이 사람의 주장을 받아들여야 할까? 이 제안에 대한 격렬한 찬반 토론이 30분 동안 더 진행된 다음 투표에 붙여졌다. 6천 명의 남자들은 갑자기 조용해졌다. 공회당에 드리워진 그림자가 더 길어지면서, 들리는 소리라고는 멀리서 들려오는 시장에 나온 몇몇 동물의 울음소리와 근처 나무에서 우는 매미소리뿐이었으며, 사람들의 손이 올라가면서 여기저기서 낮게 웅성거리는 소리가 들렸다. 결의안은 통과되었다.

살라미스
해전 준비

그 후 몇 주 동안, 여름의 무더위가 심해지는 가운데 아테네인들은 민주적 의회의 결의에 따라 추가 계획을 세우고 행동을 취하기 시작했다. 군용선이 준비되고 살라미스에 기지를 구축했다. 가족들은 소지품을 챙기고 대피하기 전에 집과 생계수단을 정리했으며, 일부는 곧바로 떠나기 시작했다. 그런 가운데 페르시아군의 위협은 나날이 더 현실적인 위협으로 커지고 있었다.

방위전략으로 대피와 해전을 병행하기로 한 아테네의 결정은 코린트 지협에 있는 다른 그리스 도시국가들의 회의에도 상정되어 이들이 연합군으로 싸우는 보다 포괄적인 계획의 일부가 되었다. 동맹 도시들은 페르시아군이 보이오티아를 넘어 더 이상 진격하지 못하도록 육지와 바다에서 모두 저지하려고 할 것이었다. 구체적 장소에 대한 추가적인 정찰이 실시되었으며, 8월이 되자 그리스 북부의 많은 도시들이 크세르크세스에게 항복했고, 남은 그리스 연합군은 방어 위치에 자리를 잡았다. 육지에서는 스파르타인들의 지휘에 따라 보이오티아와 로크리스 사이에 위치한 (나중에 역사적으로 유명해진) 테르모필레 협곡에 집결했고, 해전을 위해서는 아르테메시움의 북쪽 유보이아 항구 인근에 잠복했다. 스파르타인들의 전투능력에 대한 명망이 높았기 때문에 함대도 명목상으로는 스파르타인들이 지휘했지만, 아테네가

180척의 배를 파견했기 때문에 아테네인들의 비중이 매우 컸다.

　8월 말 페르시아군은 마침내 방어에 나선 그리스군과 충돌했다. 페르시아군은 테르모필레에서 그리스 연합군을 상대로 피비린내 나는 힘겨운 승리를 거두었다. 스파르타인들은 최후의 한명까지 싸우는 용맹함을 보여 후세에 영웅적 서사시와 여러 저서의 주제가 되었고, 이들을 기리는 기념비도 세워졌다. 그렇지만 아르테메시움의 해전에서는 행운의 여신이 그리스인들에게 미소를 지었다. 거센 폭풍이 몰아치는 가운데 벌어진 일련의 전투에서, 그리스 연합군은 과감한 기습 공격과 능란한 노 젓기 기술을 이용해서 수적으로 훨씬 많은 페르시아 해군과 대등하게 싸웠다. 대담해진 그리스군은 남쪽으로 돌아왔고, 해군 특공대는 살라미스 섬에 있는 새로운 전략기지로 향했다. 페르시아 침략군은 계속 진군했으며, 승리를 거둔 육군과 여전히 방대한 함대를 이끌고 벼르고 있던 다음 목표물인 아테네로 향했다.

아테네 시대를
연 승리

페르시아인들은 마침내 9월 초에 아테네에 도착했지만 그들은 도시가 텅 빈 것을 보고 깜짝 놀랐다. 공회당에 모였던 시민들의 결정에 따라 아테네의 모든 아녀자와 노인은 도시를 떠났으며, 남자들은 모두 배를 타고 살라미스 섬 근처에 정박해 해전에 대비하고 있었다. 이 교활한 그리스인들이 다음에는 어떤 짓을 할까? 페르시아인들은 당황했다.

그 후 몇 주일 간 페르시아인들은 도시를 약탈했다. 그 사이 아테네인들과 함께 살라미스에 집결해 있던 그리스의 도시국가 동맹은 페르시아 함대와 육군을 어디서 맞서 싸우느냐 하는 문제를 놓고 서로 논쟁을 벌이고 있었다. 아테네인들은 해상 전투를 자신들의 도시 근처에서 벌이기로 투표했지만, 그들의 장군인 테미스토클레스는 이제 다른 도시국가의 장군들과 협상을 벌여야 했다. 그는 앞서 동료 시민들과 함께 이 전략을 승인한 결의안을 작성한 바 있다. 문제는 아테네 인근의 그리스 배들에게 유리한 지형인 좁은 해협에서 전투를 벌이느냐, 아니면 남쪽의 지협으로 내려가서 육지의 지형적 이점에 기대를 거느냐 하는 것이었다.

　역사가 헤로도토스가 전한 바에 따르면, 결국에는 화려한 언변과 권모술수의 배합을 통해 아테네 시민들이 처음 지지했고, 테미스토클레스가 선호한 전략이 승리를 거두었다. 그리스인들은 살라미스 근처 바다에서 조국을 지키기 위한 전투를 벌이기로 했고, 그것은 올바른 결정이었다. 연합군의 용맹과 아테네인들의 대담성, 그리고 현지인들에게 익숙한 해협의 지형으로 인한 이점에 힘입어 그리스군은 페르시아군에게 엄청난 패배를 안겼다. 이 전투는 전쟁의 전환점이 되었으며, 페르시아의 원정이 붕괴되도록 만드는 시발점이 되었다. 그것은 또한 지역의 역학관계에 커다란 변화가 생기기 시작한 계기가 되었다. 살라미스 해전 이후 페르시아가 장악하고 있던 에게해의 패권이 그리스로 넘어갔고, 그와 같은 변화는 궁극적으로 아테네에게 위세와 영광을 가져다 준 새로운 시대를 열게 되었기 때문이다. 아테네인들은 그들이 보여준 지혜와 용감성, 그리고 우세한 새 해군 함대로 인해 그리스 전체에서 중요한 세력이 되었다. 아테네는 이후 조공을 바치는 동맹국들을 거느린 맹주가 되었고, 아테네시는 문화와 예술, 그리고 상업의 중심지가 되었는데, 이것은 그때까지 전 세계를 통틀어 유례가 없던 일이었다.

아테네의 민주적 의사결정

아테네인들이 내린 전략적 결정의 영향을 평가하는 데 있어 우리는 그 결정으로 인해 궁극적으로 가능하게 된 결과를 과소평가해서는 안 될 것이다. 저명한 사학자인 배리 스트라우스 코넬대 교수는 이렇게 말한다. "그 결정이 사실상 서구문명을 구원한 전투를 이끌었으며, 아테네인들에게 제국의 번영과 민주주의를 구가할 기회를 주었다고 해도 결코 지나치지 않을 것이다."[6] 단 한 번의 결정이 미래의 필연적인 성공을 가져오는 것은 아니지만, 그 운명적인 날에 아테네인들이 한 투표는 이후에 일어날 일련의 사건과 훌륭한 결정들의 토대가 되었다. 이후 여러 대담하고 훌륭한 결정들을 통해 아테네는 전설적인 제국으로 성장해서 고대 세계에서 유례가 없는 독특한 생활방식을 확립할 수 있었다. 그리고 아테네인들이 남긴 유산은 후세로 오랫동안 이어졌다.

역사가들은 여러 가지 관점으로 논쟁하는 것을 업業으로 하는 사람들이지만 아테네를 구하고 페르시아의 패배를 가져온 그 전략을 택한 민주적 결정을 높이 평가하는 사람이 많다. 그러나 우리에게 보다 흥미로운 주제는 아테네인들이 어떻게 해서 그런 훌륭한 결정을 내릴 수 있었느냐 하는 점이다. 우리가 찾아본 여러 출처와 고대 민주주의의 성격에 관한 최근 연구에 따르면, 아테네 시민들에 의해 결정된 성공적인 경로는 단순한 행운이 아니라 집합적인 판단을 구축하기 위한 혁명적 접근방식이 낳은 구체적인 결과로 보인다. 그 혁명적 접근방식의 기원과 성격을 이해하기 위해서는 그것이 실제로 운영된 방식과 어떻게 해서 그런 방식이 되었는지 이해할 필요가 있다. 이를 위해 우리는 문제의 결정이 어떤 맥락에서, 그리고 어떤 과정을 통해 내려졌는지 살펴볼 것이며, 그것을 가능하게 한 보다 심층적인 문화적·제도적 역량을 살펴볼 것이다.

집합적 판단을 가능케 한 문화

기원전 480년에 내려진 그 결정에는 너무나 중요한 일들이 걸려 있었다. 그리스 땅에 쳐들어오는 페르시아인들의 의도가 무엇인지 분명해 보였으며, 특히 그들이 내세운 아테네인들에 대한 복수라는 목표를 감안하면 더욱 그랬다. 페르시아인들이 승리할 경우 어떤 결과가 생길지 아테네의 남녀노소 모두 잘 알고 있었다. 그리고 6월의 그날, 시민들이 앞으로 어떤 행동을 취해야 할지 토론할 때, 그들은 자신들 앞에 놓인 여러 대안들이 각기 어떤 결과를 낳을지 너무나 불확실하고, 모두 다 위험요소가 있다는 사실을 잘 알고 있었다. 육지에 머물러서 싸우는 대안은 견실하지만 수적으로 훨씬 열세인 육군 병력을 갖고 엄청난 수의 침략군에 맞서는 것을 의미했다. 그렇지만 아테네인들의 지상전투 능력은 이미 검증 받은 실력으로, 비록 그리스의 다른 도시국가인 스파르타의 기준에는 못 미치지만 이전의 많은 전투에서 기세를 과시한 바 있었다. 바다에서 싸우는 대안도 찬반양론이 분분했다. 물론 아테네는 선박 건조에 많은 투자를 했고 훌륭한 함대를 갖추고 있었다. 그러나 해군은 상대적으로 생소한 전력이었고, 대부분의 그리스 도시들은 조국을 수호하는 방식으로 해전이 더 나은 방식이라고 보지 않았다.

자신들의 도시와 삶의 터전을 버림으로써 침략자들을 놀라게 하고, 또한 지상군 병력이 없는 상황에서 가족들의 안전을 도모한다는 것 역시 대담하지만 골치 아픈 아이디어였다. 종교와 조상 전래의 전통에 따라 자신들의 땅과 집에 깊은 애착을 갖고 있던 아테네인들은 대피를 위해 이 모든 것을 버리는 전략이 정서적으로 받아들이기 힘들 뿐 아니라 그리스 세계에서 거의 전례가 없는 전략이라는 것을 실감했다.[7] 이런 문제들을 배경으로 아테네인들이 기원전 480년에 전략적인 결정을 최종적으로 어떻게 내렸는지 살펴보는 것은 흥미로운 일이다. 그러나 고대의 기록을 찾아봐도 이른바 의회 절차라고 할 수 있는 것의 세부사항에 대해 알려주는 것이 별로 없으며, 기록으로 남은 여러 증언도 문제가 많고 허구가 어느 정도 가미된 것이 분명해 보인다. 그럼에도 불구하고 민주주의를 실천한 다른 시대를 기반으로 추론하고 당시의 사건에 대해 전해 내려온 여러 가지 내용을 종합한 결과, 우리는 그 당시의 상황을 나름대로 재구성할 수 있었다. 즉 점차 확신이 커진 일단의 시민들이 종교적 의례와 전통에 따라 조언을 하는 당시의 역사적 세력에 맞서 이성적인 결정을 내렸던 상황을 그려볼 수 있었다. 이것은 세계 최초의 민주적 조직, 그리고 그 조직원들이 실시간으로 자신들의 주변에 만들어내고 있던 문화를 묘사한 작지만 의미 있는 초상화이다. 아테네인들은 지독하게 어려운 결정에 직면해서 행동을 취했으며, 편견과 모호함을 극복하고 진정한 집합저 판단을 발휘함으로써 이것을 해냈다.

신탁을 현실적으로 해석한 지혜

살라미스에 관한 최종 투표를 하기 몇 주 전, 페르시아인들이 진격해 오고 있다는 소식이 계속 들어오는 가운데 아테네인들은 함께 모여서 어떤 조치를 취해야할지 토론하고 있었다. 헤로도토스의 기록에 따르면, 아테네 시민들은 조언을 구하기 위한 첫 조치를 취했는데 그것은 델피의 유명한 신탁을 듣기 위해 대표단을 보내는 것이었다.[8] 델피는 아폴로신을 모시는 종교적 성소로서 이곳의 여사제들은 조언을 구하러 신에게 바칠 공물을 가지고 오는 사람들에게 미래에 관한 수수께끼 같은 예언을 해 주었다. 아테네 사절단의 첫 번째 질문에 대한 답은 엄청나게 부정적인 것이었다. '전쟁의 신이 시리아의 전차를 타고 달리며 너희들을 능멸할 것이다.' 이처럼 모호한 말로 암시한 메시지는 아테네의 파괴가 임박했다는 것이었다.

아테네의 사절들은 절망감을 안고 그곳을 떠나려 하다가 현지의 지도자

한명이 낸 제안에 따라 '두 번째 의견'을 듣기 위해 다시 신탁을 청했다. 이번에 돌아온 답도 여전히 모호한 메시지였지만, 좀 더 낙관적인 것으로 해석될 여지가 있었다. 여사제가 아테네의 '고객들'을 완전히 등을 돌리게 만드는 것을 원치 않았기 때문일 수도 있을 것이다. 예언의 말에서 중요한 부분은 다음과 같다.

    모든 것을 보는 제우스가 아테나의 기도에 허락하노라.

나무로 만든 벽은 무너지지 않고 너희와 너희의 아이들을 도와줄 것이다. 그러나 아시아에서 오는 기병과 보병의 무리를 기다리지 말라.

가만히 있지도 말고, 뒤로 돌아서서 적으로부터 후퇴하라.

그와 얼굴을 맞대게 되는 날이 진정 오리라.

곡식이 흩어지고 추수를 해서 거둬들일 때

신성한 살라미스, 그대는 여자의 아들들에게 죽음을 가져 올 것이다.

    그 후 며칠간, 이 예언의 말이 의미하는 것이 무엇인지를 놓고 아테네인들은 공회당에서 토론을 계속했다. 우리는 완전한 권한을 부여받은 일단의 시민들이 신탁의 의미를 해석하는 동시에 아테네가 취할 수 있는 가능한 전략들을 논의하는 모습을 상상해 보았다. 헤로도토스의 기록에 따르면, 회의에 참석한 원로들은 무너지지 않는 '나무 벽'은 아크로폴리스를 둘러싸고 있는 오래 된 울타리를 뜻한다는 의견을 제시했는데, 이는 아테네의 성스러운 성

채만이 살아남을 것이라는 의미였다. 다른 사람들은 그 나무 벽이 배를 의미한다고, 즉 해군을 구성하는 삼단 노의 군용선을 가리키는 것이라고 주장했다. 그렇지만 이와 같은 의견을 낸 사람들은 소그룹의 전문적인 해석자들이 '여자의 아들들에게 죽음을 가져오는 신성한 살라미스'라는 표현이 '나무 벽'으로 배에 의존하고 살라미스 섬 근처 해역에서 전투를 하면 나라가 망한다는 것을 암시한다고 지적하자 마음이 불편해졌다.

헤로도토스의 설명에 따르면, 교착상태가 마침내 해결된 것은 테미스토클레스 장군이 수수께끼 같은 예언의 말이 사실은 좋은 소식이라고 공회당에 모인 아테네인들을 설득했기 때문이라고 했다. 테미스토클레스는 살라미스가 '혐오스러운 것'이 아니라 '신성한 것'으로 표현되었기 때문에 '여자의 아들들이 죽는다'는 것은 아테네인들이 아니라 적군을 의미한다고 지적했다. 살라미스는 나무로 된 배의 벽 안에 있는 아테네인들에게 승리를 가져다 줄 것이기 때문에 신성한 것이 된다는 것이었다.

실제 상황은 어땠는지 모르지만, 헤로도토스는 일단의 시민들이 계속 멀리서부터 전해오는 소식을 수집하면서 입수한 정보의 다양한 해석에 근거해 행동 방향을 숙의하고 저울질하는 모습을 묘사했다. 이 고대의 역사가는 '아테네인들이 결국 신탁의 의미를 놓고 전문적인 해석자들보다 테미스토클레스의 해석이 더 낫다고 생각하게 됐다'는 점에 주목했다. 아테네인들은 서로 다른 대안들을 평가한 뒤에 좀 더 미심쩍은 판단을 보인 것 같은 전문가 집단의 의견을 퇴짜 놓은 것이었다. 테미스토클레스는 설득력 있는 연설

가였을 뿐 아니라 지금 '나무 벽을 만들라' 는 부름을 받은 아테네 해군을 구축하게 했던 이전의 전략적 결정을 제창한 사람이기도 했다. 몇 년 전 인근 광산에서 은이 발견됨으로써 아테네시에 막대한 재산이 들어왔을 때 테미스토클레스는 그 돈을 그냥 시민들에게 나눠줄 것이 아니라 2백 척의 배를 새로 건조해 집단방위에 투자하자고 아테네 시민들을 설득했다. 이전에 내렸던 이 결정으로 아테네는 전례 없는 대규모 해군을 갖게 되었고, 덕분에 그리스 도시국가 중에서 강대국이 될 수 있었다. 결국 대규모 함대를 구축해 방위력을 증강하자는 결정을 이전에 내렸던 아테네 시민들은 페르시아 침략군에 맞서 싸울 최선의 승부수는 바로 이 새로운 자산을 최대한 활용하는 것이라는 매우 논리적인 결론에 도달했다.

최종 투표를 하기 며칠 전부터 공회당에 모인 시민들은 전문가들이 처음에 제시한 의견들을 경청하고 토론했으며, 반론도 제시하고, 평판이 높은 델피의 신탁에서 나온 예언을 보다 합리적이고 전략적인 시각으로 해석했다. 그리고 테미스토클레스가 요약한 제안이 그 운명의 날 오후에 발의되었을 때, 아테네 시민들은 자신들의 가장 전략적인 자산을 활용하기로 최종 결정했다. 아테네인들은 최선의 방위태세를 갖추길 희망했을 뿐 아니라 자신들의 용기로 다른 그리스 도시국가들을 규합하고 그들이 각자 대의를 위해 제공할 수 있는 것을 결집시키길 기대했다. 그들은 도시 전체를 소개시킴으로써 모든 남자들이 비상사태의 해군 병력으로 투입되는 것을 가능하게 했고, 그렇게 해서 살라미스 해전에 대비하도록 했다. 그들은 강제 동원의 길도 스스로 만들었다. 그리고 결정에는 즉각 행동으로 옮겨야 할 책임이 부과되었다. 일단 결정이 내려지자 이것은 곧바로 실행에 들어갔고 모든 사람이 참여했다. 이후의 역사가 보여주듯이 이때 결정된 전반적인 전략과 동원은 매우 현명한 조치였음이 증명되었다.

이미 자리 잡은 민주적 토양

우리는 이런 현명한 조치들이 단순히 한사람이 생각해낸 것이라는 가설을 세울 수도 있다. 사실 고대의 기록들은 궁극적으로 승리를 가져다 준 선구적 리더십이 영웅 테미스토클레스에게서 나왔다는 점을 암시한다. 하지만 당시 아테네에 정착해 있던 민주적 체제를 감안하면 그럴 가능성은 희박하다. 그리고 테미스토클레스가 모든 아테네인들에게 '우리가 취할 전략은 이런 것이다' 라고 일방적으로 강요할 힘이 있었다고 가정하더라도 그는 여전히 다음과 같은 세 가지 문제에 직면했을 것이다. 이것은 오늘날에도 복잡하고 중대한 이해관계가 걸린 결정에 직면한 리더라면 누구나 겪는 문제들이다.[9] 첫 번째 문제는 좋은 결정을 가능하게 하는 데 필요한 지식을 어떻게 모두 결집시키느냐 하는 것이고, 두 번째는 단지 몇몇의 사람뿐 아니라 모든 사람의 행동을 이끌어내기 위해서 대중의 온갖 이해관계와 동기를 어떻게 규합하느냐 하는 것이다. 그리고 세 번째 문제는 집단 결정과 단합이 행동으로 옮겨지게 하는 동시에 상황의 변화에 따른 지속적인 의사결정의 틀을 만들기 위한 계획과 과정을 어떻게 창출하느냐 하는 것이다.

이러한 문제를 해결하기 위해 지금까지 현대 기업이나 군대가 통상적으로 채택한 방식이 바로 위계질서였다. 조직의 최상위에 있는 누군가가 혹은 소수의 몇몇 사람이 전략을 구상해서 다른 사람들에게 알려주고 이것을 실행하도록 시키는 것이다. 결정된 사항을 사람들에게 알리고 이를 실행에 옮기도록 만드는데, 보통은 공포감과 유인책을 모두 활용해서 리더가 내린 지시를 수행하게 만든다. 이와 같은 전통적 모델에는 사람들 사이에 당연한 것으로 받아들여지고 있는 다음과 같은 가정이 숨어 있다. 즉 복잡한 결정에는 심층적인 지식과 경험이 필요하며, 소수의 전문가만이 그런 조건을 갖추고 있다는 가정이다. 하지만 우리는 이제 현대의 조직들이 이 패러다임을 변화시키고 있다는 것을 알고 있다. 요즘은 '보다 평평한' 조직으로 변하고 있으며, 보다 많은 직원과 보다 광범위한 지식을 포용하며, 보다 유연하고 개방적인 네트워크를 형성하며 연결되어 있는 조직으로 변하고 있다. 아테네인들의 민주주의 발명은 본질적으로 이런 종류의 사고와 행동을 개척한 것이다. 기원전 6세기말의 정치적 혁명 덕분에 기원전 480년의 테미스토클레스는 새로이 확립된 집합적 문제해결 과정을 통해 결정적인 전략이 형성되게 이끌 수 있었다. 그것은 한곳에 모은 지식과 공동의 목표를 위한 이해관계의 규합, 계획의 실행, 그리고 필요에 따른 지속적인 의사결정에 기반을 둔 과정이었다. 아테네의 이전 역사를 좀 더 돌아보면, 이와 같은 역량과 작업방식의 문화가 어떻게 처음에 발전했는지 볼 수 있다. 이러한 문화는 이 책에서 다루는 조직적 판단에 있어서 매우 중요한 요소이다.

역사가들은 고대 그리스의 먼 역사까지 거슬러 민주적 사고의 초기 불꽃을 추적하기도 하지만, 대부분의 학자들은 중요한 혁신의 시대가 클레이스테네스라는 이름의 아테네 정치가가 시행한 개혁을 통해 도래했다는 데 동의한다. 기원전 508년경에 아테네는 귀족들 간에 벌어진 내분으로 분열된 상태였으며, 인근 적대국들의 침략으로 인해 자국의 자유마저 위협받고 있는 위기에 처해 있었다. 아테네의 생존 자체가 걸린 상황에서 귀족 지도자들 중 한명인 클레이스테네스가 위기를 기회로 바꾸었다. 그는 지금까지의 관례를 버리고 절박한 심정으로 민중들 간에 민주적 운동이 시작되도록 만들었다. 클레이스테네스와 그의 추종자들은 아테네의 사회와 법을 개혁한 일련의 제안을 이끌며 나중에 대중 민주주의의 기반이 된 것들을 비교적 빠르게 확립했다. 대부분의 아테네인들이 절박한 위기 상황에서 받아들인 이 개혁의 핵심은 민주 시민이라는 새 개념을 만들어서 모든 성인 남자에게 적용하고 이들에게 투표권을 부여해서 스스로 결정을 내리게 만드는 것이었다. 이 혁명적인 개혁과 함께 완전한 시민군이라는 새 조직도 생겨났다. 이 새로운 시민들의 구조는 아테네의 군사적 방위를 위한 새로운 구조를 만드는 동시에 공공의 목표를 위한 참여와 의사결정의 독창적인 시스템을 확립했다. 본질적으로 이 혁명은 단순하지만 매우 매력적인 원칙인 '함께 통치하고 함께 싸운다'는 원칙에 기반을 둔 것이었다. 이 모든 것이 어떻게 그렇게 빨리 성취되었는지에 관한 세부사항은 알려지지 않고 있지만, 아테네인들로 하여금 신속하게 단합해서 이웃의 침략자들을 무찌르게 만든 것을 보면 효력과 동기부여 면에서 모두 탁월했음을 알 수 있다. 그리고 이것은 미래의 심의적 의사결정을 위한 문화와 발판도 만들어 주었다.

이러한 혁명적인 변화가 가지고 있는 마력의 일부는 시민권이라는 선구적 개념을 통해 자유, 평등, 국가에 대한 헌신과 같은 공동선共同善과 관련된 문화적 가치들을 결합시킨 방식이었다. 여기에는 민중의 참여를 장려하고 다양한 종류의 지식 네트워크를 활용하는 일련의 관행과 과정이 포함되어 있었다. 새로이 공식화 된 '시민들'은 혈연이나 지연에 상관없이 무작위로 섞이는 방식으로 여러 그룹을 형성하게 했으며, 추첨에 의한 무작위 순서대로 돌아가며 중앙의 도시에 참여하는 방식으로 스스로를 통치하도록 했다. 이 개혁은 갑자기 모든 시민에게 자신의 운명을 결정짓는 문제들을 결정하도록 만드는 권한을 부여했다. 시민들이 의사결정 사안을 정하고, 서로 토론하고 논의하며, 재판에 관여하게 된 것이다. 아리스토텔레스의 말에 따르면 모든 사람이 교묘하게 '서로 섞여서' 자치 정부의 중요한 지도자 역할도 교대로 맡았다. 사람들은 '일을 하면서 배우는' 방식으로 이것을 실행해 나갔다.[10]

시민들의 그룹 구성 방식은 서로 어느 정도 알던 사람들끼리 무리를 짓게 했을 뿐 아니라 원래 알지 못했던 사람들과도 함께 일하게 만들었다. 이런 식으로 사람들을 섞음으로써 사회적 문제나 농업기술, 항해술과 선박, 광업, 야금술 등 각기 아는 분야가 달랐던 사람들이 경계를 넘어 연결되었고, 이를 통해 지식을 공유할 수 있게 되었다. 집단에 기초한 새로운 규칙에 따라 모든 사람은 교대로 함께 일하며 토론과 심의, 그리고 다양한 관점에 근거한 의사결정을 통해 문제를 해결했다. 그리고 시민들은 의회 모임을 통해 정기적 회의와, 토론의 결과를 실행 가능한 제안으로 구체화하고 확고히 했다. 이와 같은 민주적 절차와 문화는 수십 년 간 진화를 거듭했고, 기원전 480년의 아테네에서는 이미 확고하게 자리잡은 상태였다.

수십 년 간의 진화를 거쳐 확립되고, 서로 맞물리는 과정과 문화적 가치들로 이뤄진 시스템은 매우 효과적이고 참여자들의 의욕을 고취하는 시스템이었다. 우리는 드문드문 남아 있는 사료를 통해서 대부분의 아테네 시민들이 시간이 흐르면서 실제로, 그리고 비교적 정기적으로 민주정치에 참여했다는 사실을 알 수 있다. 아테네의 시스템은 다양한 종류의 경험과 지식을 종합하는 전례 없는 모델을 제공했으며, 대화와 공동의 공약에 근거해 문제를 해결하도록 하는 토론의 장과 수단을 제공했다. 토론과 대화는 어떤 위험과 보상이 걸려 있는지 완전히 이해할 수 있게 해 주었으며, 시민들이 서로의 생각을 경청하고 스스로 문제해결 과정에 참여하는 것을 통해서 혁신과 학습이 긴밀하게 결합되었다. 시민들이 결정을 내리는 사람이면서 또 실행하는 사람이었기 때문에 책임을 지는 문제와 실행의 문제도 완전히 연계되었다. 시민들은 전쟁을 위한 투표를 한 후에 집으로 가서 자신의 갑옷을 챙기거나 사랑하는 가족에게 이별을 고하고 배에 승선했다.

또한 취해야 할 행동들이 규칙과 법으로 성문화되었기 때문에 사람들은 실행범위를 확대하고 미래의 상황에 맞춰 논의를 재개할 수 있는 수단을 만들었다. 사람들이 만든 법은 자신들이 만든 또 다른 법에 의해 수정되거나 폐기될 수 있었다. 민주적 과정은 결정의 적용규모를 확대하거나 상황에 맞춰 수정하는 것을 가능하게 했다.

리더가 주도하는 집단 판단

이런 배경을 알면 우리는 기원전 480년 6월의 그날 늦은 오후에 5~6천 명의 시민들 앞에 선 테미스토클레스가 직면하고 있던 진짜 문제가 무엇이었는지 이해할 수 있다. 그것은 아테네인들의 집합적인 지혜를 이끌어낼 수 있을지, 혹은 아테네인들로 하여금 그들이 하기 싫어할 수도 있는 일을 강요할 수 있을지 고민하는 문제가 아니었다. 그리고 한번 결정하면 바꿀 수 없는 종류의 결정을 강요하는 문제도 아니었다. 테미스토클레스가 직면한 것은 다른 문제, 즉 올바른 대화가 이뤄지도록 어떻게 자극하고 대화를 어떻게 시작할 것인가, 그리고 자신의 설득력을 어떻게 활용해서 대화와 심층적 논의라는 '민주적 바퀴'가 잘 돌아가도록 만들 것인가 하는 문제였다.

자, 이제 운명적인 결정이 내려지던 그 마지막 순간의 광경을 그려보도록 하자. 시민들 중에는 자기가 속한 의회 그룹의 사람들과 같이 섞여 있는 사람들도 있고, 야외에서 열심히 토론하는 사람들도 있었다. 시민들은 서로의 말을 경청하며 서로에게서 배우고, 서로 다른 주장 중에 어떤 것이 타당한지 가늠했다. 친구나 이웃, 전령으로부터 페르시아군의 진격상황에 관한 소식이 계속 들어오는 가운데 현장 소식이라는 '사실'은 사람들로 하여금 결정을 빨리 내리라고 재촉하고 있었다. 시민들은 전문가들의 의견을 들어야 했고, 신탁에서 받은 예언의 메시지를 해석해야 했다. 그리고 이것을 놓고 토론했으며, 군대와 함대, 인근 해역의 날씨 전망, 그리고 가족들의 대피 준비와 대피 능력 등에 관한 사실을 함께 놓고 검토했다. 이 모든 것과 다른 수많은 사실이 다양한 규모의 대화를 통해서 해석되고 분석되었으며, 최종 해답을 도출하는 데 재료가 되었다.

마침내 설득력 있는 주장에 근거한 제안을 만들어낸 웅변가 리더와 함께 사람들은 자신들의 미래를 위한 최선의 승부수를 스스로 결정했고, 이 결정에 대해 생사가 걸린 책임을 지기로 했다. 엄청난 위험에 직면해 민주적 논의와 판단의 문화가 번창했으며, 고대국가 아테네에게 승리와 영광의 길을 가져다 준 일련의 결정 중 첫 번째 결정을 낳았다.

최선의 결론을 도출한 민주적 문화의 힘

이러한 역사적 사례는 현대적인 조직에서 훌륭한 의사결정을 내리는 데 핵심적인 요소가 무엇인지에 대해 통찰력을 제공한다. 그것은 바로 합리적인 심의과정이다. 다시 말해 다양한 관점들을 한데 모으고, 팩트가 무엇인지 파악하며, 다양한 지식에 근거해 검토하고, 건설적인 논쟁과 반론을 통해 검증하는 과정을 말한다. 결정에 도달하는 행위는 평등과 공정성, 투명성을

중시하는 분명하고 투명한 과정을 거쳐 이뤄진다.[11]

우리는 또한 이러한 과정이 단 한 번 결정을 내리고 끝나는 게 아니라, 사실상 여러 차례 결정이 되풀이 되는 것이며, 새로운 지식과 정보를 습득하면서 이전 단계에서 더 나은 방향으로 계속 진화한다는 점에 주목한다. 의사결정은 순간적으로 이루어지는 단일 사건이 아니라 어떤 판단이 시간을 두고 지속적으로 개선되어 나간 것이었다. 그리고 현대 조직에서 최선의 결정 과정을 거친 사례에서도 보듯이, 훌륭한 결정은 심의과정이 그 결정을 실행할 책임이 있는 사람들과 긴밀하게 연결되어 있고, 또한 실행할 사람들의 입장에 입각해서 심의가 이루어진다. 리더십도 중요한 역할을 했지만 리더십은 주로 토론이 이루어지고, 최선의 아이디어가 생성되도록 촉진하는 역할을 했다. 테미스토클레스는 독단으로 어떤 결정을 내릴 권한이 없었다. 아마도 이번 사례가 보여주는 가장 중요한 것은 민주적 문화의 힘이다. 그것은 집합적인 사고의 중요성을 중시하는 일련의 가치체계와 그와 관련된 여러 전제들, 마인드 세트, 토의에 참여할 권리와 의무, 그리고 '우리는 혼자일 때보다 여럿일 때 더 현명하다'는 점을 인정하는 태도를 말한다.

8

뱅가드의 영웅
메이블 유 이야기

불량 채권을 투자자들에게
권할 것인가?

2005년 말부터 2008년 여름까지 메이블 유는 육체적으로나 정신적으로나 지나치게 자신을 혹사하고 있었다. 그녀는 주택저당증권**MBS**이나 상업용부동산저당채권, 신용카드 · 자동차대출 · 임대 자산유동화증권**ABS**, 자산유동화CP 같은 구조화 금융증권의 복잡한 설명서와 분석보고서를 꼼꼼하게 검토하느라고 매일 밤 늦게까지 일해야 했다. 이들 증권은 뱅가드가 고객을 대신해 매수해도 좋을 만큼 안전한 투자상품일까, 아니면 너무 위험한 것일까? 이 질문에 대한 답을 찾아내는 것은 지독하게 어려운 일이었다. 메이블뿐 아니라 모두가 MBS 뒤에 숨은 자산의 문제를 깨닫기 시작했을 때조차도 다른 복잡한 자산 타입이 너무나 많았다. 메이블 유는 온 사방에 난 불을 *끄느라고* 정신없는 기분이었다.[1]

메이블은 수면부족과 스트레스 탓인지 건강이 나빠졌으며 편두통에 자주 시달렸다. 어린 딸이 엄마가 일 때문에 자기를 내버려둔다는 생각을 한다는 사실을 알고 나서부터 메이블은 딸이 잠든 후에 분석 작업을 하기로 했고, 그 때문에 잠자는 시간은 더 줄어들었다. 그녀는 다른 구조화 금융상품에 대한 검토 작업 외에 이 채권들의 리스크 수준과 이들 뒤에 있는 모기지 풀이 이해가 가지 않아서 고민하고 있었다.

2005년 봄 당시 그녀는 뱅가드의 투자 부문에서 일한 지 몇 달밖에 안됐지만, 이전의 경력 때문에 신용 리스크를 평가할 자격이 있다고 생각했다. 그녀는 MBA 학위를 갖고 있고, 뱅가드에 입사하기 전에 CPA나 기업의 재무관리자, 금융 애널리스트로 일한 경력이 있었다. 그런데 이들 증권에 관한 작업이 왜 이렇게 어려운 것일까? 자신의 경험이나 능력이 부족해서 다른 사람들이 모두 이해하는 것처럼 보이는 내용을 이해하지 못하는 것일까? 아니면 이들 투자상품에 뭔가 심각하게 잘못된 것이 있는 것일까?

뱅가드 그룹에서 그녀가 맡은 업무는 고정수익 투자상품들을 평가해서 고객들에게 권하는 것이었다. 비교적 새로운 업무인 고정수익 신용 애널리스트로서 그녀는 채권의 기초구조와 채권의 배후에 있는 자산의 질(이번 사례에서는 모기지 론의 풀), 그리고 디폴트^{default} 리스크를 평가했다. 그리고 이 평가 결과에 근거해 뱅가드의 포트폴리오 매니저들에게 해당 채권의 매수 여부를 권고했다. MBS에 속하는 투자상품들은 비교적 새로운 것이었지만 당시 수년 새 폭발적인 물량 증가를 보이고 있었다.

메이블 유가 평가하고 있던 모든 채권은 S&P나 무디스 같은 최고의 신용 평기기관으로부터 최고등급인 AAA 등급을 받은 것이었다. 더구나 이들은 리먼 브러더스나 시티, 모건 스탠리, 골드만 삭스 같은 월스트리트의 일류 회사들이 뱅가드에 제공한 상품들이었다. 그런 유명한 회사들이 어떻게 나쁜 상품을 팔겠는가? 더욱 아이러니컬한 것은 메이블이 신참 애널리스트로서 쉽다고 생각되는 업무를 맡았다는 사실이었다. AAA 등급 채권을 평가하는 일에 어려울 것이 뭐가 있겠는가? 자신의 업무가 쉬운 일로 비춰진다는 사실 때문에 메이블은 더 스트레스를 받았다. 이것이 신참 애널리스트를 위한 쉬운 업무라고 하는데 자기는 왜 이렇게 힘든 것일까?

메이블이 채권평가 작업에서 부딪친 어려움에는 상품의 복잡성과 기초자산의 투명성 결여, 짧은 검토 처리시간뿐 아니라 새로 발행되는 채권 물량의 문제도 있었다. 그녀는 매주 최대 10건의 거래를 평가했다. 증권산업 및 금융시장 협회의 자료에 따르면 구조화금융상품의 전 세계 발행 규모는 2006년 2조 7천억 달러에 달했으며, MBS의 발행 규모는 2000년 6840억 달러에서 2005년 2조 2천억 달러로 증가했다. 메이블은 구조화금융산업의 전반적인 악화 추세에 우려하고 있었으며, 특히 거래의 배후에 있는 모기지의 신용

상태 악화에 우려하고 있었다. MBS 붕괴는 정부의 구조화금융산업 긴급구제 당시 대표로 내세운 것에 불과했다.

당시에는 서브프라임 모기지 산업이 한창 번성하고 있었다. 예전 같으면 모기지(담보대출) 자격에 전혀 못 미치는 사람들, 혹은 자신의 수입과 상환능력을 입증하는 서류도 제대로 갖추지 못한 사람들이 대출을 받아 주택 소유주가 되었다. 당시 상황은 고객들의 신용상태가 비非우량, 즉 서브프라임이었다는 데 그치지 않았으며, 수많은 새로운 모기지 상품들이 처음으로 서브프라임 고객들에게 제공되고 있었다. 이때 새로 등장한 특이한 상품에는 일정 기간 동안 이자만 지불해도 되는 것, 이자를 내지 않으면 시간이 지날수록 융자금액이 계속 늘어나는 것, 서류를 구비하지 않아도 되는 것, 처음에는 낮은 금리로 시작해 나중에는 시장금리보다 높은 금리로 변하는 것 등등, 창의적인 모기지 금융 관계자가 머릿속에 그릴 수 있는 온갖 종류의 희한한 상품들이 있었다. 신용평가기관들은 과거의 데이터를 이용해 미래의 손해율을 추정하고 있었는데, 과거의 데이터에는 이런 종류의 대출자나 상품이 없었다. 따라서 이런 상품에 대한 신용평가기관의 예측은 타당성이 없었다.

뱅가드는 보수적인 회사였기 때문에 이런 타입의 모기지에 대해서 즉시 의혹을 품게 되었고, 뱅가드의 고정수익투자 부문 책임자인 로버트 오웨터는 뱅가드가 이런 상품뿐 아니라 이런 상품에 기반을 둔 보다 복잡한 부채담보부증권CDO도 피해야 한다고 결정했다. 그러나 프라임 모기지 론을 자산으로 가진 MBS는 안전한 것으로 간주되었다.

그렇지만 메이블이 MBS를 꼼꼼하게 분석해 본 결과, AAA 등급 채권조차도 서브프라임에 일부 노출되어 있었으며 노출 수준도 시간이 흐르면서 점차 높아지고 있었다. 메이블은 은행들이 서브프라임 론을 잘게 쪼개서 복잡한 증권 속에 넣는 방식으로 서브프라임 론의 존재를 감추고 있다고 의심했다. 그녀가 안심할 수 없었던 것은 다음과 같은 이유 때문이었다.

- 이들 증권의 신용등급을 매기는 사람들의 경험이 일천한 것 같다.
- 신용평가기관이 이들 증권에 대해 충분한 시간을 들여 철저히 검토했는지 의심된다.
- 검증되지 않은 특이한 모기지들이 서브프라임 고객들에게 전례가 없을 정도로 빠르게, 그리고 대량으로 제공되고 있다.
- 과거의 데이터를 이용해 디폴트 가능성을 검증하는 것이 불가능하다.
- 이런 특이한 증권들의 리스크, 특히 모든 자산의 가치가 동시에 하락할 경우의 상관 correlated 리스크를 포착하기가 매우 어렵다.
- 매도측인 셀사이드 sell-side 회사들과 신용평가기관들이 이런 상품을 시장에 많이 내놓으면서 큰돈을 벌었다는 점에서, 이들의 비즈니스 모델이 서로 상충되는 부분이 있다.

투자은행들의 의도적인 속임수이든 아니든, 이런 투자 상품의 품질을 판정하는 것은 매우 어려운 일이었다.

메이블 유가 이들 증권에 대한 자신의 우려를 신용 애널리스트 그룹의 다른 멤버들과 포트폴리오 매니저들에게 알리기 시작했을 때 그들은 메이블의 의견을 지지했다. 그리고 그녀가 심층적인 조사를 통해 자신의 견해를 입증해 보이자 그들은 그녀의 견해를 받아들였다. 포트폴리오 매니저들은 메이블의 권고를 무시할 수도 있었지만, 그 권고를 심각하게 받아들였다.

메이블은 자신의 확신을 더 강화하기 위해서, 이들 투자상품을 뱅가드에 제공하고 있던 셀사이드 투자은행과 이들 상품에 AAA 등급을 매긴 신용평가기관의 담당자들과 직접 만나서 이야기하고 싶었다. 이 투자은행과 신용평가기관들은 최근에 내부적인 변화를 겪었다. 구조화금융산업이 너무나 빠르게 성장하는 바람에 경험이 거의 없는 신입 직원들이 복잡한 고高 위험 상품들을 검토하는 경우가 많았다. 또한 이 분야의 전문지식에 대한 수요가 너무 높아서 애널리스트들이 좀 경험을 쌓았다 싶으면 곧바로 좀 더 보수가 좋은 다른 곳으로 이직해 버렸다.

어려운 도전에서 물러나 본 적이 없는 메이블은 그들에게 연락을 취했다. 그리고 어떤 신참 애널리스트가 AAA 등급 MBS의 판매를 방해하고 있다는 소리를 들은 월스트리트 은행 쪽에서 메이블 유에게 먼저 연락을 취한 경우도 있었다. 그러나 이들과의 직접 면담은 메이블의 스트레스를 가중시켰다. 이들은 메이블의 우려가 근거 없는 것이라는 주장만 되풀이했다. 메이블은 이런 말들만 되풀이해서 들었다. "우리 회사의 매우 똑똑한 사람들이 아이디어를 내서 이런 상품을 만든 것이다." "이들 상품의 배후에는 매우 정밀한 수학적 모델이 있다." "그렇게 많은 회사와 투자자들이 이 상품들을 사고 있는데 도대체 왜 걱정하는가?"

셀사이드 은행과 신용평가기관들은 메이블과 뱅가드 내의 그녀 동료 모두에게 메이블이 하고 있는 우려는 증권 자체에 어떤 문제가 있어서가 아니라 그녀의 경험부족과 순진함에 기인한 것이라는 의견을 제시했다. 그들이 짜증을 내며 잘난 체하는 어조로 사실상 말하고 있던 근거는 '수십 년 경험이 있는 우리 회사 사람들 전체보다 당신이 어떻게 더 똑똑할 수 있나?'였다. 시장이 계속 가열되고 주문이 밀리자 그들은 메이블 유의 질문에 아예 대답도 하지 않았다.

반대의견을 장려하는 뱅가드 문화

만일 이들 증권에 대한 권고 여부를 혼자서 결정해야 했다면 메이블 유는 외부 금융계의 커지는 압박에 굴복했을 수도 있었다. 왜냐하면 전 세계가 이들 투자 상품이 괜찮은 상품이라고 생각하는 것 같았기 때문이다. 그리고 이들 상품은 2005년과 2007년 사이에 다른 어떤 고정수익 투자 상품보다 높은 수익을 투자자들에게 제공하고 있었다.

그렇지만 메이블이 일하고 있던 회사는 뱅가드였다. 이 회사는 금융서비스 산업에서 남보다 강력하고 명확한 문화를 가지고 있는 회사 중 하나였으며, 이 회사는 다음과 같은 문화적 가치를 중시했다.

● 일확천금을 노리는 투자는 결코 성공하지 못한다는 믿음, 그리고 투자자들과 뱅가드 모두 장기적 전략을 추구해야 한다는 믿음. 뱅가드의 관점에서 부富란 우리가 돈을 얼마나 많이 버느냐 하는 것보다는 우리가 장기적으로 어떻게 현명하게 저축하고 투자하느냐에 더 많이 좌우되는 것이다.

● 개인 투자자에 대해 깊은 관심을 변함없이 유지한다. 뱅가드 직원들은 고객들의 재정적 희망과 꿈을 위탁받는 것이 하나의 특권이자 엄청난 책임이라고 배운다.

● 뱅가드의 모든 '승무원'은 조직과 고객에게 기여할 능력이 있다는 견해. 이 회사에는 항해와 관련된 은유로 가득하며, 회사를 나타내는 상징물이 쾌속범선이다. '한 사람이 차이를 만들 수 있다'는 생각.

● 뱅가드의 애널리스트와 포트폴리오 매니저들은 자신이 이해하지 못하는 금융상품에 투자해서는 안 된다는 강력한 권고를 받는다.

● 근면과 독립적인 견해, 그리고 고객을 위한 투자상품에 대한 철저한 평가가 궁극적으로 모든 당사자에게 이득을 줄 것이라는 믿음.

● 뱅가드와 그 직원들은 마켓 타이밍 **market timing**을 하려고 시도하지 않으

며, 투자자들에게도 그렇게 권한다. 2000년대 초 테크놀로지와 인터넷 버블 현상이 있었을 때, 당시 CEO였던 잭 브레넌은 뱅가드가 상당한 현금유출을 겪고 있을 때조차도 테크놀로지 투자상품을 통해 일확천금을 벌 수 있다는 시장의 압력에 굴복하지 않았다. 물론 지나고 나서 보니까 그 전략은 옳은 것이었다.

이러한 가치관은 대부분 존(잭) 보글이 1974년 회사를 창업했을 때부터 명시적으로 지켜지고 있다. 고객에게 초점을 맞춘 문화는 보글의 후임자들인 뱅가드 CEO 잭 브레넌과 빌 맥냅에 의해 더욱 강화되었다. 보글은 현재 공식적으로는 은퇴했지만 여전히 뱅가드에서 활동하고 있으며 많은 직원들이 존경하는 인물이다. 예를 들어 메이블 유는 우리와 가진 인터뷰에서 존경하는 마음을 담아 '미스터 보글'을 여러 번 언급했고 그가 한 말도 인용했다. 그녀는 힘든 시기에 보글이 한 다음과 같은 말에서 위안을 얻었다고 했다. "어떤 상황에서도, 잔잔한 바다이든 거친 바다이든, 특히 시장의 폭풍우가 우리 주변에 휘몰아치더라도 굴하지 않는 용기가 성공적인 투자자의 본질적인 속성이다."[2]

보글은 업계에서 투자에 대한 직설적이고 참을성 있는 접근방식으로 잘 알려졌다. 그는 1999년에 쓴 저서 《뮤추얼 펀드에 관한 상식》**Common Sense on Mutual Funds**에서 투자자들을 위한 8개의 격언을 제시했다.

- 저비용 인덱스 펀드를 골라라.

- 투자 조언의 추가적 비용을 신중하게 고려하라.

- 펀드의 과거실적을 과대평가하지 말라.

- 과거의 실적에 비추어 일관성과 리스크를 결정하라.

- 스타를 조심하라. (이 경우 스타 뮤추얼 펀드 매니저를 지칭)

- 자산 규모를 주의하라.

- 펀드를 너무 많이 보유하지 말라.

- 자신의 펀드 포트폴리오를 사서 보유하라.[3]

메이블 유는 이와 같은 투자원칙을 체득하고 있었지만, 보글이 준 가장 중요한 유산은 그의 가치관과 우선순위, 그리고 투자와 고객에 대한 태도라고 생각했다. 그녀는 보글이 모든 뱅가드 '승무원'들에게 그 가치들을 주입시켰을 뿐 아니라 자신의 책과 연설을 통해서 대중에게도 주입시켰다고 생각했다. 보글이 쓴 책 중에서 2009년에 출간된 책의 제목이 부의 축적에 관한 그의 관점을 요약하고 있다. 제목은 바로《충분하다: 돈과 비즈니스, 그리고 인생의 진정한 척도》Enough,True Measures of Money, Business, and Life였다. 보글은 뱅가드 직원 모두에게 이 책을 비롯해 자신의 저서들을 선물했다. 메이블 유는 비교적 신참 직원이었지만 보글이 주창한 가치관을 받아들였다. 사실 메이블을 뱅가드로 오게 만들었던 것도 이 가치관이었다. 그녀는 이렇게 말했다.

뱅가드가 완벽하지는 않지만 나는 이 회사를 사랑한다. 이곳에서 일하기 전에 내가 저축해둔 돈 전액(1만 달러)을 뱅가드를 통해 투자했는데, 나를 마치 여왕처럼 대우해 주었다. 이런 소규모 투자 고객에게도 최고의 대우를 해 주는 그런 조직에서 일하고 싶었다.

그녀가 평가 대상 자산유동화증권들의 리스크를 해독하기 위해 해야 할 일이 너무 많다고 느끼면서도 그 일을 계속할 수 있었던 것은 회사의 고객들을 보호하고 싶었기 때문이었으며, 근면과 철저한 평가는 뱅가드에서 지켜야 하는 가치였기 때문이다. 그리고 실패하고 싶지 않다는 이유도 있었다.

나는 중도에 포기하는 사람이 아니다. 마음속 깊숙한 곳에서, 비록 전 세계가 미심쩍은 눈길을 보내더라도 내가 지금 하고 있는 일이 올바른 것이라는 믿음이 있었다. 또한 내가 어떤 일을 했는지 아무도 몰라주지 않을지라도 내가 '옳았다'는 것을 장기적 결과가 증명해 줄 것이라고 믿었다. 아무도 알아주지 않는다고 중도에 포기할 수는 없었다. 문제의 증권들에 대한 검토 기준을 적당히 타협하려는 생각은 결코 하지 않았지만, 회사를 그만두거나 직업을 바꿔야겠다는 생각은 자주 했다. 내가 틀렸을 가능성을 생각하면 두려웠다. 다른 사람들의 눈에 어리석은 사람으로 비춰지는 것에 지쳤고, 육체적으로도 너무 힘들었다. 헛된 고생만 하고 있다는 생각이 들었다. 자주 울기도 했다. 그렇지만 언제나 눈물을 닦고 다시 내가 옳다고 믿었던 일을 계속할 수 있었다. 나는 실패하고 싶지 않았고, 돌아가신 아버지와 하느님을 실망시키고 싶지 않았다. 그리고 내 딸에게 '엄마는 결코 중도에 포기하지 않아. 그러니까 너도 앞으로 어렵다고 그만두거나 포기해서는 안 돼' 라고 말하고 싶었다.

메이블은 또한 보글이 회사에 도입시킨 또 다른 가치관, 즉 어려움에 처한 고객들을 도와준다는 생각을 존경하게 되었다. 보글은 이것을 스위스 군대에 비유했는데, 그것은 나라가 위험에 처할 때 시민들이 무기를 들고 맞선다는 의미에서 나온 비유였다. 뱅가드에서는 성수기 동안에, 그리고 금융대란으로 문의전화가 폭주할 때는 '승무원' 들을 선발해서 고객들의 전화를 받게 했다. 메이블은 매년 12월부터 다음해 4월까지 정기적으로 고객 전화를 받았다. 그녀가 처음 뱅가드에 왔을 때는 자신의 정규 업무 대신 전화 받는 일을 하는 것이 과연 좋은 아이디어인지 의문이 갔지만, 지금은 그 일이 모든 '승무원' 이 고객을 위해 일한다는 사실을 상기시켜 준다는 점에서 도움이 된다고 생각한다. 메이블이 MBS 거래에 대한 조사 작업을 하느라고 너무 힘들 때는 전화로 이야기했던 고객들을 생각했다. 그리고 자신에게 '이들을 위해서 일을 잘해야 되지 않겠니?' 라고 말했다.

물론 메이블 유에게 영향을 준 것이 뱅가드의 가치관만은 아니었다. 한 개인에게 미치는 조직의 영향력에는 한계가 있다. 메이블은 다음과 같이 말했다.

뱅가드가 직원들로 하여금 올바른 일을 하도록 장려하고 또 허용한다는 것은 확실히 맞는 말이다. 그렇지만 내 경우 이 어려운 시기를 견디며 계속 나아가는 데 그것만으로는 충분하지 않았다. 자신이 처한 어려움이 너무 커질 때, 특히 아무도 그것을 알아주지 않을 때, 그 사람은 어디서 자신의 직업윤리와 용기, 그리고 도덕적인 힘을 얻을까? 내 경우는 부모님에게서 올바른 가치관을 배우고 그것이 몸에 배이게 할 수 있었다. 그리고 아무도 내가 한 일을 알아주지 않더라도 꿋꿋하게 버틸 수 있는 용기와 평화를 준 것은 내가 가진 신앙의 힘이었다.

집단사고의 위험성 견제

뱅가드 문화는 또한 직원들이 타당하다고 생각할 경우 반대의견을 내는 것을 장려하는 문화였다. 우리와의 첫 번째 대화에서 자신을 매우 직설적인 사람이라고 말한 메이블 유는 그런 문화를 자연스럽게 받아들였다. 그녀가 자신의 견해를 분명히 밝혔을 때 뱅가드의 동료나 간부들이 그녀를 말리려고 한다는 느낌은 전혀 받지 못했다. 메이블이 월스트리트 브로커들에 대한 불만을 토로했을 때 포트폴리오 매니저들이 농담조로 몇 번 놀리기는 했지만, 그녀의 견해에 대해 직접적인 비판을 한 적은 없다. 이런 태도는 메이블의 견해가 당시 득세하던 월스트리트의 견해를 정면으로 거스르는 것임에도 불구하고 변하지 않았다. 뱅가드 투자자들이 처음에 MBS의 고수익을 누리지 못해 손해를 보고 있을 때에도 변하지 않았다.

　뱅가드의 고정수익투자 부문 책임자인 로버트 오웨터는 직원들이 반대의견을 내는 것을 수시로 장려하며, 이것은 말단 직원의 경우에도 마찬가지라고 말했다.

　우리 부서의 원칙 중 하나는 탁월한 투자결정을 내리기 위해서는 다양한 관점이 필요하다는 것이다. 오랜 경험을 가진 사람이라고 해서 모든 답을 다 아는 것은 아니다. 이전에 회사채 펀드 부문을 맡고 있었을 때 어떤 공익기업채utililty bond 매입을 검토했던 일이 있었다. 내 생각은 너무 비싸니까 사지 말자는 쪽이었는데, 우리 부서에 온 지 6개월밖에 안된 어떤 애널리스트가 내가 그 회사에 대해 미처 보지 못한 뭔가를 지적했다. 그의 생각이 옳고 내 생각은 틀렸던 것이다. 건설적인 갈등은 중요하다. 우리는 경험이 많지 않은 사람들이 경험 많은 상급자들에게 기꺼이 도전할 수 있는 분위기를 만들려고 노력한다.

　의사결정에 관한 연구를 보면 보다 나은 결정을 내리는 데 반대의견이 강력한 도구라는 증거를 상당히 많이 제시하고 있다.[4] 이것은 새로운 아이디어가 아니다. 로마 가톨릭 교회는 1587년 성인聖人자격 결정에서 일부러 반대 입장을 취하는 사람을 뜻하는 이른바 '악마의 옹호자' devil's advocate 역할을 만들었다. 이 관행은 수백 년간 지속된 후에 사라져 버렸지만, 지금도 여전히 유용한 제도라고 말할 수 있고, 단지 성인 자격을 결정하는 문제에만 유용한 것은 아닐 것이다.

이후 다양한 분야에서 반대의견의 가치를 입증하는 연구결과가 나왔다. 아마도 이 문제를 사회과학의 관점에서 처음 다룬 사람은 사회학자 어빙 재니스일 것이다. 그는 1972년에 집단사고groupthink라는 용어를 만들었는데, 어떤 집단이 충분한 반대의견 없이 결정을 내리는 것을 가리키는 말이다. 아무리 재능이 뛰어나고 선의를 가진 사람들로 구성된 집단이라 할지라도 반대의견을 내는 사람이 아무도 없는 경우에는 설익은 합의에 도달하는 경향이 있다.[5]

반대의견의 가치에 관한 후속 연구는 대부분 UC 버클리대 심리학과 교수 샤를란 네메스의 주도로 이뤄졌다. 반대의견에 관한 그녀의 초기 연구는 기업이 아니라 배심원단의 심의과정에 집중되었다.[6] 그리고 그 연구결과는 '12명의 성난 사람들'(12명의 배심원이 평결을 놓고 논쟁을 벌이는 과정을 다룬 미국 영화) 개념, 즉 반대의견이 보다 나은 평결을 낳을 수 있다는 것이 영화에서뿐만 아니라 현실에서도 진리라는 것을 입증했다. 네메스가 1970년대에 주도한 연구는 누군가가 다수 의견과 다른 의견을 내기 시작한 경우에 배심원들의 심의가 보다 원활하고 공정하게 이뤄졌다는 사실을 발견했다. 네메스의 연구는 또한 앞에서 언급한 '악마의 옹호자'처럼 제도적으로 반대의견을 내는 역할도 유용하지만, 다수의견에 실제로 동의하지 않아서 반대의견을 내는 사람들이 결정과정에 더욱 소중한 역할을 한다는 사실을 발견했다.[7]

물론 반대의견을 내는 사람이 되기 어려운 경우가 많다. 그리고 반대자들이 집단에서 따돌림을 당하고 지위를 잃는다는 증거도 많다. 영화 '12명의 성난 사람들'에서 다른 배심원들이 무죄 투표를 한 한명을 공격한 것처럼 집단은 빠르고 손쉽게 합의에 이르고 싶어 한다. 만일 어떤 조직이 반대의견 내는 일을 용이하게 만들고 싶다면, 조직적 차원에서 지속적으로 반대의견을 장려해야 한다. 우리가 뱅가드에서 인터뷰한 모든 사람이 이 문제를 언급했는데 이것은 매우 좋은 징조이다.

투자자를 구한
뱅가드의 용기
예상했던 대로 메이블 유는 결국 뱅가드의 포트폴리오 매니저들에게 문제의 AAA 등급 채권들을 피하라고 강력하게 권고했다. 그렇지만 이들 채권은 2006년과 2007년에 상승세를 보였고, 뱅가드의 수익은 일부 경쟁사들보다 몇 포인트 낮았다. 메이블은 당시 상황을 이렇게 말했다. "경영진은 내게 아무런 질책도 하지 않았다. 그 기간 동안 업무평가에서 평균점만 받았지만, 그것은 큰 문제가 아니었다."

물론 바로 그런 종류의 투자상품이 미국경제와 세계경제를 거의 붕괴시킨 주범이었다. 이 투자상품의 주요 매도자이자 매수자였던 리먼 브러더스는 이로 인해 파산했다. AIG 파이낸셜 프로덕츠처럼 이런 투자상품에 관여했던 많은 회사가 정부의 대규모 긴급구제 대상이 되었다. 뱅가드는 당연히 그런 긴급 지원이 필요 없었고, 뱅가드의 투자자들은 서브프라임 담보 채권으로 인한 막대한 손실을 피할 수 있었다.

메이블 유는 뱅가드가 문제의 AAA 등급 채권을 사지 말아야 한다고 주장한 지 얼마 안돼서 신용평가기관 무디스로부터 만나서 상의하자는 요청을 받았는데, 그녀는 뱅가드와 무디스 간의 전반적인 관계, 그리고 모기지 담보 시장에 대한 그녀의 견해에 대해 논의하자는 것으로 생각했다. 그런데 나중에 보니 무디스 측이 그녀와 논의한 것은 주로 채권 신용평가 문제였다. 메이블은 평소와 마찬가지로 직설적으로 얘기했다. 한 저명한 언론매체에서 무디스 측과 메이블 간의 대화를 다음과 같이 묘사했다.

어느 신용평가기관의 내부 회의 메모에 따르면 뱅가드 인베스트먼츠의 메이블 유는 S&P가 2007년 여름에 취한 신용등급 강등 조치는 '일 년 반이나 늦게 온 것'이라며, 신용평가기관들이 흔쾌히 '채권 발행자들이 처벌받지 않고 제멋대로 행동하도록 허용'한 데 대해 좌절감을 표시했다. 그녀는 이와 같은 현상이 RMBS 서브프라임증권이나 CMBS 상업용부동산저당채권유동화증권와 관련해 일어나고 있다고 본다.

그녀는 특히 서브프라임 영역에서 이전에는 대출받을 자격이 없었던 개인들에게 지나치게 많은 대출이 이뤄지고 있다고 생각한다. 그녀는 이런 종류의 보다 공격적인 대출의 성과를 추적하는 데 활용할 수 있는 과거 데이터가 충분하지 않다고 생각했다. 메이블 유는 뱅가드가 이런 자산 클래스의 매수를 점차 줄였으며, 2006년 초 무렵에는 매수를 완전히 중단했다고 말했다. 뱅가드는 이런 종류의 거래가 '점점 더 악화되고 있는 것'을 목격했으며, 메이블 유는 시장이 얼마 동안 '서브프라임에 주목하라!'고 외치고 있었다고 했다. 그리고 '신용평가기관들은 채권 발행자들의 주장을 모두 믿어주고 있다'고 덧붙였다. 그녀는 '만일 무디스가 등급을 주지 않는다면, 채권 발행자는 그냥 다른 데로 갈 수 있고, 다른 어딘가에서 등급을 얻어낼 수 있을 것으로 본다'고 말했다.[8]

이 대화의 내용은 예외적인 일이 연달아 발생하면서 외부에 공개되기에 이르렀다. 무디스 측은 메이블 유와의 대화 내용을 기록해서 자사 시스템에 문서로 저장해두었다. 그런데 경제상황이 2007년과 2008년에 급격히 악화되자 미국 의회는 2008년 10월 금융위기의 원인에 관한 청문회를 열었고, 신용평가기관들에게 여러 가지 문서를 제출하도록 명령했는데 그 문서 중의 하나가 바로 메이블 유와 무디스 간의 대화내용을 기록한 것이었다. 메이블 유의 반대의견이 일반에게 공개되면서 그녀가 모기지 기반 증권들에 맞섰다는 사실이 잠시 동안 인기 있는 뉴스 스토리가 되기도 했다. 공영 라디오 방송 NPR에서는 메이블의 반대의견을 다음과 같이 요약했다.

데이비드 케스텐바움(NPR 기자) 메이블 유는 4천억 달러 규모의 채권투자를 관리하는 뱅가드에서 일하고 있다. 그리고 새로운 구조화금융 거래 건이 나올 때마다 트리플 A 등급의 채권들로 이뤄진 이 거래 건들은 그녀의 책상이나 그녀와 같은 일을 하는 수백 명의 사람들 책상 위에 놓았다. 많은 투자자들에게 이들 금융상품은 대단히 좋은 것으로 보였지만, 메이블 유의 눈에는 그렇게 보이지 않았다.

메이블 유 나는 신용평가기관 애널리스트들의 이름을 알아내서 그들에게 많은 질문을 했다. 처음에는 질문하는 시간이 15분에서 30분 정도였는데, 나중에는 해당 거래의 리스크 프로파일을 이해하는 데 몇 시간씩 걸렸고 점점 더 많은 시간이 필요했다.

데이비드 케스텐바움 그들은 당신에게 뭐라고 얘기했나?

메이블 유 나는 트리플 A는 최소한의 리스크를 의미하는 것이고, 트리플 A의 진짜 의미는 설사 모든 것이 동시에 나빠진다고 할지라도 우리 투자자들은 여전히 보호를 받는다는 것이 아니냐고 말했다. 다시 말해, 경기가 하강할 경우, 주택가격이 내려갈 경우, 금리가 올라갈 경우, 혹은 이 모든 것이 동시에 일어날 경우 우리가 투자한 것에 어떤 일이 생기느냐고 물어보았다. 그런데 이 물음에 대한 솔직한 답을 듣지 못했다.

데이비드 케스텐바움 당신의 걱정이 지나치다고, 수많은 똑똑한 사람들이 작업한 것이니까 걱정하지 말라고 그들이 말하던가?

메이블 유 내 자신이 바보처럼 느껴진 적이 너무나, 정말 너무나 많았다. 그들은 내게 걱정은 그만하고 즐겁게 살라는 말을 했다. 밤늦게까지 일하면서 이런 질문들을 준비하느라고 몇 시간씩 보내지 말고, 자신의 삶을 좀 즐기라는 말을 들었다. 내가 걱정을 지나치게 많이 한다면서. 거의 매일 그런 말을 들어야 했다.

데이비드 케스텐바움 거의 매일?

메이블 유 그렇다, 정말 그랬다.[9]

소수 의견을
존중하는 문화

메이블 유는 언론매체에서 유명인사가 되었지만 그녀의 입장을 계속 지지해 온 뱅가드는 호들갑스런 반응을 보이지 않았으며, 이것은 이 회사의 평소 스타일이었다. 고정수익 분석 업무에서 그녀의 상사인 빌 로버츠는 메이블 유의 이야기가 사실이라고 확인해 주었으며, 메이블이 2009년 그해의 애널리스트로 선정되었다고 했다. 그렇지만 그는 뱅가드 문화가 기여한 부분도 있다고 말했는데, 그것은 일리 있는 주장이라고 생각된다.

이것은 메이블의 커리어나 자신감 상승에 좋은 일이었고, 그녀는 지금 에너지산업 전반에 대한 분석을 감독하는 일을 맡고 있다. 당시에는 그녀가 내 밑에 있지 않았지만, 우리는 그녀와 동료들이 당시에 내린 결정을 자랑스럽게 생각한다. 우리는 메이블이 너무 일을 많이 한다는 사실을 알았고, 지금은 그녀가 2006년 당시 맡았던 업무를 네 명이 나눠서 하도록 했다. 그리고 지금은 당시보다 신규 발행 건수가 훨씬 줄어들었다. 그렇지만 이들 투자상품을 권하지 않기로 한 메이블의 결정은 뱅가드에서 이례적인 것은 아니었다. 우리는 이런 문제에 관한 토론이 반드시 이뤄지도록 했고, 그리고 어떤 것도 놓치지 않도록 비상한 노력을 하고 있다. 그리고 메이블의 결정은 우리가 투자하는 것에 대해 완전히 이해해야 한다는 뱅가드의 신념에 부합되는 결정이었다. 추가 수익이 있다는 것은 그럴만한 이유가 있는 법이다.

뱅가드의 고정수익투자 책임자인 로버트 오웨터도 마찬가지로 차분한 반응을 보였다.

메이블이 자랑스럽다. 그러나 그녀의 사례와 비슷하지만 이렇게 많이 부각되지 못한 수많은 결정이 있다고 할 수 있다. 이런 결정을 내리게 하는 원동력으로 두 가지 요인이 있다. 우리는 메이블이 취한 접근방식과 상당히 일치하는 조직철학을 갖고 있으며, 그런 철학에 맞는 사람들을 채용하려고 노력한다. 우리의 철학은 보다 장기적으로 좋은 실적을 내는 것을 목표로 하라는 것이다. 우리는 어떤 특정한 연도에 홈런을 치는 것을 목표로 하지 않는다. 우리는 경쟁사에 비해 비용상의 이점이 있고, 이것의 일부를 신용 관점에서 보다 깨끗한 포트폴리오를 보유하기 위한 목적에 기꺼이 쓰고 있다.

뱅가드가 어떤 종류의 사람을 채용하는지 물어보았을 때 오웨터는 뱅가드 신입사원과 일부 월스트리트 회사들의 신입사원을 다음과 같이 비교했다.

우리가 채용하는 사람들은 똑똑하고 근면하며 도덕적이고 폭넓은 경험을 갖고 있어야 한다. 월스트리트가 겪은 몇몇 문제는 일류 학교에서 MBA 학위 받은 사람들을 채용해서 곧바로 거래에 투입했을 때 생겼다. 그들은 경험이 없는 데다 자신들이 마치 '우주의 주인'인 것처럼 생각하는 태도를 가졌다. 우리는 자기가 우주의 주인이라고 생각하는 그런 사람들은 채용하지 않는다. 또 그런 사람이 보기엔 우리 회사의 보수가 충분하지 않아서 매력이 없을 것이다.

존 보글도 메이블 유에게 점심식사를 대접함으로써 그녀의 노고를 인정했지만 보글과 뱅가드 특유의 스타일로 했다. 그들이 점심식사를 한 곳은 값비싼 고급식당이 아니라 뱅가드 구내식당이었다. 메이블은 뱅가드의 5달러 점심 쿠폰 축하 전통에 따라 샐러드와 음료를 주문했다. 이 회사는 직원들이 생일을 맞거나 중요한 단계의 자산 수준에 도달했을 때 5달러짜리 쿠폰을 선물로 준다. 보글은 메이블에게 좀 더 주문해도 된다고 말했지만 그녀는 5달러 한도를 지켰다. 메이블은 이렇게 말했다. "미스터 보글은 굉장히 검소한 사람이고 나도 그의 방식대로 하고 싶었다."

메이블 유는 보글과 공통되는 가치관을 갖고 있다. 이와 관련해 그녀는 이렇게 말했다.

내게 중요한 것은 돈이 아니다. 그냥 내가 하는 일을 잘하고 싶을 뿐이다.

나는 이 모든 일이 생기기 전에도 자신감 있는 사람이었지만 이제는 자신감이 더 커졌다. 나는 시장의 대세와 다른 결정을 하는 것을 두려워하지 않는다. 모두들 매도 결정을 내릴 때에도 내가 옳다고 생각되면 매수 결정을 내린다. 2010년 BP 기름유출사건이 발생했을 때 시장의 대세를 거스르는 어려운 결정을 몇 차례 내렸는데, 나중에 보니 옳은 결정이었다. 이런 행동의 가치는 이 결정 덕분에 돈을 번다는 사실이 아니라 나중에 내 딸에게 이야기해 줄 훌륭한 이야기가 될 것이라는 점이다. 그렇게 하면 나는 잠자리에 들어가 편한 맘으로 잘 수 있다. 내가 만일 월스트리트에서 일하면서 1억 달러를 번다고 하더라도 고객의 돈을 그렇게 많이 잃어 버렸거나 회사를 망하게 했다면 제대로 잠을 잘 수 없을 것이다.

메이블 유는 홍콩에서 일하다 미국으로 건너 왔는데, 나중에는 아시아로 돌아가서 일하고 싶어 한다. 하지만 지금은 미국에서 하는 자신의 일과 회사에 만족한다고 했다.

지금은 에너지산업 전반에 대한 분석작업을 하는데, 이건 내가 정말 하고 싶은 일이다. 회사에서 그 일을 내게 맡겼을 때 농담인 줄 알았다. 나는 뱅가드에 대한 애사심이 매우 크다. 회사가 직원들로 하여금 애사심과 헌신적인 태도를 갖도록 만들어 준다. 월스트리트와 달리 뱅가드는 직원들에 대한 장기적 약속이 중요하다고 믿는다. 2001년과 2009년의 경기침체 시기에도 뱅가드는 단 한명도 정리해고를 하지 않았다. 어려운 시기였고, 보너스 삭감은 있었지만 정리해고 된 사람은 없었다. 회사는 내게 충실하고 나도 회사에 충실한 그런 관계이다.

당연한 일이 된
영웅적 결정

메이블 유의 이야기는 동시에 뱅가드의 이야기이기도 하다. 이것은 메이블 자신의 개인적인 힘과 리더십에 관한 이야기일 뿐 아니라 어떤 특징적인 문화에서 생겨난 훌륭한 '조직적 판단' 에 관한 이야기이기도 하다. 메이블 유가 외부의 압력에 맞서서 회사의 투자자들을 위한 올바른 결정을 내릴 수 있었던 데에는 뱅가드의 강력한 가치관과 문화의 도움이 있었다.

뱅가드의 문화는 메이블과 같은 직원이 반대의견을 내는 것을 용이하게 만들었다. 결정 과정에서 이해당사자들에 의한 반대의견을 허용하고 나아가 장려까지 하는 것은 질적 수준이 높은 결정과정의 중요한 요인이다. 이 경우 반대의견은 순전히 내부적인 것일 수도 있고, 메이블의 경우처럼 외부의 영향력과 연관된 것일 수도 있다.

뱅가드는 메이블 유를 공개적으로 영웅시하지 않는다. 이게 바로 모든 직원이 고객을 위해서 영웅적인 결정을 내리고, 영웅적인 행동을 할 수 있다고 생각하는 뱅가드다운 태도이다. 뱅가드는 분명 메이블의 행동을 자랑스러워하지만, 그녀를 그냥 '스위스 군대' 의 또 다른 용감한 일원으로 취급한다.

언론매체를 통해 널리 알려진 메이블 유와 뱅가드 이야기는 요즘처럼 투명한 세계에서는 훌륭한 판단과 의사결정 과정이 그 어느 때보다 중요해졌다는 사실도 잘 보여준다. 이제는 개인적 판단이나 조직적 판단의 좋고 나쁜 예들이 대중에게 포착되고 검토될 가능성이 매우 높아졌다. 그러니 여러분도 앞으로 결정을 내리거나 논의할 때 부디 이 점을 유의해야 할 것이다.

9

전사원이 참여한 EMC의 비용 절감 과정

어려운 시기에 회사의 비용을 어떻게 줄일 것인가?

매출규모가 170억 달러 정도인 하이테크 회사 EMC에서 일하는 직원 수천 명은 2009년 4월 23일 출근하면서 최악의 상황을 예상하고 있었다. 그날은 회사의 2009년 1/4분기 실적이 발표되는 날이었고, 모두들 세계경제 상황이 EMC에 좋지 않다는 것을 알고 있었다. 사실 EMC뿐 아니라 다른 대기업들도 모두 같은 상황에 처해 있었다. 세계경제의 불황이 심화되고, 고객들은 EMC 제품을 이전처럼 많이 사지 않고 있었다. 대규모 정리해고와 비용절감 조치가 있을 것인가? 공장과 시설들이 폐쇄될 것인가? 직원 중 일부는 매사추세츠주 홉킨튼에 있는 회사의 대강당에서 EMC 회장 겸 CEO인 조 투치로부터 상황이 얼마나 나쁜지 직접 듣기로 되어 있었다. 그리고 다른 직원들도 그 내용이 무엇인지 곧 알게 될 것이었다.[1]

그날 아침 EMC 직원들이 각자 책상에 앉아 자신의 이메일 수신함을 열었을 때, 그들은 조 투치가 보낸 이런 메시지를 보았다. 다음과 같은 내용이었다.

수신: EMC 전 직원

발신: 조 투치

발신일: 2009년 4월 23일

주제: EMC의 지속적인 발전 방안

나는 오늘 여러분 모두에게 최대한 솔직하게 지금 우리 회사에서 상황이 어떻게 돌아가고 있는지 알리고자 합니다. 우리가 처한 상황은 이렇습니다. 오늘 아침 당사의 1/4분기 실적 보고가 있었습니다. 우리는 대공황 이래 가장 어려운 시장 여건 속에서도 꾸준히 좋은 실적을 유지해 온 것에 자부심을 느낍니다….

세계경제의 불황으로 고객사들의 예산 및 IT 지출에 상당한 압박이 가해지면서 당사의 1/4분기 실적은 기대에는 못 미쳤지만 그래도 꽤 견실한 수치를 보였습니다. 항상 그랬듯이 여러분은 당사의 전략을 수행하고 고객들에게 가능한 최고의 서비스를 제공하기 위해서 오랜 시간 열심히 일하고 많은 노력을 했습니다. 여러분의 헌신에 진심으로 깊은 감사를 드립니다.

1/4 분기의 비즈니스 회복력을 보고 나는 우리 회사의 장기적 전망에 더욱 확신을 갖게 됐습니다. 우리 회사는 분명 유리한 위치에서 사업을 하고 있습니다. 우리는 탁월한 전략과 비전, 당사 역사상 가장 강력한 제품 사이클, 충성도 높은 대규모 고객 프랜차이즈, 필수적인 전략적 동맹 파트너들을 갖고 있으며, 그 무엇보다도 세계 전역에 걸쳐 업계의 가장 유능한 사람 수천 명을 직원으로 갖고 있기 때문입니다.

그렇지만 동시에 나는, 그리고 여러분 모두도 세계경제가 수십 년 이래 가장 심각한 불황을 겪고 있다는 사실을 알고 있습니다. 경제전문가들이 최근 예측한 바에 따르면 세계경제는 1940년대 중반 이래 처음으로 올해 1.6퍼센트 정도의 마이너스 성장을 기록할 것이라고 합니다. 우리는 글로벌 IT 지출이 올해 높은 한 자리 수나 낮은 두 자리 수 퍼센트 정도로 하락할 것으로 예상합니다. 게다가 우리 고객 중 많은 기업들이 '꼭 필요할 때 꼭 필요한 만큼만 쓰겠다' 는 IT 지출 방식을 실천하고 있습니다.

우리는 이 모든 상황을 미리 예측했고, 인건비를 제외한 다른 비용을 줄이기 위한 노력을 일년 넘게 해 왔습니다. 지난 1월초 광범위한 구조조정 프로그램을 발표했고, 여기엔 당사의 글로벌 정보인프라 인력에서 약 2400명을 감원하는 계획도 포함되어 있습니다. 우리는 지금까지 이 인력감축 작업을 절반 정도 진행했고, 나머지 작업은 올해 후반에 진행될 예정입니다.

그렇지만 현재 알고 있는 사항들을 모두 감안할 때, 우리는 매출규모에 걸맞은 추가적인 비용절감 조치가 필요합니다. 나는 EMC의 비용을 지속적으로 낮출 수 있는 방안과 관련해 수많은 직원들이 낸 건설적이고 창의적인 아이디어들을 들었습니다. 여기서 가장 공통적인 테마는 EMC의 일자리를 보전하면서 고객에게 최고의 서비스를 제공하기 위해 필요한 것은 무엇이든 하자는 것이었습니다. 나도 이 의견에 전적으로 공감합니다. EMC의 심장이자 영혼이며 성장 동력이고 업계 최고의 고객서비스를 제공하는 열쇠는 바로 EMC의 사람들입니다. 나는 여러분이 동료와 전 세계 고객들에게 보여준 헌신적 태도를 고맙게 생각합니다.

여러 가지 다양한 가상 시나리오를 검토하고 어떤 조치를 취할 것인지 오랫동안 고심한 끝에 우리는 전 세계 EMC 식구들의 제안에 따라 EMC에 매년 1억 달러의 추가적인 비용절감 효과를 가져다주면서도 일자리를 보전할 수 있는 방안을 하나 생각해냈습니다. 원래 3억 5천만 달러 비용절감 계획에 이 정도의 비용절감이 추가적으로 더 이뤄질 경우, EMC의 정보인프라 비용 베이스에서 올해 약 4억 5천만 달러를 절감할 수 있을 것으로 예상되며, 2010년에는 약 5억 달러까지 절감할 수 있을 것으로 봅니다.

우리의 계획은 세계 전역의 EMC 직원들을 대상으로 '일시적으로 기본급 5퍼센트 삭감'을 시행하는 것입니다. 이 기본급 삭감은 미국에서는 5월 1일부터, 해외에서는 6월 1일부터 적용되며, 2009년 12월 31일까지 계속 시행될 예정입니다. 현지 법규상 필요할 경우에는 이 기본급 삭감이 자발적 참여 형태로 이뤄질 것입니다….

전 세계적으로 경제 환경이 어려워진 상황에 직면한 글로벌 기업에서는 전 세계의 모든 직원이 함께 동참하고 함께 희생할 필요가 있다는 것을 알아주기 바랍니다. 우리는 모두 한 배를 타고 있습니다. 이 기본급 삭감은 나 자신과 스태프 모두에게 적용되며, 고위 경영진과 내가 지난 1월 이미 약속한 5퍼센트에서부터 20퍼센트 넘게 적용될 보수 삭감에 덧붙여 추가적으로 적용될 것입니다. 그리고 지난 1월 자신들의 보수를 10퍼센트 삭감했던 이사회 멤버들도 단합의 표시로 이 5퍼센트의 새로운 삭감 조치에 동참하기로 했습니다.

우리가 지금 취하고 있는 다른 비용절감 조치에 추가적으로 이 5퍼센트의 기본급 삭감 조치를 취하는 것으로 올해 EMC에서 2천 개의 일자리를 지킬 수 있다는 사실을 여러분 모두가 알아주기 바랍니다. 이번 조치는 그래서 너무나 중요합니다.

물론 이 정도의 보수 삭감으로도 타격을 받는 사람이 있을 것입니다. 따라서 나는 이 희생의 중요성을 잘 알고 있습니다. 우리는 그래서 이번 기본급 삭감 조치의 영향을 받는 모든 EMC 직원에게 근로시간 40시간에 해당하는 5일간의 추가적인 유급휴가를 주기로 결정했습니다.

또한 여러분은 경영팀과 내가 앞으로 여러분의 생각에 계속 귀를 기울이고 여러분과 완전하고 빈번한 커뮤니케이션을 갖겠다는 약속을 매우 중시하고 있음을 알아주기 바랍니다. 예를 들어 우리는 EMC/ONE을 통한 비용 절감 논의에서 많은 것을 배웠습니다….

나는 우리 회사의 미래에 대해 낙관적이며, 여러분 모두를 매우 자랑스럽게 생각합니다.

투치 회장을 비롯해 회사의 다른 간부들은 직원들이 온라인상으로, 그리고 직접 대면을 통해 어떤 반응을 보일지 미리 예측할 수 없었다. 그날 투치 회장이 비슷한 내용의 연설을 직원들 앞에서 했을 때 우렁찬 박수가 길게 이어졌다. 투치에게 온 이메일 답신들도 마찬가지로 긍정적이었다. 보스턴에서 일하는 한 직원은 다음과 같이 썼다.

투치 회장께,

EMC 직원으로서 회장의 노력을 지지한다는 뜻을 전하기 위해서 짧게 글을 씁니다. 어려운 시기엔 어려운 결정이 필요하고, 경제상황이 개선될 때 EMC가 다시 도약할 수 있도록 만들기 위한 모든 노력을 하고 있는 것을 잘 압니다. 월급이 깎이는 것을 원하는 사람은 아무도 없겠지만, 그 부담을 모든 직원이 같이 나눔으로써 우리 모두 좋을 때나 나쁠 때나 함께 한 배에 타고 있다는 것이 분명해졌습니다.

이번 조치는 강력한 조치이고, 모든 사람의 환영을 받지는 못할 것입니다. 그러나 요즘과 같은 시기야말로 진정한 리더가 자신의 가치를 드러내는 때이고, 나는 투명하고 개방적이며 단지 분기별 실적이 아니라 장기적 성공을 위해 무엇이든 할 의지가 있는 회사에서 일하는 것이 자랑스럽습니다. 최근의 결정이 어떻게 이뤄진 것인지 그 세부사항을 우리 모두에게 알려주어서 감사합니다.

캘리포니아에서 일하는 또 다른 직원도 다음과 같은 답신을 투치 회장에게 썼다.

투치 회장께,

이 메시지에 대한 답신을 많이 받으셨겠지만, 나도 이번에 보여주신 강력한 결정과 리더십에 감사드리고 싶습니다. 이번 조치는 우리 인력을 유지하고 요즘과 같이 어려운 시기를 함께 헤쳐 나가기 위해 필요한 조치일 뿐 아니라, 경제가 호전될 때를 대비하기 위해서도 필요한 조치라고 생각합니다.

감사드립니다.

아마도 이 직원들은 더 심한 삭감을 예상하고 있었는지도 모른다. 일자리가 여전히 유지되고 있다는 것만으로도 감사했는지 모르고, 모두가 함께 희생하기로 한 방침을 좋게 생각했는지도 모른다. 투치 회장과 고위 경영진 동료들이 확신하고 있던 것이 하나 있었는데, 그것은 바로 EMC에 이 모든 것이 가능하도록 도와준 새로운 문화와 소셜 미디어가 있다는 사실이었다. 이 새로운 문화와 소셜 미디어는 EMC 의사결정 과정의 처음부터 끝까지 영향을 미치고 있었다.

위계질서가 엄격했던 EMC

EMC의 본사는 보스턴 교외, 495번 주간州間 고속도로 인근 지역에 있다. EMC라는 이름은 창업자의 이니셜에서 유래한 것으로 원자력 공식(E=MC²)과는 아무 상관이 없다. EMC의 주된 사업은 컴퓨터 데이터 저장 시스템과 소프트웨어로서, 시장점유율이 2위 경쟁사의 두 배에 이르는 이 부문의 시장 주도 기업이다.

EMC의 기업문화는 전통적으로 창업자 딕 에건의 성격을 반영했는데, 에건은 자신의 사망기사에서 '맹렬히 돌진하는 성격' '지나치게 경쟁심이 강한 성격'을 가진 것으로 묘사된 사람이다. 특히 EMC의 영업사원들은 공격적인 세일즈 기법으로 유명했는데, 신입 영업사원들의 교육과정에는 이글거리는 뜨거운 석탄 위로 걸어가는 것도 있었다. 2001년의 사내 소식지에는 이렇게 소개돼 있다. '불 위로 걷는 것은 만만찮은 영업환경에 대비하는 데 도움을 준다. 자신감 부족을 극복하면 모든 것이 가능해진다.'

대부분의 회사와 마찬가지로 EMC의 경영도 위계질서에 따라 이뤄졌다. 리더들은 강한 개성을 갖고 있고, 대체적으로 다른 사람의 의견을 들어보려고 하지 않았으며, 이견을 대부분 용납하지 않았다. 최근의 리더들은 물론이고 이 회사의 리더들은 '독재자'라고 보기는 어려웠으나, 회사를 통솔하는 주도권을 확고하게 잡고 있었다. 요컨대 이 회사는 정보인프라 테크놀로지 제품을 만들고 판매하면서도, 테크놀로지를 활용해 아래위로 의견이 잘 소통되도록 만들고, 의사결정 과정에서 직원들의 참여를 높이는 그런 곳은 아니었다.

소 셜   미 디 어 의
급 성 장

EMC가 소셜 미디어와 참여적 의사결정을 적극적으로 채택하게 된 것은 의외의 일이었다. 하지만 실제로 이 회사는 그런 변화를 겪었다. 소셜 미디어는 EMC의 의사결정 과정과 기업문화를 상당히 진화시킨 촉매역할을 했고, 동시에 그런 문화의 산물이기도 했다. 이전에는 밀실에서 고위 관리자들만 참여했던 의사결정이 이제는 온라인으로 논의되고 또한 이 온라인 논의의 영향을 받게 되었다. 이전에는 일방적으로 위에서 하달되던 회사 정책들이 이제는 온라인으로 공표되었으며, 온라인 반응에 따라 더 명확하게 다듬어지거나 진화했다. EMC는 조직적 판단 및 의사결정 역량을 개선하는 데 전 세계 4만 9000명의 직원 중 많은 사람을 활용했고, 이들은 적극적으로 참여했다.

EMC의 커다란 변화는 2007년에 서서히 시작되었다. 척 홀리스는 이 회사의 소셜 미디어 활용에 관한 전략적 논의를 주도하는 역할을 맡았는데, EMC의 부사장인 그는 당시 엔지니어링과 마케팅, 세일즈, 기업관리 등 EMC의 다양한 부서에서 13년간 재직한 사람이었다. 홀리스는 고위 경영진에서 중

간급에 속하는 사람으로 중요하지만 추가적 규정이 필요한 프로젝트나 역할을 맡았다. 그는 또한 직접 대면할 때나 온라인상으로나 상당히 말이 많은 사람이다. 홀리스는 2006년 블로그를 시작했으며, 2007년에는 순전히 EMC의 소셜 미디어 채택을 논의하기 위한 블로그를 만들었다. 그리고 2008년 EMC의 소셜 미디어 여정을 기술한 백서를 작성했다.[2] 따라서 우리는 이번 장에서 홀리스의 글을 많이 인용하려고 한다. 사실 소셜 미디어에 관해 다루면서 블로그 게시물을 발췌하는 것을 피할 방법이 있겠는가?

홀리스는 자신의 블로그에서 소셜 미디어에 대한 탐색은 EMC의 원래 문화를 좀 거스르는 행동이었다는 사실을 시인했다.

나는 지휘 및 통제 시스템에 익숙한 회사에서 일하고 있었다. 우리 회사에서 정보공유는 핵심 원칙이 아니었다. 우리 회사는 독특한 IP지적재산를 갖고 있다고 생각했고, 우리가 어떤 생각을 하는지조차도 중요한 기업기밀로 간주했다. 모든 정보는 '알 필요가 있는 사람'에게만 전달한다는 원칙이었다. 그리고 이상하게도 이런 행위는 점점 더 강화됐다. 왜냐하면 일단 내부자가 되면 자신에게 정보에 접근할 수 있는 특권을 준 시스템을 거스르고 싶어 하지 않았으니까.

그럼에도 불구하고 EMC의 고위 경영진, 구체적으로 말해 당시 글로벌 마케팅 책임자였던 B.J. 젠킨스는 홀리스에게 EMC에서의 소셜 미디어 사용을 위한 테크놀로지와 정책, 그리고 프로세스를 계획하고 실행하는 일을 맡아 달라고 요청했다. 이전에 다른 간부들이 홀리스에게 그 역할을 맡아달라고 비공식적으로 요청했지만 홀리스는 '행동에 들어가기 전에 경영진이 과연 이것을 지지하는지 먼저 확인할 필요가 있었다.' 고 했다.

EMC에서는 이전에 이 분야의 활동이 어느 정도 있었지만, 거의 모두 사적인 논의에 그쳤을 뿐 회사 전체를 아우르는 광범위하고 개방적인 정보교환으로 이어지진 못했다. 홀리스와 동료들은 이번에는 회사를 변화시키는 보다 강한 임팩트가 있기를 희망했다.

홀리스는 신속하게 팀을 만들어 2007년 9월 말이 되기 전에 벌써 소셜 미디어 플랫폼이 가동되게 만들었는데, 이 이니셔티브가 시작된 지 한 달이 조금 넘었을 때였다. 홀리스의 팀은 이 플랫폼의 이름을 EMC/One이라고 했는데, 이런 이름을 지은 데는 '하나의 EMC' 를 창조하는 데 도움이 되게 하겠다는 의도도 있었다. 홀리스는 이 플랫폼의 모든 게시물을 EMC 직원 모두에게 개방하기로 결정했다. 그는 자신의 블로그에 이렇게 썼다.

우리 회사는 이미 기밀정보나 사적인 정보를 공유하는 여러 가지 방식을 갖고 있기 때문에 그런 정보를 위한 추가적 방식은 필요 없다고 생각했다. 당시에는 문서를 직접 배포하고 e메일, e룸, 사적인 파일 공유 등이 이용되고 있었다. 우리는 사람들이 호기심을 갖고 직접 정보를 캐러 다니게 하고 싶었다…. 사람들이 중요한 문제와 공동작업의 결과물을 놓고 편안한 마음으로 개방적인 논의를 하도록 만들고 싶었는데 '울타리를 친 정원'walled garden(인터넷과 같이 공개된 환경이 아니라 사적으로 통제된 환경에서 존재하는 콘텐츠나 서비스)에서는 그게 불가능하다고 생각했다. 그래서 우리는 처음부터 단순한 원칙을 정했는데, 그것은 바로 '사적인 공간'은 허용하지 않는다는 것이었다.

EMC/One을 초기에 사용한 사람들은 주로 다양한 직원 동호회 단체와 취미생활을 즐기는 사람들이었다. 따라서 초기에 논의된 내용은 어떤 EMC/One 사용자가 표현했듯이 '애완동물, 사진, 그리고 회화'에 관한 것이 많았다. 그리고 기술 그룹들이 다양한 테크놀로지와 경쟁적 이니셔티브들에 관해 논의하기도 했다. 원래 회사의 기술 인력이 주요 사용자가 될 것이라고 예상했는데, 여기에는 연구개발 인력뿐 아니라 현장의 기술자들도 포함되어 있었다. EMC/One은 이들에게 제품의 요건과 설치, 현장에서 겪는 설치상의 문제 등에 대한 피드백 채널을 제공할 것으로 예상되었다. 그런데 오래잖아 EMC/One은 다른 목적에 쓰이게 되었다.

전 사원이 참여한 비용절감 과정

다른 많은 회사와 마찬가지로 EMC도 2008년 하반기부터 좀 우려스러운 상황을 겪기 시작했다. EMC의 저장장치를 사가는 중요한 고객인 금융서비스 부문이 내부적으로 붕괴되고 있었고, 다른 산업의 IT 구매 업체들도 지출을 줄이기 시작했다. EMC의 2008년 4/4분기 실적은 매우 좋았지만, EMC의 수석 부사장 겸 CFO재무담당최고책임자 데이비드 굴든은 연말 보도자료에서 이렇게 밝혔다. "우리는 2009년 내내 운영효율화와 경비 절감, 그리고 글로벌운영의 효율성 증대를 위한 노력을 계속할 예정이다." 굴든과 EMC는 2009년의 글로벌 IT 지출이 2008년에 비해 중간에서 높은 한자리수 퍼센트의 하락이 있을 것으로 예측했다. EMC는 이에 대비하기 위해서 2008년 중반부터 이미 비용변형 Cost Transformation 프로그램을 시행하고 있었다.

비용변형 프로그램은 EMC에서 영구적으로 비용을 제거한다는 목표로 시작되었다. 재무 및 IT 부서를 비롯한 각 부서의 프로그램 매니저들의 주도로 인건비와 간접비, 그리고 생산비를 검토하기 위한 다수의 전사적全社的 대책팀이 만들어졌다. 특히 집중적으로 검토했던 것은 간접비 부분이었는데, 여기에는 출장이나 부동산, 도급업자, 컨설턴트 등과 관련된 비용이 포함되어 있었다. 그리고 인건비도 세밀하게 검토했다. EMC에 대규모 정리해고가 필요한지, 이전과 같은 혜택이나 휴가 방침 등을 계속 유지할 여유가 있는지 등에 관해 검토한 것이다. 이것은 매우 민감한 문제이기 때문에 대책팀의 검토내용은 결론이 발표될 때까지 대부분 기밀사항이었다. 적어도 처음에는 그랬다.

그렇지만 EMC의 전통적인 문화와 의사결정 방식은 변하고 있었으며, 여기에는 이 회사의 극적인 사업 변화도 한몫했다. CFO 데이비드 굴든은 한 인터뷰에서 다음과 같이 설명했다.

내가 2002년 입사했을 당시 EMC는 제품이 한 가지밖에 없는 회사였고, 그것은 바로 시메트릭스 Symmetrix 저장시스템이었다. 우리는 직접판매 방식을 사용했고, 제품을 대기업들에게만 판매하고 있었다. 소프트웨어와 서비스는 모두 시네트릭스에 부가되는 형태였다. 이런 종류의 조직에서는 의사결정이 상의하달식이 되기 쉽다.

현재의 EMC는 저장장치 시장에서 다양한 수준의 테크놀로지 제품을 다루고 있고, 대기업뿐 아니라 작은 회사들에게도 판매하며, 심지어는 소비자들에게 직접판매하기도 한다. 특정 기업이나 브랜드의 공급자망이나 유통망 안의 협력자나 조직, 기업 등을 의미하는 채널 파트너들은 당사 비즈니스의 중요한 부분이다. 우리 회사는 이제 소프트웨어와 서비스 그룹도 갖고 있다. 우리는 미국의 동부와 서부에 기반을 두고 있지만, 이제는 해외사업이 당사 비즈니스의 훨씬 더 큰 부분이 되었다. 또한 50건이 넘는 많은 기업인수를 통해 다양한 접근방식과 스타일이 혼재하게 되었다. 이 모든 것을 감안할 때 회사의 의사결정 스타일에서 진화와 성숙이 반드시 필요했다.

이런 상황에서 EMC 회장 겸 CEO인 조 투치는 회사의 제품과 프로세스, 그리고 문화의 통일성을 강화하기 위한 '하나의 EMC' 이니셔티브를 주도했다. 그래서 소셜 미디어 플랫폼이 EMC/ONE이라는 이름을 얻게 되었다. 홀리스는 자신의 블로그에서 그 과정을 다음과 같이 묘사했다.

EMC는 많은 회사를 인수하고 있고, 자신이 선택한 시장에서 대부분 리더의 지위를 확립하고 있다. 그래서 점점 더 다양해지고, 복잡해지고… 그러니까 이전과는 매우 다른 게임 아닌가? 직원 수가 4만 5000명이 넘는 회사에서는 직원들이 각각 '문제'의 서로 다른 측면을 다루게 된다. 따라서 자신이 속한 그룹 외의 사람들과도 협력할 필요가 있지 않을까? 우리가 직면한 새로운 도전은 제품 차원의 문제가 아니고, 다양한 분야의 사람들이 함께 일하게 만드는 것이다. 회사를 성공하게 만든 DNA가 이제는 우리의 가장 근본적인 비즈니스 문제가 되고 있다. 우리는 여러 개가 모인 단순한 집합체가 아니라 하나의 회사로서 행동해야 한다. 경영진은 이 문제의 해결 필요성을 절감해서 하나의 EMC라는 명확한 메시지를 보냈다.

우리는 이 플랫폼의 이름을 정하는 문제를 놓고 상의했다. 나는 어떤 이름을 짓든지 간에 기업의 중요한 우선순위를 반영해야 한다고 제안했는데, 누군가 EMC/ONE이라는 이름을 생각해냈다. '하나의 EMC'는 기업의 우선순위에서 유래한 이름이었다. 여기서 ONE은 '하나의 직원 네트워크' **One Network of Employees**를 뜻하는 약자인데, 이 머리글자의 뜻보다는 이 이름이 전하는 메시지가 훨씬 더 중요하다. 그것은 대단히 다양하고 구체적인 방식으로 함께 일하는 것과 관련된 것이다.

비용 절감과
EMC/ONE의 결합

2008년 중반이 되자 EMC/ONE에서 논의되는 주제가 달라지기 시작했다. 전문서비스 사업부의 기술인증 분야에서 일하고 있는 EMC 직원 미셸 라브와는 당시의 분위기를 이렇게 전했다.

2008년에는 거시경제에 대한 우려 때문에 직원들 간에 불안과 초조감이 있었다. 정리해고도 있었고 사람들은 자신들의 일자리가 유지될지 불안해했다. 경제상황이 변하고 사람들이 일자리에 대해 심한 불안감을 느끼고 있을 때 EMC/ONE은 그런 이야기를 할 수 있는 통로가 되었다.

EMC/ONE에서 처음 논의된 중요한 비용 관련 사안 중의 하나가 EMC의 휴가방침 변경이었다. 내용은 그 해에 쓰지 않은 잔여휴가가 있는 직원들은 다음 해 3월까지 그것을 다 써야 한다는 것이었다. 미셸 라브와는 이것이 별로 중요한 문제라고 보지 않았고, 척 홀리스도 마찬가지였다. 그렇지만 홀리스가 자신의 블로그에 다음과 같이 썼듯이, 이 문제는 EMC/ONE에서 커다란 논란을 불러일으켰다.

첫 번째 메모는 전통적인 방식으로 왔다. 이월되는 휴가의 규모를 관리하기 쉬운 수치로 낮추기 위해서 휴가방침을 약간 변경했다는 내용이었다. 좀 더 넓게 보면 별로 중요한 문제는 아니었다. 적어도 내 생각은 그랬다.

그런데 일련의 자발적인 논의가 내부 플랫폼에 나타나기 시작했고, 모든 사람이 그것을 보게 되었다. 몇몇 사람은 이 휴가방침 변경에 대해 좀 신랄한 표현을 썼고, 이번 변경에 따른 불편 때문에 속상해 하는 사람들도 있었다. 휴가계획을 오래 전에 미리 세워놓았는데 이번 조치로 영향을 받게 되었으니까. 또 어떤 사람들은 업무관련 사정 때문에 잔여휴가를 시한 안에 다 쓰기가 쉽지 않아서, 남은 휴가를 쓰지 못하고 잃게 되는 상황을 우려하고 있었다. 그리고 마음껏 장광설을 늘어놓는 사람들도 있었는데, 공공장소에 걸맞지 않는 행동이지만 어쩔 수 없는 상황이다.

　'모두 매우 타당한 우려들이었다.'

　얼마 지나지 않아서 이곳에 게시된 의견들의 조회 수가 1만 건을 넘고, 수백 개의 댓글이 달렸다. 그렇지만 시간이 흐르면서 좀 더 온건한 목소리들이 논의에 합류했으며, 이들은 보다 강경한 의견을 내는 사람들을 가볍게 질책했다.

　이들은 경제가 어려워지고 있으므로, 회사 입장에서는 경비를 줄일 수 있는 모든 합리적인 방안을 강구할 필요가 있다고 지적했다. 그리고 그 방안이 휴가방침을 조금 변경하는 것이라면, 다른 몇몇 대안들보다 낫지 않느냐는 논리였다.

　그러자 대부분의 사람들이 이에 동의한다는 반응을 보였다. 그리고 회사에서 이번 조치를 알렸을 때 이런 논리로 설득했어야 했다고 지적했다. 사람들은 커뮤니케이션의 개방성과 투명성이 필요하다고 했으며, 상황을 은

폐하려는 시도를 하지 말라고 했다. 이번 정책을 수립하고 통보하는 일을 담당했던 간부들은 이 모든 것이 자신들의 눈앞에서 실시간으로 펼쳐지는 것을 보게 되었다. 나쁜 점들도 예외가 아니었다.

'내가 생각하기에는 매우 유용한 피드백들이었다….'

미셸 라브와도 휴가방침 변경은 별로 중요하지 않은 사안이라고 생각했다. 그녀는 이것이 사실은 좀 더 광범위한 우려를 나타내는 것이라고 느꼈다.

사람들은 사내 상황을 명확하게 알고 싶어 했고, 궁금한 점이 굉장히 많았다. 그래서 EMC/ONE에서 이렇게 긴 논의가 이어졌던 것이다. 사람들은 이것이 대량해고로 가는 첫 단계가 아닌지 서로 묻고 있었다. 그리고 시한이 만료되기 전에 어떻게 휴가를 쓰느냐와 같은 세세한 이야기들도 있었다.

이 온라인 논의에서 라브와는 긍정적인 의견들을 게시함으로써 논의의 부정적인 분위기를 전환시키려고 했다. 그녀는 한 게시물에서 EMC 사람들은 일자리가 있다는 것만으로도 기뻐해야 할 것 같다고 말했다. 며칠 후 그녀는 아침에 샤워를 하면서 EMC/ONE이 '비용 변형' 프로세스에 어떻게 긍정적인 영향을 미칠 수 있을지에 대해 생각하고 있었다. 그래서 2008년 11월 17일 오후 2시 45분, 그녀는 '비용 절감을 위한 건설적인 아이디어'라는 제목으로 자신의 430번째 기고문을 EMC/ONE에 게시했다.

회사가 정한 휴가방침에 대해서는 제발 더 이상 왈가왈부하지 맙시다.

다음과 같은 사항들을 고려해 보는 게 어떨까 생각합니다:

● 선택적인 일주일 (무급) 휴가

● 퇴직이나 퇴사를 위한 인센티브

● (부서 사정상 가능할 경우) 휴가주간에 사무실 폐쇄 (무급)

● 2009년 내내 전면적인 임금 동결

● 주 4일 근무에 급여를 20퍼센트 삭감하는 대안을 자발적으로 선택하는 것

　내 글을 오해하지 말기 바람. 내 자신이 이 중 하나를 택하겠다는 건 아니

니까…그렇지만 이런 대안들이 바람직하다고 생각하는 사람들이 있을 수

도 있을 것이다. 이 외에 다른 아이디어가 있는 사람?

이 글이 논의를 촉발시켰다. 일 년 반이 지났을 무렵 조회 수가 2만 6천 건이 넘고 364개의 댓글이 달렸으며, 새로운 댓글이 계속 들어오고 있었다. 이온라인 논의가 길어지면서 척 홀리스와 인적자원 담당 수석부사장 잭 몰렌을 포함한 고위간부들도 논의에 합류했으며, 비용절감 대책팀 멤버들도 참여했다. 라브와가 제안한 것처럼 이번에 나온 제안들은 주로 비용을 줄일 수 있는 다양한 방안에 집중되었다. 그중에는 라브와의 표현대로 '제 정신이 아닌 것 같은 지나치게 엉뚱한 아이디어들' 도 있었지만, 상당히 실용적인 아이디어가 많았고 EMC는 이에 주목했다.

예를 들어 재택근무를 통해 에너지를 절약하자는 제안이 여러 건 있었는

데, 몰렌은 곧 워크와이즈**Work Wise**라는 이름의 탄력적인 원격근무 제도를 발표했다. 사내의 모든 프린터는 양면인쇄로 설정되었다. 출장 방침과 관련된 제안도 많았고, 이것을 참고해 출장 방침의 갱신이 이뤄졌다. 직원들은 통신비를 줄이기 위한 다양한 방안을 제시했고, EMC는 직원들에게 휴대폰 요금을 변제해 주던 방식을 업체에 직접 지불하는 방식으로 바꿈으로써 3백만 달러가 넘는 비용을 절감했다.

이 휴대폰 상환방식 변경은 EMC/ONE이 어떻게 EMC 문화를 변화시키고 있는지 잘 보여주는 예였다. 굴든은 이렇게 말했다:

서로 주고받는 긍정적 논의가 계속 이어졌다. 휴대폰 요금에 관한 새로운 방침으로 비용을 줄일 수 있을지 모른다는 제안이 처음 EMC/ONE에 나왔고, '비용변형' 팀이 이 문제를 검토한 뒤에 회사에서 새로운 방침을 발표한 것이다. 이 조치로 인한 비용절감 효과 외에 우리는 이로 인해 얼마나 많은 일자리가 보전될 수 있는지도 알려주었다. 이번 방침 변경은 매우 긍정적인 반응을 얻었고, 직원들로부터 다른 어떤 사안의 경우보다 많은 편지를 받았다. 그렇지만 이번 조치로 영향을 받는 부분에 대한 질문도 많았다. 개인용 전화는 어떻게 되느냐, 해약 수수료는 어떻게 처리해야 되나 등등. 우리는 2008년 12월 17일에 첫 메모를 발송했지만 직원들이 궁금해 하는 사항을 명확하게 알려주기 위한 메모를 다시 12월 19일까지 보냈다. EMC/ONE은 우리가 처음 채택한 Q&A(질의응답)에 대해 스스로 Q&A를 해 봐야 한다는 사실을 일깨워 주었다. 그렇게 한 게 전반적으로 매우 큰 도움이 됐다.

그러나 비용과 회사 문화에 가장 큰 영향을 끼친 것은 아마도 5퍼센트의 급여삭감 조치였을 것이다. 이와 함께 직원들에게 일주일의 휴가를 더 주었다. 굴든은 급여삭감 조치를 알려야 하는 어려움과 이 메시지가 어떻게 전달되었는지에 대해 다음과 같이 설명했다.

우리는 4만 명이 넘는 사람에게 우리가 어떤 행동을 취하고 있고, 왜 그런 행동을 해야 하며, 또 각자 어떤 역할을 할 수 있는지 이해시켜야 했다. 이것은 어려운 상황을 받아들이라고 사람들을 설득하는 작업이었다. 우리는 5퍼센트의 기본급 삭감 조치를 전 직원을 대상으로 일시적으로 시행하기로 했다. (조 투치를 비롯한 다른 경영진도 삭감 대상이었고, 이들은 추가적인 급여삭감도 받아들였다.)

우리는 이번 조치를 통해 다른 경쟁사들에 비해 훨씬 작은 규모의 일자리 감축이 가능해진다고 설명했다. EMC가 진출해 있는 세계 각지의 나라들 중에는 미국에서처럼 회사가 급여삭감 조치를 일방적으로 시행할 수 없는 나라도 많다. 이런 나라에는 직원들의 자발적인 의사에 따라야 한다는 법규가 있는데, 이들 나라에서 일하는 당사 직원 중 85퍼센트가 넘는 사람들이 자발적으로 급여삭감에 동참했다. 우리는 경제상황이 호전되면 급여수준이 이전으로 회복될 것이라고 직원들에게 설명했으며, 실제로 올해 1월 1일

부터 급여수준이 이전으로 회복됐다. 사람들의 참여 비율을 봤을 때 메시지가 잘 전달된 것 같다.[3]

라브와도 이런 생각에 동의했으며, 이 온라인 논의가 개인적으로 어떤 영향을 끼쳤는지에 대해 다음과 같이 말했다.

4월 회의에서 5퍼센트의 급여삭감 조치, 그리고 이와 함께 5일 간의 유급 휴가를 더 준다는 내용이 발표되었을 때, 온라인 논의에 참여했던 많은 사람들이 자신들이 뭔가 영향력 있는 일을 했고, 논의 내용을 경영진이 경청하고 있었다는 사실을 알게 됐다. 급여삭감을 받아들이기 어려운 사람들도 있었겠지만, 우리는 이 방안을 계속 논의해 왔기 때문에 자랑스러운 마음으로 이번 조치를 환영했다. 내가 볼 때는 EMC/ONE에게 가장 자랑스러운 순간이었다. EMC/ONE은 단순한 사회적 상호작용 도구에서 비즈니스 도구로 격상된 겁니다.

내 개인적으로도 비용절감 관련 글을 올린 것이 전환점이 됐다. 나는 매사추세츠주 프랭클린에 있는 작은 칸막이 사무실에 앉아서 개인적으로 글을 올리는 직원이다. 그런데 CFO 데이비드 굴든이 '만일 비용절감 아이디어가 있으면 이곳을 클릭하라'는 메시지를 보냈는데, 클릭을 하면 내 우편함으로 바로 가는 것이었다. 그걸 보고 나는 내가 어떤 영향을 끼쳤는지 실감했다.

미래의
변화 유도

굴든은 한 인터뷰에서 EMC/ONE이 가져온 변화는 비용절감을 위한 구체적 아이디어에 관한 것이라기 보다 의사소통과 문화, 그리고 참여에 관한 것이었다고 말했다.

내가 보낸 수많은 메모 중에서 두 번째 메모를 보낸 시점에 이미 EMC/ONE이 조직 내 의사소통을 위한 중요한 채널이 될 것이라는 사실이 분명해졌다. 내가 이것을 미리 계획했을 정도로 통찰력이 많았으면 좋았겠지만, 이건 순전히 운이 좋아서 생긴 결과였다. 우리는 회사정책 관련 의사소통을 할 때마다 EMC/ONE에서 논의하자고 했다. 우리는 여기에 해당 분야의 전문가들도 참여시켰고, 각 팀간에 비용절감이 가능한 부분을 파악하는 경쟁을 붙이기도 했다.

우리는 직원들이 EMC/ONE에 올린 제안 중에서 궁극적으로 약 2백개의 아이디어를 골라냈다. '비용변형' 프로젝트를 수행하는 팀들은 중요한 아이디어들을 모두 검토했고, 이들 프로젝트 팀에도 8개의 서로 다른 작업흐름에 속하는 사람들이 많이 참여하고 있었다. 그렇지만 EMC/ONE의 가장 중요한 기여는 직원들이 참여를 체험하면서 사기가 높아졌다는 것이다. 사람들은 회사의 결정 사항을 그냥 통보받던 이전과 달리 자신이 그 결정 과정의 일부가 된다는 자부심을 느꼈다. 그리고 우리는 이러이러한 방식이 어떻게 경비를 절감했는지 구체적으로 EMC/ONE에서 보여주려고 노력했다. (우리가 간접비 절감을 많이 하면 할수록 인건비 절감은 적게 해도 됐다.)

우리가 비용절감 문제와 관련해 긍정적 반응을 얻은 것은 단지 EMC/ONE 때문만은 아니고, 회사의 문화와 직원들이 회사와 자신을 동일시하게 된 것이 더 큰 요인이었다. 직원들은 경영진이 인력감축을 피하기 위해 가능한 모든 조치를 취하고 있다는 사실을 이해했다. EMC/ONE을 통한 논의와 의사소통은 단지 그 사실을 명확하게 해 주었고, 직원들에게 자신의 의견을 제시힐 기회를 준 것이다.

미셸 라브와는 EMC/ONE이 회사에 이미 존재하고 있던 속성들을 어떤 방식으로 지원했는지 돌아보며 굴든과 비슷한 의견을 제시했다.

우리 그룹에서는 항상 협력적으로 일을 해 왔고, EMC 전체를 보더라도 마찬가지라고 생각한다. 내 동료들은 항상 열심히 일했고, 기술적 능력이 뛰어났으며 매우 혁신적이었다. EMC/ONE은 이 협력을 더욱 용이하게 만들어 준 공간이었다.

척 홀리스는 자신의 블로그에서 '비용변형' 기간 동안 EMC/ONE이 어떤 역할을 했는지에 대해 다음과 같이 돌아보았다.

직원들에게 나쁜 소식을 전해야 할 때는 언제나 내부적으로 혼란이 생긴다. 사람들은 서로 물어보고 자기들끼리 의논하며 의견을 교환한다. 이것은 인간이면 누구나 보이는 자연스런 반응이다. 사람들은 궁금한 내용을 좀 처리해야만 업무에 복귀할 수 있다. 그런데 온라인 플랫폼 덕분에 이와 같은 성찰 단계를 이전보다 훨씬 더 빨리 통과할 수 있게 됐다. 누구나 이곳에 게시된 메모를 볼 수 있고, 이 문제에 대해 다른 사람들이 무슨 얘기를 했는지 알 수 있다. 누구나 자신의 생각이나 우려사항을 남길 수 있으며, 이 모든 것이 약 3분 안에 이뤄진다. 이 문제를 함께 얘기할 사람을 찾아서 건물을 돌아다닐 필요도 없고, 이 문제를 상의하기 위해 친구에게 전화를 걸 필요도 없다. 그리고 이 문제를 당장 얘기하려고 상사와의 면담 일정을 급하게 잡을 필요도 없다.

물론 지금도 여전히 전통적 처리방식을 일부 활용하려는 사람들도 있다. 그렇지만 현재로선 사람들이 이 '처리과정 processing의 대부분을 온라인 플랫폼에서 하고 있는 것 같으며, 이곳에는 모든 것이 회사 경영진을 포함한 모든 사람에게 공개되어 있다.

마지막으로 회사의 경영과 관련된 의사소통은 정밀한 기술이 아니다. 메시지를 작성할 때 자신이 한 것에 대해 실시간으로 피드백을 받는 것은 어떤 경영자에게도 귀중한 도움이 된다. 그리고 자신이 이번에 얼마나 잘했는지, 그리고 다음번에는 어떻게 더 잘할 수 있는지 상당히 빨리 알 수 있다.

소셜 미디어와 함께
진화하는 EMC

EMC는 2010년이 되자 다시 흑자를 보이며 성장세로 돌아섰지만, EMC/ONE은 여전히 EMC 사람들 간에 온갖 종류의 의사소통을 가능하게 해 주는 채널역할을 하고 있다. 소셜 미디어는 통상적인 비즈니스 도구가 되어 광범위한 의사소통 및 협력의 목적에 이용되고 있다. 예를 들어, 미셸 라브와는 교육 프로그램과 관련된 자신의 업무를 진행시키는 데 이것을 사용했다. 그녀는 새 교육과정들을 게시하고 증명서 관련 사안들을 처리했으며, 동료 직원들이 온라인에 올린 질문에 답변했다. 그녀의 상사는 라브와의 소셜 미디어 활동이 공식 업무의 일부가 되도록 했다. '그래서 이제는 공식적인 업무 목표에 넣고 있다.'고 라브와는 말했다.

만일 어려운 시기가 다시 닥친다면 그녀는 또 제안을 하게 될까? '물론'이라고 미셸 라브와는 대답했다. 그리고 이렇게 덧붙였다. "우리는 이제 어려운 시기가 닥칠 때까지 가만히 기다리지 않는다. 그게 바로 우리가 원하는 문화이고, 또 사람들이 우리 의견에 경청한다는 증거를 보았으니까."

EMC에는 다른 종류의 소셜 미디어도 활발하게 사용되고 있다. 예를 들면, 라브와는 트위터와 페이스북 계정을 모두 갖고 있으며, 둘 다 EMC 브랜드로 되어 있다. EMC는 또한 자사의 고객과 파트너, 그리고 전 세계 직원들 간의 협력과 의사소통, 그리고 혁신을 위해 EMC/ONE과 비슷한 일련의 외부 네트워크들도 가동시켰다. 이 외부 네트워크의 명칭은 ECN(EMC 공동체 네트워크)이다. EMC의 관점에서 이들 네트워크는 '고객 참여'customer engagement

와 추가적 지원을 포함한 여러 가지 혜택을 제공했다. CFO가 되기 전 고객 관계 책임자였던 데이비드 굴든은 이 외부 네트워크들이 매우 성공적이었다고 했다.

원래는 비용 절감 목적이 일부 있었는데, 고객들이 소비자센터에 직접 전화한 경우 보다 온라인 상담이나 커뮤니티 포럼을 통한 서비스에 더 만족한다는 사실을 발견했다. 이것은 우리가 보통 생각하는 것과는 다른 결과지만 어쨌든 온라인 만족도가 더 높다.

소셜 미디어는 그 외에도 여러 가지 면에서 EMC를 변화시켰다. 척 홀리스는 '소셜 미디어의 여정'이라는 제목 하에 올린 마지막 블로그 게시물에서 이런 변화들을 다음과 같이 요약했다.

처음 나에게 맡겨진 일은 회사에 소셜 미디어가 잘 시작되어 올바른 방향으로 가도록 전략을 수립하고 몇 가지 노력을 하라는 것이었고, 나는 그 일을 해냈다. 그리고 우리 회사의 많은 열성적인 사람들이 노력한 덕분에 이제 '임무가 완수됐다.'고 자신 있게 말할 수 있다. 물론 언제나 할 일은 더 남아 있는 법이다. 어떤 면에서는 이제 막 시작한 단계에 불과하다.

그렇지만 '2.0' 회사가 되었다는 점에서 2009년 4월의 우리 회사는 2007년 8월 당시와는 근본적으로 다른 곳이 되었음을 부정할 수 없을 것이다.

우리 회사는 이제 수천 명의 사람들이 내부 플랫폼을 통해 적극적으로 협력하고 정보를 공유하고 있다. 우리의 기대를 훨씬 뛰어넘는 성공을 거두었을 뿐 아니라, 이제는 이 플랫폼 없이 일하는 것을 상상할 수 없을 정도가 됐다.

우리는 이 플랫폼을 통해 수십 명의 외부 블로거와 수백 명의 '비공식 브랜드 매니저'를 배출했다. 여러분은 이들이 그곳에서 매일 활동하는 것을 직접 볼 수 있다. 이보다 더 바랄 것이 있겠는가.

우리는 여기서 힘을 얻어 외부 커뮤니티를 위한 플랫폼도 만들었으며, 이것 또한 지금까지 대성공을 거두었다. 그렇지만 이것은 아직 시작에 불과하다. 좀 더 자세히 들여다보면 훨씬 더 흥미로운 일들이 일어나기 시작하고 있음을 알 수 있다.

소셜 미디어가 가져다 준 큰 변화들

우리 회사 사람들은 이제 프로세스나 협력, 포용에 대해 생각할 때 대부분 2.0 방식으로 생각하기 시작했으며, 이런 현상은 요즘 거의 모든 대화에서 나타나고 있다. 회사 전반에 걸쳐 여러 가지 직원 배치 계획들을 살펴보면 '커뮤니티 개발자'와 '커뮤니티 전도사'와 같은 업무를 한다는 자리가 늘어나는 것을 볼 수 있다. 나는 이것이 자원과 전략에 대한 사람들의 사고방식에 구조적 변화가 생기고 있음을 드러내는 것이라고 본다. 우리 회사에 개설된 '커뮤니티 칼리지'에서 하는 커뮤니티 설계 및 구축 방법에 관한 수업은 지금 내부적으로 굉장히 큰 인기를 끌고 있다. 그래서 이것을 가르치는 사람들이 상당히 오랜 기간 바쁠 것 같다! 마케팅과 다른 사업 기능에 대한 우리 회사의 투자 패턴도 상당히 바뀌었다. 전통적인 협력 및 프로세스에 대한 투자는 크게 줄었고, 업무를 새로운 방식으로 하는 법을 배우는 데 훨씬 많은 투자를 하고 있다.

작지만 큰 예를 하나 들어보자. 우리는 제조 회사이기 때문에 제품의 출시는 매우 중요한 문제다. 그런데 이제 우리 회사는 상세한 소셜 플랜 없이는 중요한 제품의 출시를 하지 않는다. 예를 들어 우리 회사는 2010년 4월 14일에 굉장한 제품 출시를 앞두고 출시를 위한 준비 노력의 약 50퍼센트를 2.0 부분에 쏟았다. 이 정도면 상당한 비중이라고 할 수 있을 것이다.

나는 우리 회사 경영진이 이 2.0 경영윤리를 편하게 받아들이는 법을 배웠다는 사실이 매우 자랑스럽다. 사람들은 이제 기분을 상하게 하는 일 없이 공개적으로 반대의견을 제시하는 것에 상당히 익숙해졌다.

의사소통과 포용의 투명성과 개방성은 훨씬 더 높아졌다. 회사의 조직도는 이제 이전과는 다른 것이 되었다! 우리 회사는 이제 불가피한 논쟁거리가 생길 때 이전처럼 이것을 본능적으로 닫아 버리는 것이 아니라 기꺼이 다양한 찬반의견을 통해 해결하려고 한다. 이제는 더 이상 회사의 전반적 상황에 대해 알지 못한다는 변명이 통하지 않게 되었다. 과거에는 회사의 상황에 대해 직원들이 알게 만드는 것이 회사의 책임이라고 생각한 사람이 많았지만, 이제 그 책임은 개인에게로 이동했다.

소셜 미디어 활용 노력은 우리의 기업문화와 리더십 스타일을 매우 긍정적이고 진보적인 방식으로 변화시키기 시작했다. 생각해 보면 너무나 멋진 일이다.

회사에 자리 잡은 조직적 판단 문화

홀리스와 굴든, 그리고 라브와가 언급한 내용은 모두 의사결정에 관한 EMC의 문화와 접근방식에 극적인 변화가 있었음을 보여준다. 이 회사는 더 이상 이전처럼 '위대한 인물'이 다른 4만 9천 명 직원의 의견이나 참여 없이 위에서 공표하는 그런 환경이 아니다. 비용절감이나 다른 아이디어들은 더 이상 엄선된 전문가들만의 몫이 아니다. EMC는 더 이상 하나의 목소리만 내는 회사가 아니다. EMC는 크고 복잡한 회사이며, 이것은 회사의 공적인, 그리고 사적인 여러 목소리에 반영되어 있다.

물론 EMC에서 결정을 내리는 사람은 여전히 경영진이고, 특정 비즈니스 문제나 목표에 대해 여전히 어떤 직원들은 다른 직원들보다 더 많이 알고 있다. 우리는 이 회사에 더 이상 권한이나 전문지식의 위계질서가 없다고 말하려는 것이 아니다. 때로는 기업 인수합병 사례에서처럼 고위 경영진이 중요한 결정을 자기들만 아는 기밀로 해야 할 경우도 있고, 때로는 신제품 연구개발의 사례에서처럼 심의와 결정 과정이 민주적이지 않을 수도 있다.

그렇지만 이 EMC 이야기는 이전처럼 의사전달이 일방적이고 폐쇄적인 상의하달식 문화이던 것이 조직적 판단을 하는 데 있어서 새로운 목소리와 영향을 받아들이는 방향으로 변할 수 있다는 것을 보여준다. 이 정도로 크고 성공적인 회사가 조직적 판단에서 보다 많은 사람과 관점들을 참여시키는 방향으로 변할 수 있다면, 이런 변화는 어떤 조직에서라도 가능할 것이다. 우리는 EMC의 판단 역량 확대가 앞으로 이 회사가 지속적으로 훌륭한 의사 결정을 내리는 것을 가능하게 해 줄 것이며, 결정 과정에서의 광범위한 참여 덕분에 직원들이 결정을 수행할 때 훨씬 더 주인의식을 느끼게 될 것이라고 확신한다.

방향설정을 올바로 한 리더들

이 책은 의사결정자로서 '위대한 인물'에 의존하던 시대는 이제 끝났으며, 보다 폭넓게 조직의 판단에 집중하는 새로운 패러다임으로 대체되고 있다는 주장으로 시작했다. 그것은 보다 참여적이고, 문제해결 지향적이며, 기술적으로 진보한 패러다임이다. 그렇지만 우리는 의사결정 문제와 관련해 리더들의 역할을 완전히 배제하지는 않도록 조심했다. 사실 리더들은 올바른 콘텍스트와 사고방식이 자리 잡고, 조직이 이를 받아들이도록 하는 데 매우 중요한 역할을 할 수 있다.

이번에 소개하는 이야기들은 그런 역할을 한 세 명의 리더에 관한 것이다. 이들은 어떤 어려운 결정을 내리기 위한 문제해결 과정에 보다 광범위한 사람들이 참여하는 새로운 문화와 역량을 구축했다. 첫 번째 이야기는 미국의 지역 언론사인 미디어 제너럴이 비즈니스 모델의 전면적 개편을 통해 이룩한 변화를 보여준다. 두 번째 이야기는 변화의 리더십에 관한 이야기로 뉴욕에 본부가 있는 자선단체 월리스 재단의 이사장이 교육개혁 관련 전략을 설정한 이야기를 다룬다. 그리고 마지막 이야기는 혁신적인 미용제품 회사 트위저맨을 성공적으로 창업하고 확장시켜 마침내 큰돈을 번 기업가에 관한 이야기다.

10

미디어
제너럴의
민주적 리더십

새로운 전략을 위해
조직개편을 할 것인가?

1990년대의 디지털 혁명이 세계경제에 영향을 주며 변화를 초래하고 있을 때, 많은 주류 미디어 회사들과 마찬가지로 미디어 제너럴Media General도 광고에 기반을 둔 자사의 비즈니스에 대한 압박을 많이 받고 있었다. 미디어 제너럴은 미국 남동부 지역에 주로 집중하고 있는 매출규모 7억 달러의 신문 및 방송 회사로서, 2008년의 심각한 경제 불황으로 기업들의 광고비 지출이 급감하기 시작할 무렵, 미디어 사업의 모델이 본질적으로 변하고 있다는 사실을 알았다. 회사의 매출이 하락하는 가운데 이사회의 새 멤버들은 새로운 가치창출과 서로 다른 접근방식들을 요구하고 있었다. 그리고 CEO 마샬 모튼과 고위간부들은 어떤 조치를 취해야 하는가 하는 문제를 놓고 열심히 씨름하고 있었다. 지금이 회사를 새로 시작해야 할 시점일까? 인터넷과 출판, 그리고 방송 사업들을 한데 통합시켜 시너지 효과를 내기 위한 올바른 방안은 어떤 것인가? 그리고 이것을 어떻게 해낼 것인가?[1]

많은 경쟁사들과 달리 미디어 제너럴은 디지털 혁명으로부터 도피하려 하지 않았고, 오히려 이것을 받아들이기 위해 최선을 다하고 있었다. 이 회사는 몇 개의 성공적인 인터넷 사이트도 출범시켰고, 다양한 종류의 콘텐츠 개발과 전달이 빠르게 융합되고 있는 현상을 보다 잘 이용하기 위한 방안을 찾는 실험을 엄선된 시장에서 진행하고 있었다. 그러나 이 회사의 전반적인 전략과 조직구조, 그리고 통상적인 사업방식은 여전히 전통적인 미디어 회사의 방식을 따르고 있었다. 사업 단위들은 제품별, 배송별로 조직화되어 신문 사업부와 방송 사업부, 그리고 훨씬 규모가 작은 별도의 인터넷 사업부로 나뉘어져 있었다. 그런데 해가 거듭될수록 새로운 디지털 융합digital convergence 사고방식과 기존의 업무방식 간에 갈등이 생기기 시작했다. 미디어 제너럴은 미국 남부의 전통적인 가족 소유 기업으로서 갑작스런 변화를 쉽게 수용하는 회사가 아니었다. 성공적인 사업체라면 모두 다 그렇듯이, 이 회사는 오랜 기간 쌓아올린 것을 무너뜨릴 수도 있는 경솔한 행동을 하지 않으려고 조심하는 태도를 보였다.

매우 현실적인 딜레마였지만, 2008년에는 변화를 위한 압력이 거세지고 있어 굉장히 시급한 문제였다. 지금부터 소개할 이야기는 이 회사의 리더가 어떻게 이 어려운 도전을 받아들여 진정한 기회로 바꾸었는지에 관한 것이다. 그는 몇 가지 실질적인 위험 속에서 미디어 제너럴을 변화시키기 위해 과감한 조치를 취했다. CEO 마샬 모튼은 새로운 전략과 새로운 업무방식을 찾는 과정에서 자기 자신도 조용한 혁명적인 변화를 겪었으며, 그 과정에서 이전과는 다른 종류의 리더십에 근거한 새로운 종류의 조직적 판단을 구축했다.

변화와
기회의 시대

이 회사는 전통을 중시하는 기업의 전형적인 예라고 할 수 있다. 미국 남북전쟁 이전에 설립되었고, 버지니아의 유서 깊은 가문인 브라이언 가에서 오랫동안 회사의 경영권을 갖고 있었다. 그리고 이 회사는 시간이 흐르면서 남부지역 특유의 품위와 언론의 진실성, 그리고 공동체 봉사정신을 중시하는 경영문화를 구축했다. 이런 문화는 현지의 대도시 지역 신문에 주로 집중한 이 회사의 사업과도 잘 맞았다. 다른 많은 신문사와 마찬가지로 미디어 제너럴도 1950년대부터 급성장하는 텔레비전 방송 사업에 진출했다. 또한 당시 유행이던 복합기업 conglomerate 접근방식을 받아들여 다른 지역의 신문사와 케이블업체, 그리고 통신 관련 사업체들을 인수했는데, 심지어 제지공장까지 인수할 정도였다.

1994년에는 자사의 주력 시장 중 하나였던 탬파 지역을 대상으로 커뮤니티 기반 인터넷 정보 서비스를 시작했는데, 이런 서비스를 제공한 최초의 미디어 회사 중 하나였다. 그런데 디지털 혁명으로 상황이 더 복잡해졌다. 다른 많은 미디어 회사들처럼 디지털 혁명의 변화 잠재력에 저항하는 수준은 아니지만, 미디어 제너럴은 인터넷과 다른 디지털 기술들이 신문사와 방송사에 미친 실질적이고 장기적인 영향을 놓고 계속 씨름하고 있었다.

디지털 혁명의 영향력이 계속 커지면서 전통적인 지역 언론사들은 보다 적은 비용으로 보다 많은 가치를 제공해야 하는 압박을 받게 되었다. 2000년 이후부터 당시 회장 겸 CEO인 J. 스튜어트 브라이언 3세는 미디어 제너럴의 자산과 전략을 신문·방송·인터넷의 세 가지 핵심 사업부문에 맞춰 정비시키고 미국 남동부 지역에 대한 집중을 강화하는 작업을 주도했다. 이와 같은 정비와 집중 강화는 비즈니스 상식에 맞는 조치였지만, 이 새 모델도 자체적으로 미묘한 약점이 있었다. 조직적 구조는 이제 신문과 방송, 그리고 인터넷이라는 세 개의 별도 플랫폼에 기반을 두고 있었고, 이로 인해 직업적으로 서로 다른 세 개의 하위문화subculture를 더욱 강화하거나 악화시키는 결과를 초래한 것이다. 미디어 제너럴의 부사장 한명은 이 정비 조치 이후 수년간의 기간에 대해 다음과 같이 냉소적으로 말했다. "신문기자들은 인쇄매체를 거의 숭배하고 있고, TV쪽 사람들은 시각적인 것과 직접성을 강조하다가 언제나 내용의 깊이가 없다는 비난을 받았으며, 젊은 디지털 지식층은 참을성이 없고 모든 것에 예의 없는 태도를 보였다."

이렇게 각 사업부가 서로 다른 경영문화를 갖고 있는 것은 단순히 상투적인 경쟁심리만의 문제가 아니라 업무수행에 실제로 장애가 되었다. 이 조직 모델은 원래 미디어 사업, 특히 신문 사업에서의 근본적이고 엄청난 변화에 맞추기 위해 개발되었다. 콘텐츠의 개발과 유통은 수년 전부터 보다 많은 소스source로 세분화 되고 있었다. 즉 비디오 세계에서는 지상파 방송에서 점차 수많은 케이블 및 위성 채널로 세분화 되고 있었고, 저널리즘 세계에서는 수많은 인터넷 사이트와 온라인 서비스, 그리고 전자 포털들이 가세했다. 그리고 디지털 기술 혁명은 사용자와 소비자들에게 보다 많은 힘을 부여함으로써 지금까지의 독점체계를 무너뜨리고 시청자와 독자에게 보다 많은 선택권을 주었는데, 이로 인해 사람들의 주의 지속시간attention span이 짧아지고 광고에 대한 관심이 이전보다 변덕스러워졌다. 이런 상황은 관련법규의 개정으로 뉴스와 다른 콘텐츠의 다양한 공급업체들 간에 경쟁이 가속화되는 결과가 생기면서 더욱 복잡해졌다.

소비자들의 취향과 시청습관이 정보를 제공하는 다양한 플랫폼 사이에서 변하면서 미디어 제너럴의 세 개 사업부에서 일하는 콘텐츠 공급자들은 동일한 지역 뉴스 스토리를 갖고 각기 다른 시각이나 시기 적절성을 내세우며 서로 경쟁하기 시작했다. "탬파에서 일할 때 큰 화재가 발생하면 언제나 TV 트럭과 신문 쪽 사람들이 모두 나타나서 서로 상대방을 제치고 특종을 잡으려고 했다." 짐 짐머먼은 당시 상황을 이렇게 말했는데, 그는 현재 버지니아와 테네시 지역의 시장을 감독하는 일을 맡고 있다. "우리는 수익이 줄어들고 있는데 그런 상황이었으니 한심했다." 이런 부서 간 경쟁심은 광고주들을 혼란스럽게 만들어서 광고 판매 기회를 놓치는 결과도 낳았다. 영업관리 부사장 마릴린 해먼드는 당시 상황을 이렇게 설명했다. "각 부서가 광고를 따려고 한 도시의 같은 자동차 딜러를 차례로 방문하기도 했는데, 이건 서로의 발에 걸려 넘어지는 모양새였다. 그 딜러가 자동차를 더 많이 팔도록 도와주는 방안을 제대로 생각해내기보다 자기네 매체에 광고를 하도록 만드는 데 더 관심이 있었으니까. 자기 부서만 챙기는 이런 사고방식은 정말 큰 문제였고, 우리는 그 때문에 상황을 우리에게 유리한 쪽으로 만들지 못했다."

신문사와 방송사들이 각자 자신의 영역에서 거의 독점적인 지위를 누리던 시대에는 소비자들을 생각하기보다 경쟁에 더 치중했던 이런 사고방식도 미디어 제너럴이 감당할 수 있는 사치였다. 모두에게 돌아갈 풍부한 돈이 있고, 회사는 가파른 성장을 계속하고 있었다. 그러나 내부의 경쟁심과 운영효율의 결여는 여전히 많은 관리자들을 괴롭혔는데, 이것은 대체적으로 조화로운 회사문화의 배경에서 보았을 때 더욱 그랬고, 이로 인해 귀중한 기회들을 놓치고 있다는 생각이 커지고 있었다. 짐 짐머먼은 탬파에서 현지 방송 간부로 일한 시절 중요한 자선행사에서 신문 사업부에서 일하는 회사 동료이자 라이벌이던 도일 하빌과 마주쳤던 일을 이렇게 기억했다. "우리는 서로 상대방을 쳐다보았고, 방송과 신문 사업부들이 그 자선행사를 위해 각기 다른 테이블을 마련했다는 사실을 깨달았다. '그냥 미디어 제너럴을 위한 테이블 하나를 준비했어야 하는데… 같은 회사인데 왜 방송과 신문 쪽 사람들이 한자리에 같이 앉으려 하지 않는 걸까?' 그때 이런 생각이 들었다."

초기
조치들
사실 회사 전반에 걸쳐 부서 간의 오래된 간격을 메우기 위해서 좀 더 실질적인 방안을 찾으려는 계획들이 전개되고 있었다. 앞서 언급한 자선행사 이후 짐머면과 하빌은 광고판매를 좀 더 협력적으로 하기 위한 몇 가지 프로젝트를 출범시켰다. 미디어 제너럴 조직의 많은 부분에서 다양한 뉴스 수집 업무와 상업적 업무들을 좀 더 긴밀하게 통합하려는 노력이 있었다. 이중에서 성공적인 협력 사례 가운데 하나는 바로 탬파에서 발전된 것이다. 짐머면과 하빌은 아날로그에서 디지털로 바뀐 테크놀로지 전환에 힘입어 신문기자들과 방송인들을 모두 하나의 새 건물로 옮겨 한곳에서 일하게 한 것이다. 하빌은 다음과 같이 회상했다. "인쇄매체와 TV 사람들이 엘리베이터에서 계속 마주치게 되면서 실제로 이전보다 더 협력하기 시작했다. 그리고 나중에는 양쪽 사람들 모두 인터넷의 가치를 깨닫기 시작했다." 인쇄매체 기자들이 텔레비전 뉴스에 등장해서 자신들이 쓴 기사를 소개했고, TV 기자들은 동료들의 인쇄매체에 보다 실질적으로, 그리고 생산적으로 참여할 기회를 발견했다. 지역 신문사와 TV 방송국은 이런 크로스오버crossover에서 이득을 얻었고, 지역 인터넷 포털은 모든 매체에서 수집한 지역사회 뉴스를 제공한 선발주자라는 명성을 얻었다.

회장 겸 CEO인 브라이언은 1990년대 초부터 회사가 디지털 혁명을 피하려 하지 않고 오히려 포용할 것이라고 누차 선언했다. 탬파 지역과 같은 몇몇 시장은 이런 사고방식의 진정한 잠재력을 보여주기 시작하고 있었다. 그렇지만 각 사업부로 나뉘어져 있는 구조는 여전히 중요한 장애가 되고 있었다. 당시 회사는 아직 경제적으로 좋은 시기를 누리고 있었기 때문에 브라이언이 내건 슬로건을 실제 운영에 반영하기보다는 미래를 향한 비전으로 간주하고 있었다. 최고운영책임자COO 레이드 애쉬는 사업부문들을 모두 아우르는 '융합 협력'을 촉진하기 위해서 당시 각 부서의 리더들이 한데 모인 실무그룹이 구성되었다고 했다. 이들이 해낸 첫 번째 성과 중 하나는 스스로 지켜야 할 '존중 규범'을 만든 것으로, 부서 간 협력강화에 관한 내부 협상이 지나치게 과열될 때마다 모두 이 규범을 지키기로 약속했다. 그런데 이 규범이 요구되는 상황이 자주 생겼다.

그렇지만 세월이 흐르면서, 그리고 가끔 발생한 부서 간 긴장에도 불구하고 미래를 내다보는 회사 리더들은 대부분 디지털 융합이 다가오고 있다는 사실을 알았다. 진짜 문제는 이 현상을 의도적으로 이용할 것인지, 이용한다면 어떻게 이용할 것인지, 특히 자사의 비즈니스 모델 안에서 어떻게 이용할 것인지에 대한 답을 찾는 것이었다. 2008년의 위기는 이 답을 찾는 일을 더 이상 미룰 수 없게 만들었다.

최악의 상황에서 기회를 탐색하다

2008년은 이 회사에 여러 가지 어려운 문

제가 한꺼번에 들이닥쳐 압박을 가한 해였다. 항목별 안내광고와 전통적인 경비효율지표cost-per-thousand에 따른 광고에 의존하는 다른 미디어 회사들과 마찬가지로 미디어 제너럴은 온라인 정보 제공업체들의 사용자 클릭 광고혁명으로 인해 손해를 보는 쪽에 있었다. 자사 보유의 인터넷 포털 등을 활용해 열심히 노력했음에도 불구하고, 회사의 문화와 무게중심은 여전히 전통적인 미디어 접근방식에 기반을 두고 있었다. 이 회사의 사업부별 구조는 시대가 요구하는 새로운 방향으로 빨리 전환할 만큼 민첩하지 못했다. 이런 상황에서 2008년 경제 불황의 재앙이 모든 형태의 미디어 지출을 초토화시켰다. 더구나 같은 해에 이사회의 새 멤버로 들어온 무표정한 얼굴의 신임 이사들이 집합적 스트레스를 가중시켰는데, 이들은 적극적으로 활동하는 어떤 대주주가 제안한 이사들이었다. 그 대주주는 헤지펀드 매니저였는데, 새 이사진 선임을 위한 투표를 하면서 "벤처 캐피털 분야의 경험이 미디어 제너럴의 전략에 유용한 기여를 할 수 있지 않을까 생각한다."고 했다.

미디어 제너럴의 경영권은 여전히 브라이언 가문이 장악하고 있었지만, 이중 주식소유 구조 때문에 '반体제제 투자자들'의 그림자가 회사의 포커스를 위협하기 시작한 것이 분명했다. 날이 갈수록 이 신임 이사들은 부사장 조지 마호니의 말을 빌리면 '회사의 집중을 방해하는 내부의 주된 요소'가 되었으며, 이런 현상은 미국경제가 급락하는 상황에서 더욱 심해졌다.

신임 이사들은 실적 지향적인 질문을 부담스럽게 계속 제기하고 있었으며, 이는 급속히 약화되고 있는 경제와 광고시장 상황과 맞물려 더욱 악화되었다. 이보다 먼저 그해 봄, 또 다른 장기 투자자인 마리오 가벨리는 뉴욕의 하버드 클럽에서 열리는 회의에서 하게 될 주주가치shareholder value 공개토론회에 참여하도록 문제의 헤지펀드 매니저와 마샬 모튼을 초대했다. 모튼은 나중에 브라이언의 지지로 2005년 CEO에 취임했다. 사람들이 전한 바에 따르면 모튼은 그날 토론회에서 매우 잘했으며, 논쟁에서 헤지펀드 매니저를 압도했다. 그런데 반反체제 이사들이 새로 이사회에 합류하면서, CEO 모튼은 공개토론회의 결과와 상관없이 현실적이고 적절한 방어책은 회사 전반에 걸쳐 보다 많은 가치를 창출하는 것밖에 없음을 알게 되었다. 그렇지만 새로운 디지털 혁명 속에서 회사를 발전시킬 올바른 방안은 어떤 것일까?

4월 연례회의 후에 모튼은 자신에게 직접 보고하는 간부들을 포함한 여러 사람들과 일련의 대화를 갖기 시작했다. 그리하여 그가 지난 수개월간 체험해 온 문제를 다른 사람들과 함께 공유했는데, 그것은 미디어 사업의 새로운 환경과 미국경제의 붕괴에 직면한 상황에서 가치 증대를 위한 진정한 기회는 어떤 것인가 하는 물음이었다.

본격적으로 움직일 기회 포착

마샬 모튼은 스타일이나 매너에서 세련되었지만 잘난 체하지 않는 리더이다. 정중하고 부드럽게 말하며, 은발에 절제된 위엄을 지닌 그는 회사의 운영 및 사업 기획에서의 오랜 경험으로 널리 존경받고 있었다. 스튜어트 브라이언이 직접 모튼을 뽑아서 그의 멘토가 되었고, 1990년에 CFO가 되게 했으며, 15년 뒤에는 CEO로 승진하도록 도와주었다. 두 사람은 같이 일하는 게 항상 잘 맞았다. 신문사에서 일하는 저널리즘을 깊이 사랑하는 신문인인 브라이언은 모튼이 갖고 있는 보다 실질적인 비즈니스 · 운영 능력을 높이 평가했다. 모튼은 사실 섬유산업에서 일하다가 미디어 제너럴로 온 사람이 었다.

마샬 모튼은 저널리즘 세계를 존경했지만 자신이 직접 저널리즘과 관련된 커리어를 추구하려는 허세는 전혀 부리지 않았다. 그는 '나는 언제나 저널리즘이 소중한 공공서비스라고 생각한다.'고 말하는 사람이었다. 그는 자신이 이 회사에 채용된 이유가 비즈니스맨으로서의 경력 때문이라는 사실을 잘 알고 있었다. 미디어 제너럴에 온 지 얼마 안됐을 때 모튼은 매출 관리가 너무나 허술한 것에 놀랐고, 체계화 된 운영 과정과 구조가 거의 없다는 사실에도 놀랐다. 그는 회사 차원의 잘 통솔된 보고 및 기획 체계를 구축하느라고 열심히 일했고, 부서 차원의 보고 및 기획 체계도 구축했다. 모튼은 처음에는 자신이 미디어 쪽 경험이 없다는 사실을 좀 걱정했지만, 곧 비非미디어 쪽에서 온 자신의 관점이 이 회사에 얼마나 큰 도움을 줄 수 있는지 인식하게 되었다. 디지털 혁명이 진행되면서 경쟁의 압박과 경제적 어려움이 더욱 심해지는 가운데, 그는 회사의 운영방식을 보다 전문적이고 효율적인 방향으로 개선하면 너무나 많은 가치가 창출될 수 있다는 것을 깨달았다. 그렇지만 섣불리 나섰다간 저널리즘 문화를 위협하거나 혼란스럽게 할 수 있다는 점을 잘 알기 때문에 모튼은 드러나지 않게 조용히 변화를 추진했으며, 미디어 제너럴 조직을 교란하기보다는 부드럽게 슬쩍 미는 방식으로 추진했다.

그러나 디지털 변화가 가속화 되면서 2008년에는 모든 미디어 회사에 영향을 미치게 되었고, 이제는 부드럽고 은근한 방식 이상의 것이 필요한 시점이 되었다. 그리고 모튼은 자신이 지금까지 해 온 경영방식으로는 현재의 상황이 요구하고 있는 새로운 해결책과 새로운 사고를 가속학시킬 수 없을 것이라는 사실을 잘 알았다. 그때까지 그는 개인적으로 일대일 면담을 하거나 관련 동료들과 간단한 대화를 나누는 방식을 택했다. 그는 자신에게 직접 보고하는 부사장 5명으로 강력한 그룹을 구축했지만, 공식적인 회의를 하자고 그들을 한데 모으는 일은 드물었다. 모튼은 보다 집합적인 사고와 문제해결 방식 없이는 미디어 제너럴이 앞으로 결코 도약하지 못할 것이라는 점을 깨달았다. 하버드 클럽의 토론회에 참여하고 몇 주일 후에 그는 이제 기존의 방식을 바꿔야할 때라는 결정을 내렸다.

R&R 그룹의
자유로운 토의 문화

5월 13일 아침, 마샬 모튼은 자신의 주변에 구축한 리더십 그룹에게 R&R 이라는 제목의 짧은 메모를 보냈다. 그리고 앞으로 보다 공식적인 회합을 갖고 이를 통해 회사에 필요한 변화를 위한 과정, 즉 내부의 비효율적인 부분들을 '고치고' Rework 업무수행을 방해하는 외부 장애물을 '제거하는' Remove 과정을 추진하는 데 도움을 달라고 요청했다. 다음은 이 메모의 일부 내용이다.

우리 모두 회사가 고객의 변화에 적응해야 할 필요가 있다는 사실을 절감하고 있습니다. 그러나 변화의 필요성을 절감하면서도 우리 회사의 각 사업부는 지금까지 이어 온 과거의 유산에 얽매여 있어서 변화를 위한 행동을 취하지 못하고 있습니다. 따라서 우리 그룹이 여기서 어떤 역할을 해야 합니다.

자연스런 현상이겠지만 각 사업부에서는 여전히 옛날식 사고가 불쑥불쑥 나타나는 일이 계속되고 있으며, 변화의 필요성조차 인정하지 않고 이에 저항하는 세력도 있습니다. 상황을 더욱 복잡하게 만드는 것은 우리의 미래에 진정한 가치를 구성하는 고객들은 우리의 변화를 강력하게 요구하고 있는 반면 일부 고객은 어떠한 변화도 원치 않는다는 사실입니다.[2]

이 메모에는 각 R에 해당하는 주제의 리스트가 포함되어 있고, 이것은 이 그룹이 처음 다루게 될 안건이 되었는데, 여기에는 운영방식 개선과 자산매각, 직원의 능률, 휴대폰 광고로의 이행, 자본 배정, 혁신 등의 사안이 포함되었다. 전통적 관점에서는 이것이 전반적인 전략 재고再考와 공식적인 기획 과정의 시작으로 보였을 것이다. 그러나 이후 진행된 스타일과 과정은 이와는 매우 달랐다. 그리하여 지금부터 문화적으로 조율된 독특한 형태의 조직적 의사결정을 구축한 진짜 이야기가 시작된다. 이것은 단순한 조직개편뿐 아니라 자신들의 비즈니스에 관해 보다 폭넓은 판단력을 발휘하는 새로운 방식을 위한 토대를 놓았다.

모튼과 그의 팀이 R&R 그룹에서 함께 일한 이야기를 들어 보면, 회사의 리더가 의도적인 노력을 통해 새로운 사고를 열고 해결책을 찾는 과정에서 전통적인 경계를 허물어뜨린 과정이 그려진다. 그리고 이것은 처음부터 대화를 통한 허물없는 분위기 속에서 진행되었다. 당시 HR인사관리 책임자였고 이 기획회의 멤버 중 한명인 짐 우드워드는 다음과 같이 회상했다. "마샬은 처음부터 우리가 완전한 동료로서 함께 일할 것이라는 점을 분명히 했다. 문제해결 과정과 개방적인 대화를 공유하는 분위기였다. 마샬은 단순하고 직설적으로 이야기했고, 자만심이나 숨은 의도는 전혀 없었으며, 컨설턴트들이 쓰는 어려운 용어도 전혀 쓰지 않았다. 이런 분위기가 일을 하는 내내 지속됐다." 조지 마호니도 같은 이야기를 했다. "격식을 따지지 않고 협력적이었으며 모두를 포괄했다. 공식적인 프레젠테이션을 기대하지 않았고 심지어는 허용하지도 않는 분위기였다." 미디어 제너럴의 기업홍보 담당 부사장이고 R&R 그룹의 멤버인 루 앤 내브헌은 다음과 같이 덧붙였다. "우리 모두는 예의를 차리고 정중하며 남을 존중하는 남부 문화의 배경과 가치관을 공유했다. 이것이 바로 이 R&R 회의의 비결 중 하나였다."

그러나 허물없이, 그리고 정중하게 대화를 나누는 분위기가 원칙이나 어려운 문제해결, 그리고 앞으로 나아가는 추진력의 결여를 의미하지는 않았다. R&R 그룹은 절박감을 느끼고 있었다. 회의가 진전되면서 그룹 멤버들은 조사 대상에 대한 집중을 강화하기 시작했고, 하나의 실무 팀으로서 업무 과정의 자체적인 원칙을 수립했다. 첫 번째 R&R 메모에 있던 원래의 주제 리스트는 초기에 이미 간추려졌고, 집합적인 학습이 진행되면서 이 그룹은 공동작업의 초점을 보다 분명하게 맞추기 위한 간단한 헌장을 고안했다. 현재의 상황을 어떻게 변화시키고 개선시킬 것인가에 대한 제안은 5가지 테마 중 하나에 속해야 했고 그렇지 않을 경우 폐기되었다. 그 5가지 테마는 STM **speed to market**(새로운 시장으로 빠르게 진입), 제품개발 개선, 고객에게 좀 더 가까이 다가가기, 인터넷 우선 **Web-first**의 비즈니스 통합, 그리고 회사 전반에 걸쳐 효율성과 정보의 흐름을 증대시키는 것이었다. 그리고 사고思考의 진전이 이뤄지면서 R&R 그룹은 자신들의 진전사항을 정리하기 위한 조치를 취했다. 지금까지 내려진 결정들을 문서화하고, 이견이 있거나 보다 많은 조사가 필요한 부분들은 별도로 표시했으며, 다음 회의를 개시할 실무 의제를 수립했다. 논의의 표면 아래서 잠정적인 결정들을 조용히 성문화하고, 해결책을 찾기 위해 계속되는 여정에서 어느 방향으로 가야 할지 경로를 구상하고 또 이를 수정하는 작업을 했다.

마샬 모튼의 차분하고 자기를 내세우지 않는 스타일은 이 R&R 회의의 분위기에 완벽하게 들어맞았으며, 그는 다양한 아이디어들을 놓고 동료들과의 공동작업을 통해 해답을 찾는 문화를 창조했다. 그것은 속도는 느리지만 명확한 의도가 있는 대화를 통해서 회사의 업무수행과 관련된 중요한 문제들을 점점 더 명확하게 파악하는 과정이었고, 리더가 단지 자신의 아이디어에 대한 피드백을 얻는 것이나 리더십 팀들이 보통 하고 있는 형식적인 전략기획과는 완전히 다른 과정이었다.

훌륭한 판단을 위한 설계

겉으로 보기엔 쉬워 보이는 많은 활동과 마찬가지로, R&R팀의 업무방식에도 상당히 의도적인 설계가 들어가 있었다. 먼저 이 그룹의 멤버들에 대해 살펴보자. CEO가 업무수행 개선 기획을 위해 자신에게 직접 보고하는 사람들을 한데 모으는 행위는 물론 그렇게 혁명적인 것은 아니다. 하지만 모튼은 R&R을 시작하기 전에 각 개인에 대해 신중하게 생각했고, 문화적 적합성과 사고의 다양성 사이에 적절한 균형을 맞추려고 노력했다.[3] "이 사람들은 배경은 서로 달랐지만 미디어 제너럴을 성공적인 회사로 만들겠다는 동일한 관심사를 갖고 있었다. R&R 멤버들은 논리적으로 생각하는 사람들이고, 상호보완적인 능력을 갖고 있었다. 몇몇은 금융 쪽이고, 운영관리 쪽 사람들도 있었으며, 대부분 회사에서 다양한 업무 경험을 갖고 있었다. 모두 정직한 사람들이고 높은 윤리관을 가진 전문가들이었는데, 이것은 우리가 필요로 하는 분위기를 조성하는 데 필수적인 자질이었다." 모튼은 이들과 이전에 공식적인 팀으로 일해 본 적이 없었기 때문에, 이들을 한 팀에 모았다는 사실 자체가 특별한 의도를 지닌 새로운 조치였다. "우리가 해야 할 문제해결을 위해서는 그룹의 역동성이 필요하다는 것을 깨달았다. 나는 일차원적인 의사결정의 위험을 피하고 싶었다. 나 혼자서 모든 아이디어를 생각해낼 수 없다는 사실을 잘 알기 때문에 도움이 필요했다."

이 설계의 두 번째 측면은 과정에 내재되어 있는 신뢰와 개인적인 동기부여였다. 모튼의 말을 다시 들어보자. "내가 멤버들에게 제일 먼저 한 말은 '어떤 결과가 나오든 여러분은 모두 이 회사에서 일자리를 유지할 것이다. 지금과는 다른 일자리일 수도 있지만, 여러분은 여전히 미디어 제너럴에서 일할 것이다' 는 것이었다." (이후 조직개편 과정에서 관리직에 있는 사람들을 정리해고하지 않고 재배치하려는 노력이 조심스레 진행되었다.) CEO 모튼은 처음부터 건설적인 논쟁과 심층적인 논의를 하는 분위기를 만들었다. "우리가 사안들을 처리하는 과정에서 매 단계마다 이견을 내고 토론을 하라고 장려했고 다들 그렇게 했다." 모튼은 버지니아대 경영학과 교수인 아버지 밑에서 자란 영향으로 이런 식의 접근방식에 매우 익숙했다. "토론과 분석은 어렸을 때부터 몸에 밴 습관이다. 우리 가족은 매일 저녁식사 시간에 함께 논의를 했는데 마치 사례연구에 관한 토론을 하는 것처럼 했다."

모튼은 또한 한 자리에 모인 팀의 구체적인 관심사와 선호하는 것들을 교묘하게 이끌어냄으로써 이 R&R 그룹이 활기 있게 일할 수 있도록 자극했다. 부사장 겸 법무 자문위원인 조지 마호니는 다음과 같이 회상한다. "대화에서 새로운 사안이 등장하면 우리는 각자 자신의 전문분야와 관련해 흥미롭다고 생각되는 특정 영역에서 일하고 철저히 검토할 기회를 얻었다. 우리는 각자에게 매력적인 것에 근거해 문제해결에 참여했고, 우리가 회사를 재창조하고 있다는 생각에 흥분된 분위기였다."

그리고 이 설계의 세 번째 측면은 한데 모은 지식과 경험을 최대한 활용하는 것이었다. 이 프로세스가 처음 시작되었을 때부터 R&R 그룹 멤버들은 두 명씩 짝을 지어 혁신이나 효율적인 충원 같은 특정 사안을 탐구하는 서브팀 subteam을 구성했다. 직접적인 전문지식이 있는 리더 한명과 해당 주제에 대한 경험이 상대적으로 부족한 한명이 서로 짝을 이루는 방식이었다. 모튼은 이 방식에 대해 "이런 구성방식은 이른바 '무지한 사람에게 정보를 제공' informed ignorance함으로써 기여를 이끌어낸다는 면에서 큰 이점이 있다."고 했다. 이 방식은 1999년의 방대한 Y2K 프로젝트 당시 새로운 테크놀로지의 광범위한 학습 및 실행 과정에서 회사에 매우 유용하게 쓰였던 방식으로 R&R 그룹은 R&R 문제해결에 동일한 원칙과 접근방식을 많이 활용했다.

사실 R&R 회의는 조직적 지식제공과 오랫동안 여러 사업체와 고객들을 통해 배운 것의 집합체인 피라미드의 맨 꼭대기에 있었다. R&R 멤버들은 그동안 미디어 제너럴의 조직에서 각기 다른 역할을 해 왔기 때문에 비즈니스의 각기 다른 부분에서 보는 관점을 제공함으로써 다양한 관점으로 사안을 볼 수 있게 해 주었다. 그리고 멤버 두 명으로 이뤄진 서브팀은 사내의 다른 리더 및 전문가들과 지속적으로 교류함으로써 검토대상인 모든 전략적 사안에 관한 경험이 활용되도록 보장했다. 각 부서장에게 정보수집 사실을 통보했으며 정보수집 노력을 지원해달라고 공개적으로 요청했다.

R&R 그룹은 또한 다양한 배경학습 과정의 혜택을 받았다. 이 회사는 성장

잠재력이 큰 미래 리더십 개발 프로그램을 지난 수년간 선별적으로 시행하고 있었으며, 이 프로그램은 지식을 제공하는 또 다른 출처가 되었다. 이 프로그램의 워크숍과 역할놀이 학습은 사업부별로 나뉘어 일하는 것에 대한 갈등을 반복적으로 드러내고 있었고, 프로그램 참여자들은 회사를 시장 기반 모델에 맞춰 변화시키는 것에 대해 자유롭게 제안을 내놓았다. 인터넷서비스 사업부의 책임자였고 지금은 크로스마켓 cross-market 디지털 파트너십 및 신제품개발 책임자인 커크 리드는 다음과 같이 말했다. "이 리더십 프로그램은 모든 갈등점 tension point이 드러나게 만들었으며, 이것들을 해결할 방안을 찾기 위한 브레인스토밍을 많이 하게 만들었다. 회사의 주요 리더들도 이 브레인스토밍에 참여했고, 따라서 새로운 방향은 실제로 진작부터 광범위한 사람들 사이에 스며들고 있었다."

미디어 제너럴의 세일즈 조직도 시장 변화에 관해 실시간으로 새로운 정보를 제공함으로써 새 전략 수립에 필요한 지식 제공 역할을 했다. 한 세일즈 매니저는 이렇게 말했다. "고객들은 우리 회사의 서비스 방식이 어떻게 변해야 하는지 계속해서 이야기했다. 그들은 불만을 느끼고 있었고, 우리는 우리 회사가 고객들이 원하는 진짜 니드를 충족시키지 못하고 있다는 불만에 귀를 기울였다. 우리 회사의 우수고객들은 계속해서 많은 제안을 쏟아내고 있었고, 이들의 목소리가 최고조에 달했을 즈음 우리는 회사의 리더들이 이 소리를 똑똑히 듣도록 했다. 우리는 실행과정에서 실패로 끝난 제품도 많이 출시했지만 그런 경험에서 교훈을 얻었다."

사실 탬파 지역 시장은 R&R에게 직접 정보를 제공한 학습의 진원지였다. 1990년대 내내 대형 라이벌 신문사 및 라이벌 방송국과의 치열한 경쟁이 계속되면서 이 중요한 시장에서 보다 통합된 콘텐츠와 세일즈 노력의 필요성이 가속화 되었다. 그리고 신문 사업부와 방송 사업부 사람들을 같은 건물에서 일하게 한 조치와 짐머먼과 하빌이 기획한 몇 가지 추가적인 협력 이니셔티브들을 통해서 콘텐츠와 세일즈의 통합이 어느 정도 이루어졌다. 플랫폼 간에 콘텐츠 개발을 공유하는 작업들이 진행되었고, 광고판매를 위한 세일즈 방문을 공동으로 하기도 했는데, 이것은 다수의 동일한 독자와 시청자들을 겨냥한 광고 도달 노력을 증대시키고 있는 고객들을 위한 서비스 방안을 찾는 과정에서 이뤄졌다. 그렇지만 실질적이고 진정으로 통합된 시장 접근 방식은 뿌리를 내리지 못했다. 인센티브 제도가 완전히 정비되어 있지 않았고, 기존의 커미션 구조는 전통적인 미디어 세일즈 모델과는 상당히 다른 새로운 접근방식을 장려하지 못했다.

한편 이 지역의 미디어 제너럴 인터넷 서비스(탬파 베이 온라인)가 지속적인 성공을 거두고 있는 사실은 이 지역을 겨냥한 회사의 전반적 전략을 강화하기보다는 오히려 혼란을 야기하는 경향이 있었다. 당시 디지털 사업부의 책임자였던 커크 리드는 '우리는 시장 변화의 피해자인 동시에 가해자였다.'고 말했다. 그러나 수년간 탬파 지역 '융합 경험'에서 얻은 교훈과 고생은 시장 규모를 감안할 때 회사에서 가장 중요한 위치를 차지했다. 탬파 지역의 경우 부동산 공급 과잉 현상이 2008년의 본격적인 불황을 예고하는 전조가 된 후 실질적인 변화를 만들어야 한다는 절박성이 그 어느 곳보다 더 강했다. CEO 모튼은 다음과 같이 회고했다. "우리는 항상 탬파 지역을 하나의 실험실로 보았다. 우리가 융합에 대처하는 조치를 처음 실험한 곳도 탬파였고, 우리는 이 지역을 수년간 면밀히 관찰했다. 그리고 불경기 때문에 어쩔 수 없이 일부 직원을 정리해고 한 곳도 탬파였다. 탬파 지역의 경험은 모두 우리가 R&R 그룹으로서 일을 시작했을 무렵 우리의 사고에 영향을 미친 중요한 요인이었다. 우리는 서로 다른 미디어 문화를 콘텐츠 쪽에서 합치는 일이 얼마나 어려운지 알게 되었고, 완전히 새로운 업무방식에 맞는 세일즈 프로세스와 인센티브 제도를 구축하는 것이 얼마나 중요한지 알게 되었다."

변화를 위한 결정을 내리다

R&R 그룹의 멤버들은 마샬 모튼의 첫 번째 메모가 암시하듯이 이 과정이 결과를 미리 정해놓고 시작한 것이 아니었다고 했다. 이들이 초기에 염두에 둔 것은 미디어 제너럴의 전반적인 업무수행을 향상시킬 수 있는 운용상의 개선책과 점진적인 개선책들을 발견할 수 있으리라는 것이었다. 그렇지만 회의를 거듭하면서, 그리고 여러 가지 지식과 정보가 결집되고 앞으로 취할 행동 방향에 대한 토론이 계속되면서 전반적인 조직개편 문제가 떠올랐다. 그룹 멤버들은 이 문제에 대해 비공식적으로 이야기하기 시작했고, 이 문제는 정식 회의가 아닌 작은 대화중에도 계속 다뤄지기 시작했다. 그리고 이것이야말로 최

선의 대안이라는 합의에 점차 도달했다. 11월 중반이 되자 모두들 이제 진짜 행동을 취해야 할 때라고 생각했다. 회의가 다시 소집되어 R&R 그룹 멤버들이 각자 회의실의 좌석에 앉았을 때, 방 안의 공기에는 기대감을 넘어선 뭔가가 있었다.

"이제 준비가 된 것 같다." 마샬 모튼은 테이블 너머 동료들에게 차분하게 말했다. 회사 전체의 조직개편을 시작할 때가 됐다는 그의 말은 이전 회의에서 이미 이에 대한 암시와 잠정적인 제안이 많았기 때문에 놀라운 얘기는 아니었다. 그러나 이 짧고 직설적인 말은 회의실에 잠시 침묵이 흐르게 했다. 짐 우드워드는 잠깐 바깥의 어둑어둑해지는 11월 오후 풍경을 흘깃 본 후에 건너편에 앉은 COO^{최고운영책임자} 레이드 애쉬를 쳐다보았다. 그리고 자신이 평소에 잘 쓰는 감탄사로 침묵과 심각해진 분위기를 깼다. "젠장! 드디어 하게 되는군." 이 말에 모두가 웃음을 터뜨렸고, 모두의 시선은 함께 미소 짓고 있는 모튼에게로 다시 향했다. 그들은 모두 자신들이 지금부터 미디어 제너럴을 완전히 개편하는 작업에 착수해서 디지털 혁명의 돌풍이 촉발시킨 바람을 잡을 돛을 달아야 한다는 것을 알고 있었다.

그리고 그들은 이제 초기에는 예상하지 못했던 사실, 즉 마샬 모튼이 시작한 이 과정이 회사에 완전히 새로운 업무방식을 가져올 뿐 아니라 경영진의 의사결정 방식에도 큰 변화를 가져올 것이라는 사실을 알았다. R&R 회의는 전략적 문제해결에 보다 협력적인 접근방식을 구축하고 서로 다른 견해들을 보다 개방적으로 포용했으며, 시장의 피드백을 통해 배우는 것과 회사의 다양한 사업부에서 혁신을 실험하는 것을 특별히 강조했다. 그들은 새로운 방식으로 함께 일하고 있었으며, 모두들 이 새로운 종류의 판단이 각자에게, 그리고 회사에 가져다 줄 미래를 생각하며 들떠 있었다.

도 약

회의가 진행되면서 그곳에 모인 R&R 멤버들은 앞으로 해야 할 작업이 조직표의 일부를 고치는 간단한 작업이 아니고, 전통적인 비즈니스 모델에 몇 가지 새로운 형태의 웹 기반 저널리즘을 덧붙이는 상징적인 노력도 아니라는 사실을 분명히 알게 되었다. 이 팀은 또한 앞으로 시행할 변화가 몇몇 사람의 자존심을 다치게 하고 인사이동 스트레스를 야기할 뿐 아니라 수천 명의 직원에게 영향을 미칠 연쇄효과를 초래할 것이라는 점을 감지했다. 그렇지만 이들이 착수한 작업은 이 모든 것을 감내할 가치가 있다는 것이 나중에 증명되었다. 그것은 다중매체 미디어 회사가 내린 예리한 전략적 결정이고, 업계의 선도자가 되게 만든 결정이었다. 사실 COO 레이드 애쉬가 미소를 지으며 말한 것처럼 이들이 내린 결정으로 회사는 결정적인 '터치다운 패스' touchdown pass를 겨냥했다. 미디어 제너럴은 신구新舊 정보채널의 새로운 디지털 융합을 단순히 관리하는 방안이 아니라 디지털 융합을 적극 수용하고 이에 맞춰 자사의 비즈니스 모델과 세일즈 업무를 구성하는 방안을 택했다. 그것은 용감하고 선구적인 조치였으며, 다른 미디어 회사들은 이제야 겨우 그런 방식을 추구하기 시작한 정도였다.

플랫폼을 떠나
시장으로

이 결정의 핵심을 간단히 요약하면 다음과 같다. 21개의 신문사와 18개의 네트워크 연계 TV 방송국, 그리고 20여 개의 전문 출판물과 인터넷 사이트를 보유하고 있는 회사가 텔레비전, 출판·신문 저널리즘, 그리고 인터넷 기반 정보 등 플랫폼 기반의 여러 사업부에 확립되어 있던 오래된 조직적·전략적 접근방식을 버리고 순전히 현지 시장별로 조직화 된 고성능 운영모델로 전환했다. 지금부터 콘텐츠 제공은 독자·시청자가 받고 싶어 하는 형태로 이뤄지게 되었다. 저널리스트들은 모든 미디어 채널에 걸쳐 기고 및 홍보 활동을 하기 시작했다. 광고주들에 대한 서비스는 이전처럼 콘텐츠를 전달하는 테크놀로지 형태에 기반을 두기보다는 현장의 비즈니스 및 미디어 니드에 기반을 두고 총체적으로 이루어지게 되었다. 부사장 겸 법무 자문위원 조지 마호니는 회사의 변화를 다음과 같이 간결하게 요약했다. "우리는 시장 지역의 고객 서비스에 맞춰 비즈니스 방향을 전환했다. 그런데 다른 미디어 회사들은 아직도 자신들을 여러 플랫폼의 집합체로 보고 있었다."

여기서도 마찬가지로 미디어 제너럴이 이런 결과를 일궈낸 과정 자체가 매우 흥미로운 이야기이다. R&R 그룹은 진짜 할 일은 개념만이 아니고 그 개념이 정확하게 실행되도록 만들기 위한 세부사항이라는 사실을 곧 깨달았다. 즉 새로운 구조와 필요한 과정들을 어떻게 만들 것이며, 이 모든 것을 뒷받침하기 위해 어떤 변화들을 도입해야 하는지 세부사항들을 정해야 했다. R&R 멤버들은 운영관리 업무의 상당한 경험이 있고, 회사 비즈니스의 다양한 차원에 익숙했기 때문에 새로운 가치의 가능성은 사실 기본적인 부분에서의 수많은 작은 변화를 통해 실현될 것임을 알았다. 그리고 그것은 단순히 디지털 융합이라는 새로운 시대를 맞아 매우 새로운 비전을 발표하는 것만으로는 실현되지 않을 것임을 알고 있었다.

사실 R&R 그룹의 가장 중요한 심의는 회사의 조직을 고객과 시장 중심으로 개편하겠다는 결정을 한 후에 시작되었다. 11월에 열린 너무도 중요한 그 회의에서 짐 우드워드의 재미있는 감탄사 때문에 웃음이 터진 지 몇 분 후 마샬 모튼은 다음과 같이 문제를 제기했다. "그러면 이것이 성공을 거두기 위해서는 어떤 모습을 갖추어야 할까요?" 이 말에 우드워드는 자리에서 벌떡 일어나 종이를 몇 장 챙기더니 새로운 조직 구조의 간단한 형태를 몇 가지 그리기 시작했다. 동료들은 그것을 살펴보았는데 이 간단한 스케치는 완전히 새로운 대화를 촉발시켰다. 그것은 우호적이고 실험적인 내용의 대화로서, "이건 어떨까?" 혹은 "저건 어떨까?" 같은 말이 계속 오갔으며, 몇몇 사람은 직접 펜을 들어서 기존 사업부들이 시장에 기반을 둔 그룹들로 어떻게 대체될 수 있는지 다양한 방안을 제시하기도 했다. 그리고 이후 열린 회의들에서 이 '회사의 방향 지도'(당시 그렇게 불렀다)는 문제해결을 위한 대화의 중심적인 도구, 즉 다양한 아이디어의 탐구와 시험, 토론 등이 이루어지는 안전하고 개방적인 전시물이 되었다. 회의가 끝나면 우드워드와 모튼은 모형을 새로 그려서 다음에 있을 브레인스토밍과 찬반토론을 위한 자료를 준비했다. 전체적인 개념이 굳어지자 문제해결 과정은 구체적 사항에 대한 보다 상세한 토론으로 전환되기 시작했다. 시장의 지리적 경계를 구체적으로 정하는 문제, 사업부 구조에서 이전의 부서 이기주의로 인한 나쁜 요소들은 제거하고 좋은 요소들은 보존하는 데 초점을 맞춘 새로운 역할 구조에 대한 세부사항 등이 논의되었다. 좋은 요소들이란 다양한 종류의 모범사례 공유와 운영개선책, 디지털 기업가정신 같은 것을 말한다.

그해 3월이 될 무렵 전체적인 새 모델의 세부사항이 정해지고 합의가 이루어졌지만 학습과 관련 정보 수집은 거기서 끝나지 않았다. R&R 멤버인 CFO 존 샤우스는 미디어 제너럴 산하 사업체의 재무책임자들을 모두 소집해서, 계속 진화 중이던 새 방향을 이들과 함께 반복적으로 시험함으로써 새 방향이 운영관리 관점에서 볼 때 어떤 문제나 추가적인 아이디어가 있는지 검토했다. 그리고 R&R 과정이 마무리를 향해 가면서 CEO 모튼은 사업부 책임자들도 R&R 회의에 참석하도록 했다. 자칫하면 자신의 일자리와 담당 사업부가 곧 사라질 처지에 놓인 사람들이었다. 모튼은 이들에게 회사의 새 방향에 대해 알리고 R&R 멤버들이 놓쳤을지도 모르는 사안이나 세부사항이 있는지 이들을 통해 알아내려고 했다. 그리고 이들을 포용해서 회사의 조직을 시장 기반 구조로 전환시키는 데 함께 돕도록 했다.

또한 회사 조직 전반의 핵심 관리자들도 모두 참여시켰다. CEO는 미디어 제너럴의 모든 직원에게도 앞으로 시행할 변화들에 대해 설명하는 편지를 보냈다. 루 앤 내브헌의 팀은 미디어 제너럴 인트라넷에 전사적으로 이에 관한 의견이나 질문, 반응을 알아보기 위한 기능을 설치했다. "사실, 우리가 나중에 최종 해결책에 포함시킬 정도로 정말 훌륭한 제안이 많이 나왔다." 짐 우드워드는 이렇게 회상했다. "우리는 매 단계마다 회사 사람들에게 설명하고 또 그들로부터 배우고 있었다. 우리는 그 모든 아이디어를 우리가 직접 다 생각해낼 수 없다는 사실을 알고 있었다."

2009년 3월 23일, 미디어 제너럴은 디지털 융합의 통합적인 접근방식을 취한 새 운영구조를 공식적으로 발표하고, 모든 플랫폼에 걸쳐서 하는 콘텐츠 생산 및 유통 방식을 적극 활용하기 시작했다. 여기서 더욱 중요한 점은 이 시장중심 모델이 새로운 세일즈 운영구조를 창출함으로써 고객중심의 솔루션 판매를 강화하기 위한 1백 퍼센트 커미션 제도를 처음으로 시행하게 하고, 전사적으로 새로운 기업가적 접근방식이 보다 통상적인 방식이 되도록 지원했다는 것이다. 공식발표가 나왔을 무렵에는 이미 이 새 운영구조에 대한 철저한 점검과 운영지원의 뒷받침, 그리고 광범위하고 다양한 이해당사자들에 의한 온갖 방향의 스트레스 테스트를 받은 후였다. 이 도약은 놀라운 규모였지만 2009년 여름이 되고 새 계획이 본격적인 실행에 들어가면서 전략 그 자체는 놀라운 것이 아니었다.

성공의
초기 지표들

미디어 제너럴이 인쇄매체와 방송, 인터넷 플랫폼을 모두 아우르는 통합과 디지털융합 수용을 이뤄낸 정도는 매우 선구적인 것이었다. 이 책을 쓰는 시점에는 아직 이 정도의 통합된 크로스오버 콘텐츠 창출과 광고 비즈니스 개발을 하는 다른 회사가 없었다. 물론 다른 회사들도 미디어 제너럴이 간 길을 따르기 위해 가능한 신속하게 조치를 취하기 시작한 것은 사실이다. 새로운 모델이 발표된후 미디어 제너럴의 세일즈 실적은 많은 시장에서 경쟁사들을 앞지르기 시작했다.[4] 조직개편 이후의 디지털 세일즈는 회사 전반에 걸쳐 네 배 성장했으며, 회계연도가 끝나기 몇 달 전에 이미 목표를 달성했다. 지난 수년간 디지털 미디어, 지역 인터넷 사이트의 방문자 수는 상당히 증가했고, 이들 시장에 기인하는 매출도 크게 성장했다. 그리고 새 전략은 미디어 제너럴 사람들에게 예상치 못했던 많은 새로운 기회, 즉 라디오 방송국이나 쿠폰회사 같은 통합시장의 제3자들과 새로이 일할 수 있는 기회를 열어주었다. 그럼에도 불구하고 이 전략에 대한 진정한 평가를 위해서는 좀 더 장기적 관점이 필요할 것이다. 끈질긴 불황으로 인한 변동성을 넘어서는 관점이 필요하고, 또한 업계 시장의 다양한 매체들의 통합 세일즈 실적을 추적하는 보다 나은 측정방법이 자리 잡을 때까지 기다려야 할 것이다.

마찬가지로 중요한 것은 조직 전반의 의사결정 및 발전 방식에 주안점을 두었던 미디어 제너럴의 시장 기반 전략이 다른 많은 무형적인 혜택도 가져다주었다는 사실이다. 커크 리드는 그와 다른 동료들이 조직 장벽과 부서 이기주의를 의미하는 이른바 '사일로의 전투' 중에 느꼈던 해묵은 좌절감을 이 새 모델이 어떻게 날려 버렸는지 다음과 같이 이야기했다. "우리는 처음으로 조직 전체를 아우르는 완전한 단합을 이루었다. 모두들 목표가 무엇인지 잘 알고 있고 이런 명확한 초점 덕분에 진짜 경쟁력 있는 업무실적을 내고 있다." 마릴린 해먼드도 비슷한 말을 했다. "새 구조는 우리 회사의 세일즈 인력이 함께 협력해서 해당 지역의 광고주들에게 총체적인 서비스를 제공하도록 만드는 진정한 인센티브 제도를 만들어냈다. 이제는 과거처럼 자신이 속한 플랫폼이나 사업부에 책임을 지는 것이 아니라 자신이 속한 시장의 고객들에게 책임을 지는 것으로 바뀌었다. 이것은 또한 미디어 판매에 관해 훨씬 더 기업가적이고 창의적인 사고가 우리 회사 사람들 사이에 열리도록 해 주었다."

새로운 모델의 인센티브 제도 덕분에 세일즈 직원들은 개별 광고주를 위해 여러 플랫폼을 넘나드는 솔루션을 제공할 수 있으며, 이전처럼 단순히 '해당 사업부의 실적 게시판에 수치를 기입하는 것'이 아니라 고객의 니드 충족을 위해 보다 협력적으로 일하게 되었다. 또한 새로운 세일즈 파트너들과의 연대도 활발해졌고, 이를 통해 야후!나 몬스터, 질로우^{Zillow}등의 회사가 보유한 경험과 혁신을 활용할 수 있었다. 그리고 이제는 콘텐츠 개발을 할 때 각 시장의 여러 플랫폼과 자원을 모두 활용하는 경우가 늘고 있으며, 이를 통해 기본 사실의 핵심은 여전히 뽑아내면서도 현지 사안의 다양한 관점들을 제공하고 있다. 전반적으로 새 전략은 콘텐츠 효율성과 광고 게재를 증대시키고 있으며, 독자와 시청자의 증대도 보다 효과적으로 결실을 보고 있다.

미디어 제너럴의
조직적 판단 문화

얼핏 보면 미디어 제너럴이 새로운 전략으로 도약한 것은 비교적 단순하고 예측 가능한 일처럼 보일지도 모른다. 이 새로운 전략은 본질적으로 '제품에서 시장으로의 전환'을 의미한다. 그러나 이 일이 실제로 얼마나 어려운 일이었는지 누구도 과소평가해서는 안 될 것이다. 미디어 제너럴은 유서 깊은 구조의 의사결정 과정을 가지고 있는 회사로 모험을 좋아하는 회사가 아니며, 분석적인 시스템을 잘 갖추고 있거나 중요한 전략적 조치에 지식의 체계적인 수집과 응용을 활용하는 모범이 되는 회사도 아니었다. 이 회사는 대부분 유기적인 진화를 통해 발전해 왔으며, 오랜 기간 미디어 산업의 호황과 저널리스트 경향의 보수적인 가족경영에 의한 리더십이 버팀목 역할을 해 왔다.

이 이야기는 대규모 불황과 이사회의 내부 갈등, 그리고 쇠퇴하는 비즈니스 모델 등 갑작스런 위기에 직면한 어떤 회사가 탁월한 집합적 지혜의 핵심을 얻어낸 이야기이다. 2008년에 시작된 미디어 제너럴의 이러한 이야기는 보다 뛰어난 조직적 판단 시스템을 신속하게, 그리고 비공식적으로 구축했던 리더에 관한 이야기로, 그는 이 시스템을 통해 제약이 없는 논의와 토론의 환경에서 다양한 문제해결 방안이 나올 수 있도록 했다. 그리고 CEO 모튼과 동료들 간의 협력이 비교적 쉽게 이루어질 수 있었던 데에는 회사의 문화에 내재된 학습 개방성의 도움이 있었다. 이 문화는 가족소유 기업으로서 역사적으로 '공공선'公共善을 위한 경영을 추구해 온 이 회사 특유의, 그리고 개인의 예의와 품위를 중시하는 풍토와 결합된 문화였다.

외부적 도전에 직면해 행동을 취할 수밖에 없었던 CEO 마샬 모튼은 리더로서 개인적인 작은 변화도 겪었다. 동료들과 협조는 잘하지만 단독으로 결정을 내리는 스타일이었던 그가 다른 많은 전문가들과 공유하는 의사결정 과정을 이해하고 또 구축하는 사람이 되어 점점 더 어려워지는 운영환경에 대처하는 새로운 해결책을 동료들과 함께 찾아낸 것이다. 모튼이 이끌어간 과정과 자신의 주위에 서서히 만들어간 콘텍스트는 모튼 자신의 개인적인 배경과 동일한, 그리고 거의 역설적인 측면들을 반영했다. 그는 미디어 제너럴의 비즈니스에 대해 매우 잘 알고 심층적인 경험을 쌓은 사람인 동시에 비非미디어 산업에서 가져온 도전적인 관점을 함께 갖추고 있었다. 또한 지적인 논쟁의 가치를 잘 아는 동시에 운영상의 근거와 과정을 일관되게 강조했다. 그리고 회사가 어려운 시기를 잘 이겨내게 이끌어야 한다는 사명감을 느끼는 동시에 다른 사람들의 아이디어에 귀를 기울일 줄 알았는데, 그는 자신에게 직접 반론을 제기한 사람들의 말도 경청했다. 짐 우드워드가 R&R 작업의 전반적 과정을 '조직화 된 흐트러짐' organized messy 이라고 표현했을 때, 그는 사실상 최근 수년 사이에 구축된 미디어 제너럴의 전반적인 문화와 리더십을 표현하고 있었다. 이것은 강력한 나침반을 따라가지만 예상치 못한 방향으로 가거나 심지어는 직선이 아닌 형태로 가기도 하는 모양새이다. R&R 팀 멤버들에 따르면 자신들의 전략 수립에서 진화한 새로운 접근방식이 제도화되는 과정에서 혁신과 신제품 아이디어들을 가속화하기 위한 새로운 이니셔티브들이 출범했으며, 보다 광범위한 회사 간부들이 기획과 심층적 논의에 참여하는 확대 경영협의회가 발족되었다고 한다. 이것은 모두 R&R 그룹이 처음 개척한 보다 개방적인 문화를 따라 이뤄졌다.

연구자들은 어떤 그룹이나 팀이 함께 일하게 해서 집합적으로 보다 나은 결정에 도달하게 하는 데 리더가 얼마나 중요한 역할을 할 수 있는지 이미 오래 전부터 알고 있었다. 그것이 건설적인 논쟁과 이견 제시를 위한 안전한 환경을 조성하고 필요한 사람들을 한자리에 집결시킴으로써 '의미형성' sense making에 도움을 주는 것인지, 아니면 단순히 토론과 논의 과정을 통해서 최선의 아이디어가 나오도록 장려하는 것인지 모르지만 리더들은 보다 광범위한 그룹 차원의 판단력을 구축하고 활용하는 데 매우 큰 영향력을 미칠 수 있다.[5] 위대한 리더들은 단 한사람이 결정을 내리는 경우에 빠질 수 있는 인지적 함정이나 편향이 얼마나 많은지 잘 알고 있으며, 자신도 예외가 아님을 안다. 그리고 자만심에 빠지지 않는 리더들은 이러한 함정을 상쇄시키기 위해서 다른 사람들에게 진정으로 의지해야 하고 또 이들을 동원해야 한다는 사실을 깨닫고 있다.[6]

지난 수년간 리더십에 관한 연구와 실천은 '위대한 인물론'에서 벗어나 보다 '민주적인 모델'들 쪽으로 옮겨가는 경우가 많아졌다. 이 민주적인 모델들은 보다 협력적인 사고방식을 확실히 이해하고 수용하며, 심지어는 리더를 '하인' 개념으로 보거나 '보이지 않게 뒤에서 리드하는' 사람으로 보기도 한다.[7] 보다 현대적인 이들 리더십 모델은 이 책의 전체 주제에 부합되는 것으로서 리더들이 동료와 파트너들, 그리고 '지식과 학습 네트워크들'이

제공하는 힘을 활용하는 것을 암묵적으로 인정하고 있다. 이런 모델에서는 리더들이 절대적인 권력과 위계질서를 버리고, 오늘날의 복잡한 비즈니스 환경에서 직면하고 있는 문제들을 해결하기 위해 보다 광범위하고 다양한 관점들을 활용하는 촉매 역할의 리더십을 택한다. 미디어 제너럴의 새로운 전략과 조직구조를 만들기 위한 CEO 마샬 모튼의 접근방식은 이런 종류의 변화에 관한 작은 사례연구로서 미디어 제너럴의 판단 역량에 긍정적인 방향으로 깊은 영향을 주었다.

11

월리스 재단의
전략 변경 과정

**지원 효과를 키우기 위해 전략의
초점을 어떻게 바꿀 것인가?**

뉴욕에 본부가 있는 월리스 재단은 리더스 다이

제스트의 창업자인 드위트 월리스와 라일라 월

리스가 세운 수백만 달러 규모의 가족 자선사업체에서 시작되었으며, 그동

안 광범위한 문화 및 교육 프로그램에 보조금을 지원해 왔다. 그러나 1990

년대에 들어서면서 이 재단의 이사장인 크리스틴 드비타는 월리스 재단의

자선활동이 사회에 진정한 영향력을 끼치지 못한다는 생각에 신경이 쓰이고

있었다. "우리는 수많은 조직에 많은 보조금을 지원해 주었지만, 어떤 장기

적인 변화를 이끌어내지 못하고 있었다. 근본 원인보다는 증상을 다루고 있었기 때문이다." 그녀는 총액이 거의 10억 달러에 달하는 수백여 건의 보조금 지원을 주재한 후 이러한 우려가 계속 커지고 있음을 깨달았다. 그래서 그녀는 이 문제를 놓고 이사회 멤버들과 일련의 대화를 갖기 시작했으며, 재단 이사회는 마침내 1999년에 다음과 같은 물음을 스스로에게 던지게 되었다. 장기적으로 보다 지속가능한 임팩트를 주기 위해서 재단의 노력을 어떻게 집중시킬 것인가? 단순히 '돈을 나눠주는 것'을 넘어선 종합적인 미션과 전략을 어떻게 발전시킬 것인가?[1]

이사회는 그해에 월리스 재단이 앞으로 취할 새로운 방향을 정함으로써 위의 물음에 답했다. 재단 이사회는 드비타 이사장의 주도로 소규모 보조금을 수백 개의 지원 대상에 나눠주던 관행에서 벗어나 훨씬 제한된 범위의 사안에 집중하는 방향으로 나아가기로 결정했다. 월리스 재단은 이를 통해 좀 더 측정가능하고 지속가능한 임팩트를 겨냥할 것이며, 미션의 수행을 통해 보다 집합적인 영향력을 미치도록 노력을 집중하기로 했다.

이사회가 이 회의에서 앞으로 집중할 대상으로 선별한 핵심 분야 중 하나가 공립학교 리더십이었다. 드비타는 당시 상황을 이렇게 회상했다. "돌아보면 예상 가능했던 분야였다. 이사회 멤버들은 모두 교육에 관심이 있었고, 모두들 자신의 조직에서 CEO이거나 비슷한 고위직에 있었다. 우리 재단이 집중할 분야로 리더십을 떠올린 것은 그들에게 아주 자연스러운 일이었다."[2]

그러나 재단 이사들이 위임한 일은 구체적 해석이나 실행 면에서 채워 넣어야 할 여지가 많았다. 공공교육처럼 복잡한 사회경제시스템의 경우 리더십은 어디에나 있고, 여러 단계에서 존재하기 때문에 먼저 어떤 종류의 리더십이 중요하고, 영향력을 주기 위해 어떻게 개입할 것이며, 또한 어떤 의미 있는 개입이 필요한지 알아야 했다. 처음에는 하나의 어려운 딜레마를 놓고 결정을 내려야 하는 일처럼 보이던 것이 갑자기 수많은 작은 딜레마가 되었고, 이 미션을 수행할 책임을 맡은 재단 간부들은 매우 어려운 선택의 기로에 서게 되었다. 실제로 이사회는 '무엇을?'^{what}만 애매모호하게 남겨둔 것이 아니라 정확히 '어떻게?'^{how} 할 것이냐에 대해서는 더욱 모호한 입장이었다. 더 집중하라는 말은 충분히 이해되지만, 이사회가 정한 이 지침을 과연 어떻게 현실적이고 측정 가능한 것으로 전환시킬 것인가?

이번 사례는 월리스 재단의 크리스틴 드비타와 그녀의 팀이 이러한 물음에 어떻게 답했는지, 그리고 이사회의 입장에 따른 후속 결정을 과연 어떻게 내렸는지에 관한 이야기다. 그 결정에 도달하는 과정에서 드비타는 보다 나은 판단을 위해 새로운 콘텍스트를 설정했다. 그리고 그녀는 그 과정에서 자신의 리더십 스타일을 바꿔야 했고, 재단 운영진의 다른 간부들도 같은 변화를 겪었다. 월리스 재단에서의 새로운 조직적 판단 창출은 구조적 · 문화적 변화의 산물인 동시에 재단 리더십 자체의 변화가 가져온 결과였다.

학교장 리더십의 중요성 확인

1999년의 이사회 회의 이후 수년간 드비

타와 그녀가 이끄는 교육팀은 보조금 지원의 초점을 보다 명확히 했다. 이들은 공립학교 리더십의 다양한 측면에 관한 일련의 실험과 연구조사, 그리고 정책 참여를 실시했다. 학교 리더십 향상을 위한 기회를 탐색하기 시작한 몇몇 다른 재단도 있었지만, 월리스 재단의 이 초기 작업은 학교 리더십의 근본적인 중요성을 가시적으로 부각시켰다. 그리고 월리스 재단의 노력은 집중도가 더 높아졌으며 특히 학교장의 중요성을 조명하기 시작했다.

그전에는 대부분의 교육개혁 노력이 교사의 자질 향상이나 구체적인 학업수준의 향상 같은 다른 내용에 집중되어 있었다. 1983년에 발간된 유명한 연구서 《위기에 처한 국가》A Nation at Risk 를 보면 잠재적 영향력의 원천으로 공립학교 리더십이 거의 언급되지 않았고, 1990년대에는 개혁지지자들이 교직원 노동조합의 역할을 줄이거나 피하는 방안을 찾으면서 바우처 제도 voucher program(정부가 수요자에게 쿠폰을 지급하여 원하는 공급자를 선택하도록 하고, 공급자가 수요자로부터 받은 쿠폰을 제시하면 정부가 재정을 지원하는 방식을 말하는데, 이때 지급되는 쿠폰을 바우처라고 한다)와 차터 스쿨 charter school(공적 자금을 받아 교사·부모·지역 단체 등이 설립한 학교)이 큰 관심을 받았다. 이 가운데서 차터 스쿨은 미국 전역의 운동으로 발전했다.[3] 빌 앤 멜린다 게이츠 재단의 경우 2000년 이후 초기의 프로그램 설정 기간 동안 '변화의 이론'으로 보다 작은 학교를 만드는 데 막대한 투자를 했다. 그리고 지난 30년간 수많은 개혁가들이 테크놀로지를 통한 교육혁명을 이루기 위해 지속적으로 노력해 왔다. 그렇지만 이 모든 사례에서 구체적인 진전을 이룩한 예는 극히 드물었다.

그렇다고 교사의 자질 향상이나 차터 스쿨, 혹은 테크놀로지 활용이 잘못된 것이라고 말하려는 것은 분명 아니다. 단지 이 모든 개혁 노력이 변화가 요구되는 너무나 명백한 부분을 빠뜨렸다는 것인데, 그것은 바로 아이들이 매일 수업을 받고 있는 조직을 책임지고 있는 리더, 즉 학교장이다. 크리스틴 드비타는 모두들 얼마나 순진한 생각을 하는지 모르겠다며 이렇게 말했다. "군대나 기업, 정부 등 다른 모든 분야에서는 리더십이 중요하다고 다들 생각한다. 그런데 왜 그런지 학교의 경우에는 리더십이 중요하다는 생각을 하지 않는다. 이건 사실 말도 안 되는 생각이지만 어쨌든 누구도 이 문제에 별로 관심을 가지지 않았다." 처음에는 그녀 자신과 그녀가 속한 팀도 마찬가지였다.

요즘은 학교 리더십을 소홀히 하는 것은 너무나 터무니없다는 데 대부분 동의한다. 월리스 재단의 전략은 다른 수많은 노력에 긍정적인 영향을 미쳤다. 주州 정부와 각 지역의 정책입안자 및 감독관들은 이제 학교장의 선발과 교육을 강조하고 있으며, 예를 들어 브로드 재단 같은 개혁 성향의 기관들도 학교장을 비롯한 공립학교 리더들을 지원하는 전략을 수립했다. 그리고 변수가 많은 환경에서는 변화의 원천이 무엇인지 확실히 집어내는 것이 매우 어렵지만 학교 리더십이 정말로 중요하다는 증거가 늘어나고 있다. 2004년 케네스 레이스우드는 공동연구를 통해 학교 리더십이 학교 환경의 전체 효과 중 약 25퍼센트에 영향을 끼친다는 사실을 입증했다. 그리고 그의 연구팀은 수십 건의 사례와 양적 연구를 평가하는 과정에서 '문제 있는 학교가 강력한 리더의 개입 없이 긍정적으로 변화한 사례가 사실상 없다'는 사실을 발견했다.[4] 이후 학교 리더십의 중요성을 입증하는 증거가 계속 나오고 있다. 미네소타와 토론토 소재 대학들의 공동연구팀에 의한 최근 연구는 180개 학교의 학생 수천 명을 분석한 결과 학생들의 학업성취도에 대한 임팩트가 '해당 학교장의 집합적·개인적 능력'에 기반을 두고 있음을 보여주었다.[5]

크리스틴 드비타는 특유의 겸손한 어조로 이렇게 말했다. "우리는 리더십이 실제로 어떻게 차이를 만드는지 완전히 이해하기 위해서 증거 기반 연구를 계속 추적할 필요가 있다." 그녀는 동시에 학교 리더십 문제가 이제는 미국 전역에서 교육개혁 안건이 되었다고 지적한다. 미국의 새 연방 법규에 리더십의 중요성에 대한 표현이 들어갔을 뿐 아니라, 안 덩컨 교육부 장관은 이제 문제 있는 학교에 대한 연방정부의 지원에 학교장의 업무수행 능력을 향상시키는 내용이 포함되어야 한다며 이렇게 강조한다. "결국 9만 5000개에 달하는 우리의 학교 모두가 훌륭한 교장이 있다면 수행능력이 우수한 학교를 만드는 문제는 자연히 해결될 것이다."[6] 이와 같은 새로운 사고는 공공교육 분야에 계속 잔잔한 파문을 일으키고 있다. 경영대학원과 교육대학원들은 월리스 재단의 성과에서 나온 모범사례와 기준을 감안해 자신들의 학교 리더십 개발 프로그램을 수정했다.

탐 구 하 는
문 화 구 축

드비타와 그녀가 이끄는 팀은 교육개혁을 위한 학교 리더십의 중요성이 부각되게 만들었다는 점에서 자랑스러워할 만하지만 이들이 취한 전략은 결코 쉽게 개발되었거나 그냥 단순히 '결정된' 전략이 아니었다. 이들은 수년간에 걸친 조사와 보조금 지원에서의 시행착오, 그리고 지속적인 학습을 통해서 교육개혁 문제에 큰 영향을 준 이 관점에 도달했으며, 그 과정에서 자신들의 조직 자체도 중요한 변화를 겪었다. 드비타는 교육개혁의 관점을 리더십 쪽으로 전환시킨 중요한 결정을 내리는 과정에서 월리스 재단 자체를 재창조했다. 재단의 내부적 조직변화를 통해 전략적인 의사결정 과정이 뿌리를 내렸다. 그 내부적 변화란 각 부서별로 분열되어 있던 이 자선기관이 드비타가 '탐구하는 문화의 창조'라고 표현한 것을 기반으로 보다 통합된 조직, 사회 공공에 긍정적인 영향을 미치기 위해 헌신하는 조직으로 변신한 것이다.

변화의 핵심은 한 자선기관을 단순히 '돈을 나눠주던' 조직에서 미국 전역의 현장에 실질적이고 측정 가능한 변화를 초래하기 위한 지식 생성 및 전파에 집중하는 조직으로 전환시킨 것이다. 월리스 재단은 이와 같은 전환을 이루기 위해 새로운 의사결정 및 문제해결의 조직문화를 구축했으며, 이를 통해 새롭고 보다 활기찬 '조직적 판단' 역량을 만들었다.

이러한 변화의 여정은 도중에 수많은 우회로와 장애물을 겪어야 했고, 월리스 재단의 궁극적인 전략적 결정, 즉 학교 리더십에 집중하기로 한 결정도 마찬가지 과정을 겪어야 했다. 이 모두를 이야기해 주는 의사결정 순간은

2005년의 어느 여름날 오후 새로운 전략을 형성하는 중추적인 순간, 즉 학교
장들의 중요성이 표면으로 부상했을 때 왔다.[7]

이 사 회 에 제 시 할
전 략 안 준 비

월리스 재단의 연구 · 평가 부장 에드워드
폴리는 이렇게 회상했다. "그날은 특히 밝
고 햇볕이 강한 날이었다. 우리 팀은 다양한 분야의 사람들을 한데 모아 교
육 문제에 집중하고 있었다. 그날 오후에는 재단 건물의 좀 작은 방에서 회
의를 하고 있었는데, 그때 회의실 창문을 통해 강한 햇살이 쏟아지고 있었
다." 폴리는 그날의 중요한 회의를 회고하면서 눈부신 햇살이 회의의 강도를
더욱 부각시켰다고 암시했다. "우리는 모두 그날 회의가 중요한 논의가 될
것이라는 사실을 알고 있었고, 올바른 전략이 어떤 것인지에 대해 각자 다른
관점을 갖고 회의에 임했다. 누군가는 양보를 해야 되는 상황이었다. 나는
이런 상황에서 최종 해결책에 어떻게 도달할 것인가 하는 문제를 생각하고
있었다." 에드워드 폴리는 키가 큰 은발의 신사로 예일대 교수와 전문적 연
구자였던 이전 경력이 그의 어조나 태도에서 드러났다. 그는 1996년에 월리
스 재단에 합류했으며, 재단의 기획 및 문제해결 회의에서 유능한 역할로 존
경을 받고 있었다. 폴리는 데이터를 존중하는 사람으로 유명하고, 성급하게
결론을 내리지 않는 성격이었다. 드비타는 그에 대해 "너무 많은 것을 알고,
말을 할 때도 각주를 단다."고 웃으며 말했다. 그렇지만 논쟁이 가열되는 경

우에는 가끔 폴리의 학문적 원칙과 회의론이 국가적인 교육개혁 문제에서 요구되는 시급한 진전에 브레이크를 걸고 있다고 생각하는 사람들도 있었다. 이 문제를 다루고 있던 팀은 다양한 분야의 사람들을 아우르고 있었고, 해당 사안에 대해 확고하고 열정적인 견해를 가진 사람들을 한자리에 모이게 했다. 폴리같이 신중한 사람이 반대를 하면, 이와 달리 빨리 행동을 취할 것을 촉구하는 사람도 있었으며, 후자의 사람들은 결정을 뒷받침할 데이터가 완벽하게 확보되어 있지 않아도 보다 빨리 앞으로 나아가는 조치를 취해야 한다고 생각했다.

그날 회의에서 폴리의 반대편에 앉은 사람은 그보다 나이가 젊은 리처드 레인으로, 그는 재단의 교육 분야 프로그램 부장이었다. 레인은 시카고대학에서 비즈니스와 정책 분야의 석사 학위를 받은 후 일리노이주 교육청에서 요직을 거치고, 2002년에 월리스 재단에 합류했다. 드비타는 그에 대해 '개성이 강하고 정치적 기술이 능란하며, 큰 그림을 볼 줄 아는 사람'이라고 간략하게 묘사했다. 그리고 레인의 건너편에는 두뇌회전이 빠른 홍보부장 루카스 헬드가 앉아 있었는데, 그는 이전에 컬럼비아대의 바너드 칼리지에서 홍보 책임자로 일하며 교육 쪽 경험을 많이 쌓은 사람이었다. 이 그룹에는 이들 외에도 또 다른 관점을 가진 몇 명이 더 있었다. 레인 옆에는 수석 프로그램 담당자 조디 스피로가 있었는데, 그녀는 다양한 교육 관련 비영리단체에서 거둔 성공과 변화관리 및 리더십 개발 분야의 전문적 경험 덕분에 월리스 재단에 합류한 사람이었다. 그리고 수석 홍보 담당자 제시카 슈워츠는 이 그룹에 우뇌적 사고를 더했다. 그녀는 미술사를 전공하고 홍보 전문가가 된 사람으로 커리어 초기에는 현대미술관과 구겐하임미술관에서 예술가나 비평가들과 함께 일했다. 슈워츠는 적갈색 머리의 매력적인 여성으로 뉴요커 같은 말투를 썼는데, 냉소적 유머를 가끔 섞으며 직설적이고 간결하게 말했다.

그날 회의의 목적은 윌리스 재단의 교육개혁 프로그램 설정과 투자에 관한 전체 전략을 수정해서 차기 이사회 회의에 발표할 내용을 준비하는 것이었다. 재단 운영진의 최근 생각을 구체화한 것, 즉 이사회가 지난 1999년에 핵심 과제를 수립한 이래 계속 진화해 온 전략의 최신 버전을 다음 이사회 회의에서 제시할 예정이었다. 리처드 레인은 그처럼 시한이 정해져 있다는 것은 "생각을 보다 명확하게 정리해야 하는 상황"이라고 했다. 보다 명확하게 정리해야 할 문제는 학교 리더십의 중요성을 강조하고 질적 수준을 향상시키는 작업과 관련해 재단이 정확히 어떤 행동을 취해야 하는지에 대한 것이었다. 그때까지 수립한 전략은 아직 이리저리 산만한 부분이 많아서 좀 더 정확하게 초점을 맞출 필요가 있었다. 크리스틴 드비타는 그날 회의를 돌아보면서 이렇게 설명했다. "배가 어느 방향으로 나아가야 하는지에 대해 우리 팀은 프로그램, 평가, 홍보를 맡은 각 부서에 따라 서로 다른 생각을 갖고 있었다." 프로그램 개발과 실행, 측정의 세부사항은 미세한 문제이고, 크게 보았을 때 그날의 논쟁은 결국 보조금 지원을 어떤 분야에 집중시키느냐에 관한 것이었다. 레인과 스피로는 파트너 관계인 주(州)와 구역 기관들과 꾸준히 함께 일하며 교육 프로그램을 구축하고 전체적인 변화를 기대하고 있었다. 이들의 전략은 학교장의 리더십을 어느 정도 강조하고 있었지만, 2005년에는 이와 함께 교원 노조나 학교 이사회 같은 학교 리더십의 개선을 위한 다른 지렛대들을 겨냥해야 하는지 여부를 놓고 씨름하고 있었다. 레인은 다양한 주 차원 및 구역 차원의 프로그램을 실행하던 초기에 실망스런 사례가 많았다는 점을 인정했다. 그럼에도 불구하고 레인 자신이 일리노이주 교육청에서 일한 경험이 있고, 보다 큰 규모로 진행할 필요가 있다는 믿음이 확고했기 때문에 레인과 그의 팀은 리더십 전략에서 주 정부의 역할을 여전히 강조하길 원했다.

보다 확실한 해결책을 찾다

폴리는 예상대로 회의적인 반응을 보였다. 그는 주 정부 리더들이 무능한 경우가 많고, 변화의 초점으로 적절하지 못하다고 생각했다. "우리는 데이터를 보고 있었는데, 특히 월리스 재단의 돈이 결국 어디로 가고 있는지에 대한 데이터도 있었다. 경험에 의거한 사례들은 학교장이 지렛대의 핵심점이고 능력이나 지원이 가장 필요한 부분이라는 것을 보여주고 있었다. 변화를 만들고 있는 사람들은 학교장뿐인 것 같았다." 회의가 시작되고 처음에는 토론이 그렇게 깔끔하게 진행되지 못했다. 처음 30분 동안은 사람들이 서로의 말을 경청하며 여러 가지 사안이 거론되었는데, 서로 내용은 이해했지만 명백한 합의가 이뤄지지 못했다. 그리고 참석자들의 좌절감이 커지면서 토론이 점차 격렬해졌다. 논의는 참석자 중 누군가가 회의실의 화이트보드에 스케치한 그림에 집중되기 시작했다. 팀 멤버들이 그 그림에 각자 조금씩 덧붙이기 시작했는데, 복잡한 공교육 시스템의 다양한 참가자들이 변화를 촉진하는지 아니면 방해하는지에 대해 서로 조금씩 다른 해석을 하며 화이트보드 위에 휘갈겨 쓰고 있었다. 문제는 '이 전체 공교육 시스템의 어느 부분에 월리스 재단이 개입해야 하는가?' 였다. 폴리는 당시 상황을 이렇게 설명해다. "우리는 모두 그 그림이 어떻게 그려져야 하는가에 대해 각자 나름대로의 생각을 갖고 회의실에 왔다. 그리고 한동안 화이트보드에 그림을 이리저리 그리며 우리 모두가 동의할 수 있는 공통의 지도에 도달하려고 노력하고 있었다."

그러나 홍보 전문가인 헬드와 슈워츠는 이 광경을 지켜보면서 전체 그림이 너무나 복잡하다는 사실에 놀랐다. 물론 그 두 사람도 자신들의 의견을 덧붙이고 있었다. 합의 형성을 위해 그림을 계속 수정하는 과정에서 명확성은 더 줄어들고 있었다. 레인과 스피로는 조금 양보를 하긴 했지만, 여전히 여러 주와 구역에서 배운 것에 근거한 주장을 강력하게 펼치고 있었다. 에드워드 폴리는 정중하지만 확고했다. 그는 데이터가 말해주고 있다고 느낀 것을 포기하려고 하지 않았다.

슈워츠는 자신의 상사인 헬드를 쳐다보았다. 이것을 어떻게 좀 더 단순하게 설명할 수 있을까? 대화와 토론, 그리고 화이트보드에 그림 그리는 것이 계속되었다. 90분쯤 지나자 감정을 자제하지 못하는 사람도 몇몇 있는 가운데 합의가 형성되고 있다는 느낌이 들기 시작했다. 그때 몇 분 동안 조심스럽게 경청하고 있던 슈워츠가 일어서더니 화이트보드에 쓸 매직펜을 달라고 했다. 그녀는 평소의 뉴욕 스타일로 다음과 같이 말했다. "여기를 좀 보세요. 지금 같은 얘기가 반복적으로 나오고 있어요. 우리가 하는 얘기가 계속 이곳으로 돌아오고 있군요." 그녀는 회의실의 사람들이 모두 쳐다보고 있는 화이트보드의 지도에서 '학교장'이라는 단어 주위에 빨간색으로 커다란 원을 그렸다.

그것은 해결책이 나왔다는 느낌이 확고해지게 만들었다. 데이터를 중시하는 폴리의 주장에 동조하는 사람이 늘고 있었으며, 레인과 스피로는 반대의 견들을 모두 솔직하게 제시했던 기브 앤 테이크give-and-take 정신을 존중했다. 그리고 폴리는 프로그램 쪽 동료들의 주장, 즉 학교장 차원에서의 효과적인 리더십을 위한 '지원체계'가 필요하며, 이를 통해 각 학교의 리더들이 성공적인 결과를 거두게 할 수 있다는 주장을 인정했다. 지원체계는 기준, 교육, 그리고 전반적인 여건을 말하는 것이었다. 그리하여 처음에 논쟁으로 시작되었던 것이 보다 강력하고 궁극적 합의를 얻은 해결책으로 진화했다. 월리스 재단이 지원하는 작업은 이제 변화를 위한 주요 지렛대로 학교장들에 대한 집중을 강화하겠지만, 모든 차원에서의 전반적인 '리더십 시스템'을 만드는 맥락에서 이뤄질 것이었다. 이 리더십 시스템은 교육과 기준, 그리고 다른 형태의 지원을 함께 제공함으로써 개별적인 성공 확률을 높이게 될 것이다. 예를 들어 학생들의 학업성취도 데이터를 보다 면밀한 형태로 얻을 수 있게 하는 것이 다른 형태의 지원에 해당된다. 크리스틴 드비타는 당시 상황을 이렇게 말했다. "우리 재단의 팀은 교육개혁과 관련된 다른 모든 것들이 제대로 안 되고 허우적거리는 상태에서 단지 소수의 학교에 국한해 성공을 거둘 수 없다는 사실을 이해한 것이다."

의사결정 회의는 비록 과열되기는 했지만 개인적으로 나쁜 감정이 남지는 않았다. 회의 참석자들이 그때를 회상하는 얘기를 들어보면, 크리스틴 드비타가 주도한 '탐구하는 문화'의 발전에 이 회의가 기여한 것이 분명했다. 리처드 레인의 표현에 따르면, 슈워츠가 일어서서 화이트보드에 그 동그라미를 그렸을 때 '모두의 머릿속에 전구가 반짝 켜졌다.' 엄격하면서도 솔직했던 논의 과정은 대화가 마무리되도록 이끌었고, 며칠 후 이사회에 제시할 전략안이 마련되었다. 그 전략은 학교장들에게 집중 투자해서 그들의 역량을 향상시키는 것을 강조하고 있었으며, 주州와 구역 차원의 보다 광범위한 지원체계로 보완한다는 내용이 포함되어 있었다. 이번 결정은 또한 월리스 재단이 이전에 고려했던 교육개혁 관련 다른 분야들을 삭제함으로써 월리스 재단이 관여하는 작업의 집중도를 높였다. 드비타는 이렇게 말했다. "우리가 택한 전략은 우리가 하는 일뿐 아니라 하지 않는 일을 통해서도 드러난다."

그리고 다음 달에 이사회는 학교장과 리더십 시스템에 관한 제안을 기꺼이 승인했다. 재단 운영진은 이 전략을 실행하고 보강하는 일을 계속했으며, 해를 거듭하면서 개입 성공률이 높아졌다. 또한 이 과정을 통해서 월리스 재단은 자신들의 조직 내에 탐구하는 문화를 더욱 발전시키는 일도 계속했다.

재 단 의
초 기 문 화   이 새로운 문화와 이 문화가 낳은 변화의 진가를 알

아보기 위해서는 월리스 재단의 초창기로 돌아가 대

부분의 자선재단들이 조직구조나 업무에 대해 어떤 접근방식을 취하고 있는

지 알아볼 필요가 있다. 많은 재단에서 핵심 사업단위는 보조금 지원을 결정

하는 프로그램 담당자들로서 이들은 예술,교육,사회복지 등 재단의 관심분

야에서 어떤 사안과 조직을 대상으로 재정지원을 할지 결정한다. 1999년에

열린 중요한 이사회 회의 전 월리스 재단의 경우도 마찬가지였다. 그리고 평

가를 맡은 사람들은 프로그램 스태프들에게 보고하기는 하지만 보통 별도의

부서를 이루고 있었다.[8] 이들의 업무는 보조금 지원에 따른 실제 진전 상황

이나 변화를 평가하는 것이다. 그렇지만 이들에게 평가결과와 관련해 전략

을 제시하도록 요청하는 일은 거의 없다. 홍보 쪽도 보통 별도의 부서를 이

루고 있으며, 이들의 주요 업무는 보도자료를 내고 안내책자와 보고서를 발

간하며 재단의 일에 관심이 있는 사람들에게 정보를 제공하는 것이다. 이들

또한 전략적인 사고보다는 정보 전달과 실행 측면의 과제만 주로 맡고 있다.

요컨대 프로그램 쪽 사람들이 중요한 분석과 전략적 결정을 맡고 있으며, 평

가 쪽 사람들은 진전 상황을 추적하고, 홍보 쪽 사람들은 좋은 소식을 전파

하는 것이다.

크리스틴 드비타는 이런 표준 모델이 월리스 재단에 가져오는 제약성을

감지하기 시작했다. 그녀는 원래 법인 고문 변호사가 되기 위한 교육을 받은

사람으로 증거와 사실에 근거한 논쟁의 중요성을 잘 알고 있었다. 1999년의

이사회 회의 이후 재단 사업의 중요한 부분을 교육 리더십에 집중하기로 결정했을 때 드비타는 이 전략에 따라 재단 사업의 내용을 바꿔야할 뿐 아니라 이 전략의 목표 달성을 위한 자신들의 업무 과정도 변해야 한다고 생각했다. 처음 1~2년은 '평상시대로' 미국 전역에 걸쳐 다양한 종류의 학교 리더십 강화를 위한 일반적 방향으로 보조금 지원을 했다. 교육 리더십을 위한 주(州) 차원의 행동 프로젝트 수립, 학교감독관들의 하버드행정대학원 위탁 교육을 위한 재정지원, 기타 비슷한 활동 등이 이에 해당된다. 그러다가 드비타는 월리스 재단의 활동이 비록 도움을 주긴 하지만 여전히 필요한 일을 하지 않고 있다는 사실을 알게 되었다. 그녀는 초기 실험에서 나타난 것처럼 첫 번째 투자의 결과가 애매하다는 사실보다 자신이 이끄는 팀에 집합적인 문제 해결과 학습이 부족하다는 사실에 더 신경이 쓰였다. "부서 간 장벽이 방해가 되고 있었고, 우리는 평가 부서에서 알아낸 것이나 현장과 시장이 말해주고 있는 건설적인 피드백을 최대한 활용하지 못하고 있었다. 우리는 재단의 보조금 수혜자가 아닌 사람들과는 충분한 교류를 하지 않았다. 그리고 내부적으로 재단의 전형적인 고질병, 다시 말해 사람들이 모두 겉으로 친절하고, 어떤 일이건 반대의견을 말하는 것은 꺼리는 병을 앓고 있었다."

아이디어는 엄격하게 사람에게는 부드럽게

2001~2002년의 기간 동안 드비타는 재단 조직을 개편하고 리처드 레

인과 조디 스피로를 비롯해 프로그램 리더들을 새로 영입했다. 가장 중요한 것은 그녀가 재단 안팎에서 새로운 업무 문화를 구축했다는 사실이다. 이 새로운 '탐구하는 문화'는 처음에 부서 간 장벽을 무너뜨리고 보다 많은 협력을 창출하며 정기적인 토론과 도전에 대한 기대를 늘리기 위한 다양한 이니셔티브들을 통해 시작되었다. 아이디어에 대해서는 엄격하게, 사람은 부드럽게 대하는 작업이었다. 드비타는 현장과 접촉하는 세 가지 핵심 분야에서 제공하는 관점의 다양성, 그리고 현장 자체에서 얻어지는 통찰력을 월리스 재단이 최대한 더 많이 이용해야 한다고 생각했다. 그녀는 또한 평가팀과 홍보팀에게 그 어느 때보다 많은 권한을 주고, 조직을 위한 전략 개발의 문제 해결 과정에 필수적인 멤버로 참여시키기로 했다. "이들을 단순히 진전 상황을 평가하는 사람이나 재단 사업을 홍보하는 사람으로만 보지 않고, 이들이 보다 넓은 역할을 해 주기를 바란 것이다."

새로운 운영구조는 여러 기능과 프로그램·평가·홍보 인력 등 다양한 전문분야의 동료들이 한 팀을 이루는 구조가 되었으며, 이제는 모두가 똑같이 전략의 수립과 실행에 관한 책임을 지게 되었다. 그리고 그 과정에서 서로에게서 배우고, 또한 현장에서 배우는 것을 더 심층적으로 이해하게 되었다. 여기서 책임을 함께 지는 것은 결정을 함께 내리는 것으로 시작되었다. 앞에서 살펴본 2005년 어느 여름날의 회의가 바로 그런 예이다.

그렇지만 조직상의 변화가 모두 그렇듯이 이 변화도 빨리, 그리고 고통 없이 이뤄진 것은 아니었다. 처음에는 전통적인 권한이나 역할에 대한 관념이

끈질기게 남아 있었고, 사람들은 일정 기간 '비판적인 친구'가 되는 연습을 해야 했다. 에드워드 폴리에 따르면 당시 이런 표현을 썼다고 한다. 드비타는 다음과 같이 직설적으로 말했다. "각자의 고유영역을 빼앗은 셈이니까, 사람들이 정말 힘들어했다." 그녀는 여러 분야의 사람이 한데 모인 이 팀이 문제해결 회의에서 정면으로 맞서길 원했으며, 사람들은 그런 회의를 어느 정도 애정을 담아 '끝장 볼 때까지 싸우는 회의'라고 불렀다. 매 단계마다 드비타는 이사장으로서 재단의 보다 중요한 목적을 위해, 그리고 그녀와 그녀의 팀이 교육개혁에서 이루고자 하는 목표를 위해서 지식과 학습, 그리고 '탐구하는 문화'의 가치관을 강화하는 역할을 했다. 그것은 한마디로 '아이디어에는 엄격하게, 사람에게는 부드럽게' 대하는 토론이었다. 그녀는 이 변화의 과정에 대해 이렇게 이야기했다.

우리는 이것을 함께 해나가는 방법을 배워야 했다. 우리는 하나의 팀으로 조직을 발전시키는 일을 많이 했고, 상황이 어려워졌다고 해서 백기를 드는 일이 없도록 하고, 반대가 있다고 해서 자신의 생각을 표현하는 것을 포기하는 일이 없도록 하는 법을 배워야 했다. 대신 서로에게 자신의 의견을 경청해 달라는 신호를 보냈다. 중요한 것은 상대방의 도전을 감정적으로 받아들이지 않고 서로의 의견을 존중하는 것이었다. 우리는 의견충돌이 '나는 옳고 너는 틀리다'라는 뜻이 아니라, '확실히 알기 위해서 각자가 내세우는 가정을 확인해 보고, 보다 많은 사실을 제시할 필요가 있다'는 의미라고 생각해야 했다.

　우리는 처음에 결정권 매트릭스 **decision rights matrices**와 같은 다양한 도구들을 사용했는데, 이것은 사실 앞으로 활용할 업무방식과 의사결정 방식의 새 자전거에 '보조 바퀴'를 다는 것에 불과했다. 자전거 타는 법을 배운 아이처럼 시간이 흐르면서 그 보조바퀴는 더 이상 필요가 없어져 떼어 버렸다. 이제는 새로운 방식이 조직문화의 일부가 되었다.

　폴리와 레인이 각자 당시에 대해 한 이야기도 드비타 이사장의 이야기와 비슷했다. 이들 중 한사람은 윌리스 재단의 최근 역사에 관한 대화에서 이렇게 말했다. "핵심 테마는 우리가 아는 지식의 기반을 끊임없이 확인하라는 요구였다. 우리가 하나의 팀으로 해낸 모든 일의 본질적인 성격이 바로 그것이었다." 드비타는 다른 재단 사람들이 "우리 재단에서는 그쪽 팀이 지금 그러는 것처럼 서로 이견을 보이는 일이 절대로 없어요!"라고 놀라는 표정을 지었다며 재미있어 했다.

시 행 착 오 를 　통 해
배 우 다

탐구하는 문화를 만드는 과정은 사람들이 나중에 이야기를 듣고 짐작하듯이 신중하게 설계된 청사진을 따라 이뤄진 것이 아니었다. 실제로는 수년간 수많은 시행착오가 있었고, 일을 하면서 배우는 식이었다. 그리고 겉으로 드러나는 재단의 운영 방식을 바꾸는 것은 실험·학습·수정 과정을 거쳤다. 이것은 윌리스 재단의 파트너인 주州와 구역에서 보조금을 지원받은 수혜자들과의 지속적인 접촉, 연구 활동을 통해 발견한 결과, 그리고 보다 광범위한 교육시장이 초점을 맞추고 있는 것 등을 통해 서서히 모습을 드러냈다. 새 전략과 문화적 변화가 나란히 진전되는 가운데 드비타는 팀원들의 역할과 업무에 대한 실험을 계속했다. 그녀는 현실적인 역풍을 종종 겪으면서도 전통적인 재단 접근방식과 다른 조직 모델을 향해 계속 나아갔다. 시간이 흐르면서 그녀의 팀은 시장의 실제 진전 상황에 기반을 두고 프로그램·평가·홍보 관점을 종합한 집합적인 관점을 보다 면밀하게 따라가는 전략 수립에 초점을 맞췄다. 예산 배정은 전략의 니드에 따라 정해졌으며, 현장에서 배운 것과 보조를 맞춰 이뤄졌다. 이것은 하나의 특정 부서가 예산 배정을 독점하고, 자기들이 최상이라고 생각하는 방식으로 앞으로의 추진방향을 결정하던 이전 방식과 대비된다.

새로운 접근방식에는 정책입안기관, 기타 공공 기관 등 공공단체와의 협력도 포함되었는데, 이들은 윌리스 재단 프로그램의 파트너가 되기도 하고 도전자가 되기도 했다. 이 모델에서는 홍보 그룹이 핵심 의사결정자들과 교류하고, 단순 홍보 목적이 아니라 이해와 집합적 학습의 경계를 확장시키기 위한 목적으로 지식을 전파하도록 했다. 마찬가지로 평가 스태프들은 이전처럼 단순히 프로그램 측정기준에 따른 평가만 하는 것이 아니라 동일한 분야에서 일하는 보조금 수혜자와 비非수혜자들 모두에게서 유용한 교훈을 수집하는 책임을 맡았다. 이들이 새로 맡은 사명은 지식의 격차를 계속 파악하고 현장 전반에 걸쳐 폭넓은 사람들로부터 통찰력과 도전을 이끌어내기 위한 평가방식을 설계하는 것이 되었다. 월리스 재단은 '탐구하는 문화' 의 보다 외부지향적이고 학습집약적인 접근방식에 맞춰 인터넷 사이트에 정기적으로 업데이트 되는 '지식센터' 도 출범시켰다.[9] 독자들과 재단의 일을 관심 있게 지켜보는 사람들 간에 보다 광범위한 학습과 토론의 장을 제공하기 위한 목적으로, 이곳에 새로운 진전 상황이 게시되고 이메일과 트위터, 페이스북에 링크되었다.

탐구하는 문화가 수년간에 걸쳐 구축되는 가운데 공립학교 리더십의 전반적 전략도 구축되고 궁극적으로 학교장들에게 초점을 맞추게 되었다. 사실 시간의 망원경을 통해 들여다보면, 2005년의 그 여름날 오후 회의와 한 용감한 멤버가 그때 매우 중요한 도표에 동그라미를 친 극적인 순간을 지나치게 강조하는 것은 공정하지 못한 일이다. 물론 그것은 명확한 전략을 규정하려는 지식 집약적인 힘든 싸움에서 결정적인 순간이었다. 그것은 또한 여러 분야를 망라한 팀 구성을 받아들이는 과정에서 내부 투쟁을 벌이고 있는 한 조직의 모습을 잘 보여주었다. 경험이 아무리 많더라도 어떤 전문가 한명이 자신의 결정을 일방적으로 밀고 나갈 수 없게 하는 문화적 변화도 상징적으로 보여주었다. 그렇지만 실제로 일어난 일을 좀 더 정확하게 전하기 위해서는 보다 넓은 맥락을 제시해야 하고, 지속적인 선택과 누진적으로 개선되는 조직적 학습이 오랜 기간 연속적으로 이어졌다는 사실을 알아야 한다.

판단의 새로운 집은 한 번에 벽돌 하나를 놓는 식으로 서서히 지어졌다.

리더의
회고

2011년 재단에서 물러난 크리스틴 드비타는 자신이 이끈 변화를 돌아보며 그것이 모두에게 무엇을 의미했는지에 대해 이렇게 말했다.

그것은 우리에게 긴 과정이었고, 현장에서도 긴 과정이었다… 아직도 할 일이 많이 남았지만 이제는 그 어느 때보다 각 학교의 리더십 문제가 공공의 의제에 확고하게 자리를 잡았다. 우리는 이전에는 예산이나 학교 건물, 스쿨버스 같은 것에만 드러나던 학교장의 중요성을 제대로 끌어올렸다. 그런데 공립학교 리더십에 집중하고 이것에 관한 보다 총체적인 사고방식에 집중하면서 우리는 동시에 하나의 기관으로서 우리 자신의 리더십도 개혁해야 했다. 결국에는 너무나 여러 가지 면에서, 나와 우리 팀도 스스로를 변화시켜야 했다.

월리스 재단의
조직적 판단

이번 사례에는 이 책의 다른 장章에서 본 동일한 요소들이 많이 결합되어 있다. 즉 새로운 종류의 '사실 친화적' fact-friendly인 문화의 구축, 의견의 다양성과 건설적인 논쟁, 그리고 권력을 휘두르는 것보다는 다양한 출처에서 지식을 결집하고 정제하는 풍토를 조성하고 장려하는 역할로 리더십을 전환시키는 것 등이다.

그렇지만 조직구조의 기여에 대해서도 언급할 필요가 있을 것이다. 조직구조는 이 이야기의 중요한 요소인데, 다른 장章에서는 이에 대한 언급이 그렇게 많지 않았다. 이 조직구조는 이번 사례의 리더가 조직의 집합적 판단을 향상시키기 위해 구축한 전반적 콘텍스트의 한 부분이다. 연구자들과 현장에서 일하는 사람들 모두 한편으로는 기능별 그룹에 따른 배치로 보다 심층적인 전문지식을 추구하는 조직원리, 그리고 다른 한편으로는 제품이나 서비스, 또는 프로젝트 성과의 창출에 초점을 맞추는 이른바 '수평 과정'의 보다 통합적인 가치 사이에서 중도中道를 찾으려는 노력을 강화하고 있다.[10] 어쩌면 당연한 일이겠지만 경제가 급변하고 복잡성이 증대하는 새로운 세계에서는 다양한 형태의 부서 간 장벽을 넘는 협력에 대한 관심이 커지고 있다.[11]

쉬운 해답은 분명 없지만 최선의 접근방식은 '둘 다, 그리고'both-and의 세계를 만들어내는 유연성과 가치관을 지닌 조직에서 찾아볼 수 있는 것 같다. 월리스 재단에서의 변화는 바로 이런 방향으로 중요한 발걸음을 몇 발자국 내디딘 것이다. 프로그램, 평가, 홍보 등 문제해결에 필요한 다양한 기능의 권한과 책임이 서로 동등해지도록 만들었고, 몇 가지 핵심적인 역할과 업무에 변화를 가져왔으며, '끝장 볼 때까지 싸우는 회의'라는 새로운 심의과정을 제도화했다. 이런 심층적인 회의는 건설적인 갈등을 수용하는 가치관을 배경으로, 다양한 분야의 시각에서 사실과 생각을 분석하고 종합하도록 만들었다. 조직의 판단력은 전문가들이 자기 분야의 전문지식을 계속 구축하고 연마할 수 있을 뿐 아니라 그 전문지식을 같은 목표를 공유하는 다른 사람들과의 통합된 방식으로 쓸 수 있는 명시적인 메커니즘이 있을 때 가장 잘 번창한다. 이 '둘 다, 그리고' both-and의 사고방식과 업무방식을 함양하는 리더는 어떤 복잡한 조직의 집합적 판단력도 향상시킬 수 있을 것이다.

12

직원들의
뜻에 따라
회사를 키운
트위저맨

사업 규모를 한 단계
더 키울 것인가?

1990년대 말에 여성용 미용제품을 만드는 작지만 성공적인 회사 트위저맨은 성장 기업이라면 모두 궁극적으로 직면하게 되는 딜레마에 처해 있었다. 이 회사는 다음과 같은 질문을 스스로에게 던지고 있었다. '지금 홈런을 노리고 배트를 힘껏 휘두른다면 우리 회사를 얼마나 더 키울 수 있을까?' '그렇게 할 때 수반되는 위험 요소와 위험의 규모는? 그리고 수요를 과연 감당할 수 있을까?' 이 회사가 직면한 구체적인 문제는 자사의 명망 높은 전문적 미용도구 제품들을 체인점에 판매하는 문제로, 이 경우 브랜드의 희석과 기존 핵심 고객의 상실, 지금까지의 경험을 훨씬 뛰어넘는 지불의무 등의 위험을 무릅써야 할 것이었다. 잘못하면 지난 수년간 힘들게 쌓아올린 모든 것이 단숨에 무너질 가능성도 배제할 수 없었다. 그렇지만 이로 인한 매출 증대로 완전히 새로운 차원의 부흚와 시장점유율을 갖는 회사로 격상될 가능성도 있었다.[1]

이 회사의 창업자이자 CEO인 맬 라마냐는 이 문제를 놓고 결정을 내리지 못해 애태우고 있었다. 그는 롱아일랜드에 있는 사무실에서 초조하게 왔다 갔다 하면서 이 문제에 대한 이야기와 질문을 하고 있었는데, 그의 이런 안절부절 못하는 에너지는 주변 사람들에게 잘 알려져 있었다. 스스로를 '모험 중독자이자 강박적 자본주의자'라고 부르는 라마냐는 마음속 깊은 곳에서는 자신이 회사를 더 높은 차원으로 성장시키고 싶어 한다는 것을 알고 있었다. 그렇지만 이전에 여러 차례 사업실패를 겪은 적이 있었기 때문에 트위저맨을 또 다른 실패 사례로 만들 수 있는 위험을 피하고 싶기도 했다. 트위저맨은 라마냐에게 수많은 시도 끝에 마침내 날아오른 마지막 비행기 같은 것으로, 지금 높이 날고 있는 이 비행기가 이전의 다른 많은 사업처럼 추락해서 불타버리면 어떻게 할 것인가? 게다가 라마냐는 인도주의 분야, 정치 분야 등 다른 관심사도 많았으며, 몇 년 전에는 완전히 다른 일을 하려고 회사를 거의 매각할 뻔했다. 그가 이끄는 경영팀에도 상반되는 두 가지 생각이 병존하고 있었다. 트위저맨은 결국 유통과 성장을 널리 확장하는 길을 걸을 수밖에 없다고 생각하는 사람들이 있는가 하면, CVS나 월그린 같은 곳에 자사의 전문적인 브랜드 제품들을 판매했을 때 수반되는 위험요소나 골칫거리를 너무나 명확하게 인식하는 사람들도 있었다.

　이전에 댈 라마냐는 이런 결정을 항상 혼자서 내렸다. 그가 초기에 벌였던 많은 사업의 경우, 사실상 단독으로 사업체를 운영했기 때문에 다른 사람들과 협력해서 결정을 내리는 것은 아예 선택범위에 없었다. 트위저맨의 경우에도 초기에는 같은 상황이었다. 그렇지만 회사가 계속 성공을 거두고 성장을 거듭하면서 라마냐의 생각이 바뀌기 시작했다. 그는 점차 자신의 주변에 신뢰하는 사람들을 모았고, 이 그룹으로 회사의 운영위원회를 구성하게 되었다. 그리고 이들은 각자 나름대로의 관점을 갖고 있었고, 정기적으로 자신들의 의견을 말했다. 사업 확장 문제는 항상 중요한 현안으로 이들 앞에 놓여 있었다. 라마냐는 미소를 지으며 당시 상황을 이렇게 회상했다. "지난 수년간 나는 이것을 하겠다고 재갈을 신경질적으로 씹는 말馬처럼 행동했는데, 운영위원회가 나를 울타리에 가두고 이 문제를 좀 더 철저히 생각하도록 만들었다. 나는 자신이 얼마나 무모하고 성질이 급해질 수 있는지 아는데, 이 사람들이 그것을 억제시켰다." 결국 CEO와 경영팀은 최종 결정을 함께 내렸는데, 실제로는 서로 밀접하게 연관된 일련의 어려운 결정들이 너무나 중요한 결과로 이어진 것이었다. 앞으로 소개할 이야기는 이들이 내려야 했던 집합적 판단이 어떻게 구축되었고, 이 회사의 기업가적 정신에 어떻게 뿌리를 내리게 되었는지에 관한 이야기이다. 이 회사는 이를 통해 궁극적으로 수백만 달러 규모의 사업 확장을 이루었으며, 그들 모두가 꿈도 꾸지 못했을 정도로 막대한 부(富)를 얻었다. 여기서 특히 주목해야 할 부분은 라마냐가 자신의 주변에 보다 나은 결정을 위한 콘텍스트를 구축한 사실이다. 그 콘텍스는 그가 창업자로서 꾸준히 장려하고 강화해 온 이 회사 내의 문화적 가치와 상호 책임감이었다.

리더가 모든 일을 직접 챙기던 초기 경영

댈 라마냐가 이전에 개인적으로, 그리고 사업가로서 어떤 삶을 살았는지 알 수 있는 그의 흥미로운 자서전《사람들을 놀라게 하기: 실패한 사업가가 마침내 성공하다》를 보면, 그가 특별한 종류의 미용제품 회사를 세워서 수백만 달러를 벌게 될 것이라는 사실을 예측하기 어렵다.[2] 라마냐는 어렸을 때부터 빨리 돈을 벌기 위해 이런 저런 시도를 해 보았지만, 대부분 기대 이하의 결과를 낳거나 완전히 실패했다. 그는 교회의 경품응모권을 동네 술집에서 팔기도 했고, 컴퓨터가 거의 없던 시절에 컴퓨터 데이트 서비스를 시작하기도 했다. 그리고 물침대 판매와 설치, 드라이브 인 영화관 내 디스코텍 개장, 새로운 종류의 라자냐 팬 발명, 별 볼 일 없는 할리우드 영화 제작, 식당 경영 등 다양한 시도를 했다. 특히 식당 경영은 그에게 '정말 세계 최악의 비즈니스'라는 교훈을 남겼다. 그는 하버드경영대학원에 진학할 정도로 똑똑하고 야심찬 청년이었지만, 학자금으로 대출받은 돈을 수업 첫날 가짜 주식 정보에 몽땅 걸어 날리고 말았다. 그래서 그는 학비의 두 배에 달하는 빚을 하버드에 진 유일한 학생이 되었다! 그렇지만 항상 쾌활한 성격의 라마냐는 이런 저런 새 사업 아이디어를 끊임없이 계속 시도했으며, 비록 실패를 통해서이긴 했지만 기업가적 트랙을 새로 돌 때마다 꾸준히 교훈을 얻었다. 그는 마침내 1980년에 트위저맨을 창업했고, 이 회사는 댈 라마냐는 항상 실패만 한다는 법칙이 틀렸음을 입증해 주었다.

라마냐의 다른 수많은 아이디어와 마찬가지로 트위저맨도 우연한 계기로 떠오른 아이디어였다. 1970년대 중반의 어느 날 청년 라마냐는 나무로 된 데크 위에서 대담한 애정행각을 벌인 후 자신의 엉덩이에 수많은 나무가시가 박혀 있는 것을 발견했다. 그는 이 고통스런 나무가시들을 뽑으려고 끝이 바늘처럼 뾰족한 족집게를 찾았지만, 그에게 필요한 종류의 족집게는 어디에서도 찾기 어렵다는 사실을 알게 되었다. 이 경험은 그로 하여금 당시 대부분의 사람들이 사용하고 있던 잡화점에서 쉽게 살 수 있는 뭉툭한 도구보다 훨씬 정밀하고 구하기도 쉬운 족집게에 관한 연구를 하도록 이끌었다. 그는 산업용으로 쓰이는 도구들에 흥미를 갖게 되었고, 여러 가지 우여곡절을 겪은 끝에 한 전자회사의 조립 라인에서 쓰이고 있던 족집게를 보고 바로 이것이라고 생각했다. 어떤 산업에서 나온 아이디어가 다른 산업으로 옮겨지는 혁신의 특징이 바로 이런 것이다. 그는 이 족집게를 조정해서 가시를 제거하는 의료 목적에 쓰이는 도구로 만들었다. 그리고 시간이 좀 더 흐른 뒤에 이 아이디어는 새로운 국면을 맞았다. 라마냐가 헤어진 여자 친구의 제안에 따라 더 큰 시장, 즉 여성들의 미용관리를 위한 정밀 족집게 시장에 우연히 들어서게 된 것이었다. 미용에 관심이 있는 여성들을 대상으로 한 서비스 업계에서는 보다 정밀하고 전문화된 족집게에 대한 수요가 분명히 있었다. 처음에는 몇몇 구매자들이 잠정적으로 사가던 것이 얼마 지나지 않아 꾸준히 주문이 들어오는 것으로 바뀌었다.

　다른 많은 기업가와 마찬가지로 댈 라마냐도 자신의 새 아이디어를 맹렬하게 밀고 나갔으며, 모든 일을 혼자서 하는 방식을 고집했다. 그는 롱아일랜드에 있는 가족의 작은 단층집을 사무실삼아 일하며, 공급업체와 협상하고 제품의 포장방식을 고안해냈다. 그리고 소규모 미용실을 일일이 돌아다니며 제품을 선전했고, 그 다음에는 사마귀 점이나 체모를 제거하는 일을 하는 전기분해요법사^{electrologist}들에게도 세일즈를 했다. 통신판매 사업도 시작했는데 이 모든 것을 400평방피트의 작은 단층집에서 해냈다. 그는 지칠 줄 모르고 열심히 일해서 어느 정도 초기의 성공을 거두었다. 어느 날 라마냐가 한 미용실로 들어섰을 때 그곳에서 일하는 그의 고객 중 한사람이 동료들에게 '트위저(족집게)맨'이 왔네라고 우스갯소리를 했다. 언제나 통념을 타파하는 것을 좋아했던 라마냐는 이 이름이 당시 쓰고 있던 '댈 라마냐 그루밍'이라는 이름보다 낫다고 보았고, 좀 불손한 느낌이 새롭고 독특한 브랜드 명으로 잘 맞는다고 생각했다. 고객의 농담 덕분에 회사의 새 이름이 탄생한 것이다.

　1980년대 초 트위저맨은 꾸준한 성장을 보이기 시작했으며, 댈 라마냐도 마침내 단순한 밥벌이 수준을 뛰어넘는 비즈니스를 창출하는 길에 들어선 것처럼 보였다. 첫 해엔 약 1800달러를 벌었는데, 5년 후에는 매년 백만 달러 가까운 매출을 올리고 있었다. 그렇지만 그는 이 정도의 성과를 내기 위해 자신을 엄청나게 혹사하고 있었다.

그리고 라마냐는 이 사업 초창기에 자신을 좀 더 돌아보기 시작했다. 그는 과거의 여러 사업, 실패한 수많은 사업과 가끔씩 잠깐 성공했던 경우를 돌아보았다. 그는 대체로 단독으로 사업체를 운영했지만 초기의 몇몇 일자리나 사업에서 다른 직원들을 감독한 경험이 있었고, 좋은 사람들, 혹은 나쁜 사람들이 회사에 가져올 수 있는 변화의 중요성을 일부 인식하게 되었다. 그는 이때를 돌아보면서 다음과 같이 말했다. "뭔가 계시를 받은 느낌이었다. 내 개인적인 시간도 소중하다는 사실을 갑자기 깨달았고, 모든 것을 혼자 하기 때문에 활용 가능한 것을 활용하지 못하고 있다는 생각이 들었다. 나는 그동안 계속 이런저런 괴상한 아이디어를 파는 프로모터에 불과했던 것이다. 이제는 진정한 회사를 구축해야 한다는 생각이 퍼뜩 떠올랐다. 이를 위해서는 직원 채용을 시작해야 했는데 신뢰할 수 있는 유능한 사람을 뽑는 일을 잘하고, 그런 직원이 계속 머물게 만들어야 했다. 그리고 직원들에게 권한을 위임하는 문제가 새로운 관심사가 됐다." 나중에 트위저맨의 사장이 된 리사 보웬은 라마냐가 초창기에 어떤 보스였는지 다음과 같이 회고했다. "처음에는 사소한 일까지 일일이 챙기는 관리자였다. 모든 걸 자기가 직접 다 하려고 했다. 그렇지만 직원이 늘어나면서 변하기 시작했다. 사람들을 신뢰하는 힘을 깨달았고 그것을 실행에 옮겼다. 직원들에 대한 그런 신뢰는 대단히 소중한 것이다."

직원 모두의 목소리를 키우는 책임 있는 자본주의로

사람과 조직의 힘에 관한 라마냐의 깨달음은 많은 성공적인 기업가들이 거치는 이행 과정과 별반 다르지 않지만 단독 프로모터에서 회사의 건설자로 변신한 그의 경우에는 좀 특별한 사연이 있다. 1970년대 초에 학교를 다닌 라마냐는 커리어 초반부터 사회의식에 눈을 떴으며, 직원이나 동료들을 공정하게 대우하는 것이 얼마나 중요한지 깨닫게 해 준 초기의 경험들을 생생하게 기억하고 있었다. 그는 재정적 성공을 간절히 원하긴 했지만, 동시에 '내가 남들에게 대우받기 원하는 것과 똑같이 모든 사람을 공정하게 대우하는' 기업을 만들고 싶었다. 그의 이런 생각은 정의나 공리주의에 대한 개인적인 생각뿐 아니라 미국이 1980년대에 경험하기 시작한 비즈니스와 시장의 지나친 과열에 대한 반작용으로 형성되었다. 그는 시대를 훨씬 앞서서 '책임 있는 자본주의'라는 표현을 사용했고, 수익과 주주 가치를 노골적으로 추구하는 당시 풍조에 맞서는 개인적 대의를 실현하는 데 트위저맨을 활용했다. "이 때문에 쉽게 큰돈을 벌 기회를 놓쳤다고 해도 전혀 상관없다. 너무나 훌륭한 직원들을 갖게 되었고, 그들이 바로 내 관심사였으니까. 여동생인 세리와 테리도 우리 회사에 합류했고, 이본느 레슬리는 세 아이와 함께 웨스트버지니아에서 왔다. 우리는 대가족이 됐다. 나는 밀튼 프리드먼의 말이 틀렸다는 것을, 기업은 주주들에게 혜택을 주기 위해서만이 아니라 모든 이해당사자들에게 혜택을 주기 위해 존재해야 한다는 것을 증명하고 싶었다."[3]

트위저맨의 초창기 직원들은 사실 대부분 라마냐의 단층집 겸 사무실이 있던 포트 워싱턴 부근 롱아일랜드 해변 동네에서 채용된 사람들이다. 예를 들어 트위저맨의 사장 리사 보웬은 18살 때 여름철 인턴사원으로 처음 트위저맨에서 일하기 시작했는데, 그녀는 라마냐의 이웃에 사는 가족의 친구였다. 라마냐는 초창기 회사 문화를 발전시키는 데 이 동일한 '공동체 사고'를 많이 가져왔다. 계획수립은 라마냐의 표현에 따르면 '퀘이커 교도식 집회'에서 이루어졌고, 직원들은 곧바로 회사의 첫 수익 중 일부를 지역 자선단체에 기부하기로 함께 결정했다.

라마냐는 또한 맨 처음부터 회사의 수익을 직원들과 함께 나누어가졌으며, 직원들에 대한 격려와 권한이양에 인색하지 않았다. 그는 '열린 경영' open book management 개념을 알게 되면서 이것을 곧바로 수용했는데, 여기엔 잭 스택이 쓴 책 《위대한 비즈니스 게임》The Great Game of Business을 열심히 읽은 영향이 컸다.[4] 라마냐는 열린 경영의 직장에서 요구되는 민주적인 기본원칙들을 실천했다. 즉 회사의 재무자료를 직원들에게 공개하고 직원들이 실적향상을 위한 업무추진에서 주도적인 역할을 맡도록 격려했으며, 회사의 번영에 따른 성과를 다함께 공유했다. 트위저맨에서 '열린 경영'은 보다 공식적인 직원 수익공유 프로그램으로 발전했고, 운영위원회가 회사의 소유권 지분을 더 많이 갖는 방향으로 발전했다. 운영위원회는 원래 핵심 관리자들의 비공식 모임이었지만 시간이 흐르면서 보다 공식적인 조직이 되었으며, CEO와 정기적 회의를 갖고 전략, 인사문제, 회사시설 관리 등 모든 중요한 결정을 내리는 데 적극 관여했다. 라마냐는 자랑스럽게 이렇게 말했다. "우리는 만장일치가 아닌 다수결로 결정을 내렸다. 내 의견이 관철되지 않은 경우도 물론 있었다."

이 운영위원회에서, 그리고 보다 넓게는 회사 전체에서 창업자 라마냐는 개방적 논의와 문제해결, 실수할 수 있는 권리, 그리고 반대의견을 낼 수 있는 권리를 아우르는 풍토를 조성하기 위해 노력했다. 프랭크 섯텔은 이렇게 소개했다. "라마냐가 고수하는 기본 원칙은 언제나 사람을 비난하지 말고 해결책을 찾아라였다. 사람이란 실수를 할 수 있는데, 그 때문에 심한 처벌을 받는 일은 없었다. 그러니 보고서를 일부러 보기 좋게 꾸밀 필요가 없었다." 리사 보웬은 이런 말을 했다. "라마냐는 버럭 화를 낸 적이 전혀 없었다. 우리는 모두 그를 신뢰했고, 그는 진정한 문호개방 정책을 실시했다. 직원들은 회사의 데이터와 비즈니스 진전 상황에 대해 이해하도록 끊임없이 교육을 받았다. 그리고 시간이 흐르면서 우리 모두는 자신이 맡은 책임 덕분에, 그리고 문제해결을 위해 함께 일하는 과정에서 다른 사람들과 교류한 덕분에 성장했다."《트위저맨 직원 핸드북》은 이런 업무방식을 성문화했는데, 이 책자에는 다음과 같은 원칙들을 열거하고 있다. ●모든 직원이 회사의 소유권에 관여하도록 한다 ●고용과 관련된 모든 문제에서 동등한 기회를 부여한다 ●개방적인 의사소통을 추구한다 ●개인적 성장을 장려한다 ●직원들의 재능을 최대한 활용한다 등이다.[5] 이와 비슷한 개념들을 회의실에 붙여놓고 있는 다른 수많은 회사와 트위저맨이 차별화 되는 점은 댈 라마냐가 이것들을 진정으로 믿었다는 사실이다. 그리고 그는 자신의 행동과 개인적 리더십을 통해 이 문화를 매일 매일 강화시켜 나갔다.

험난한 과정을 거쳐 월그린으로

댈 라마냐가 구축한 사업체의 문화와 협력적 업무방식은 성장에 수반되는 문제들을 처리할 준비를 갖추게 해 주었지만, 위로 올라가는 여정은 결코 쉬운 등반이 아니었다. 1989년 품질과 서비스 면에서 꾸준히 명성을 쌓아가고 있던 트위저맨은 중요한 약진을 이룩했다. 텍사스에 기반을 둔 '샐리 뷰티 서플라이' 체인은 전형적인 미용제품 판매점으로 주 고객은 미용 관련 전문직 종사자들이었다. 트위저맨은 샐리 체인과 유통계약을 체결함으로써 자사 세일즈 네트워크에 800개 아울렛을 한꺼번에 덧붙이는 성과를 거두었다. 그리고 첫 해 매출이 10퍼센트 넘게 증가했으며, 이중 대부분은 수익으로 떨어졌다. 이 계약은 또한 당시 6백만 달러 규모였던 회사를 앞으로도 계속 성장시킬 수 있을지 고민하던 라마냐에게 활기를 가져다 주었다. 라마냐와 운영위원회는 이보다 훨씬 더 큰 범위, 즉 엑커드나 CVS, 월그린 같은 소매 드럭스토어를 통한 유통을 본격적으로 추진하는 문제를 놓고 브레인스토밍을 하고 있었지만 계속해서 난관에 부딪쳤다. 라마냐는 당시 상황을 이렇게 소개했다. "트위저맨이 체인에 들어가는 데 있어 가장 큰 문제는 체인 드럭스토어에서 쉽게 구입할 수 있는 미용제품은 샐리가 취급하지 않는다는 사실이었다."

　그렇지만 언제나 지략을 발휘하는 댈 라마냐는 자신의 팀과 샐리 뷰티 서플라이 사장 마이크 렌줄리로부터 몇몇 아이디어를 얻어 상대방이 좋아할만한 타협안을 찾아냈다. 당시 라마냐는 그와 긴밀한 업무협조관계를 구축하고 있었다. 트위저맨이 소매 아울렛을 위한 제품 포장을 다르게 해서 '파이너 터치' Finer Touch라는 다른 이름으로 판매하면 어떻겠느냐고 제안하자 렌줄리는 좋다며 고개를 끄덕였고, 트위저맨은 얼마 후 댈러스의 드럭 엠포리엄이라는 작은 소매 체인과 계약을 맺었다. 그렇지만 이 계약은 드럭 엠포리엄이 트위저맨 제품의 대규모 할인행사를 벌이면서 재앙이 되어 버렸다. 라마냐는 샐리와의 거래관계를 보호하기 위해서 그 지역의 트위저맨 판매 대리인을 드럭 엠포리엄 가게로 보내서 트위저맨 제품을 모두 사들이게 했다. 그런 후에 라마냐는 드럭 엠포리엄의 대금지불이 늦었다는 이유를 들어 아예 거래를 끊어 버렸다. 그리고 '파이너 터치' 라인을 좀 더 큰 규모의 체인점인 라이트-에이드에 판매하는 계약은 좋은 출발을 보였지만, 트위저맨이 거절한 추가 할인을 이 고객이 계속 요구하는 바람에 갑자기 무너지고 말았다. "우리가 추가 할인을 거절한 다음, 그때까지 팔리지 않은 제품이 대형 화물 열대에 실려 반품됐다."고 라마냐는 당시를 회상했다.

　다음 대상은 또 다른 체인 소매업체 엑커드였다. "여기서 또 힘들게 교훈을 얻었다." 라마냐는 이렇게 말했다. "그것은 제품을 인도할 수 없으면 대규모 고객과 판매계약을 맺지 말라는 것이었다." 트위저맨은 판매계약 체결을 미처 기뻐할 사이도 없이 엑커드가 자신들의 매장에 진열할 제품을 30일 이내에 준비해 주길 바란다는 사실을 알게 되었다. 트위저맨은 그 정도의 재고가 없었고, 주문량을 채우려면 석 달이 필요했다. 엑커드는 계약을 취소했다. 그러나 이런 차질은 트위저맨 팀의 투지를 더욱 확고하게 만들었고, 이들은 '남을 비난하지 않고 해결책을 찾는' 문화를 실천하며 또 다시 대규모 판매 계약을 체결하기 위한 준비를 했다. 트위저맨의 운영위원회 멤버들은 다음 시도를 위한 계획을 개발하면서 어떤 것이 필요하고 어떤 위험요소들에 대비해야 하는지 초기 실패를 통해 배웠다. 업계에 대한 연구를 좀 더 하고 세일즈 인력과 고객, 그리고 파트너들을 통해 정보를 얻은 다음 라마냐와 그의 팀은 월그린 쪽으로 눈을 돌렸다. 월그린은 할인 문제와 관련해 좀 더 예측 가능하고, 공급자들과 좀 더 협조적인 재무관계를 맺는다는 평판이 있었기 때문이었다.

기회 포착을 위한 가치관과 문제해결 방식

운영위원회는 CEO가 설정한 편안한 분위기의 기브 앤 테이크 give-and-take 스타일을 따라 정기적으로 회의를 했다. 운영위원회 멤버들은 라마냐의 사무실에서 회의를 갖기도 하고, 복도나 가게 바닥에서 회의를 하기도 했는데, 사실 회의라기보다는 멤버 두세 명이 특정 시간에 비공식적인 의견교환을 하는 것이었다. 그러나 격식은 갖추지 않더라도 운영위원회의 논의에 지침이 되는 특정 가치관과 몇 가지 공유 원칙이 있었는데, 그것은 바로 '우수한 제품 만들기에 전념, 고객 서비스에 전념, 시장 확대 방안 찾기에 전념한다' 였다. 이런 종류의 믿음이 존중되는 한 언제 어디서든 토론이 벌어질 수 있었다. 이번 탐색과 관련된 대화도 명확한 의도와 목표를 갖고 진행되었다. 월그린과 계약 협상을 하기 위해 어떤 준비를 해야 하며, 계약에 따라 제품을 인도할 수 있는지 따져보았다. 트위저맨이 겪은 과거의 경험과 업계 구석구석을 돌아보고 얻은 지식에 비추어 볼 때 월그린과의 판매계약은 여전히 큰 위험요인을 안고 있었다. 즉 추가적인 재고로 인한 재무적 위험, 상당한 규모의 제조 수요에 관한 불확실성, 고객 공간 customer space 의 변동성, 그리고 새로운 경쟁자와 혁신적 제품이 계속 등장해 트위저맨 프랜차이즈를 순식간에 약화시킬 가능성 등이 있었다.

운영위원회는 이런 위험을 가볍게 생각하지 않았다. 멤버들은 자신들이 지금까지 배운 것과 각자가 회의에 기여할 수 있는 것을 최대한 활용하기 위해 열심히 일했다. 모두들 다양한 변수를 고려하는 조직화 된 작업을 통해 라마냐가 나중에 협상 테이블에 제시할 계약조건을 준비해야 한다는 것을 알고 있었다. 위원회의 각 멤버는 엄청난 규모의 새 계약이 자신의 담당 분야에 어떤 영향을 미칠 것인지에 대해 탐색하고 필요한 작업을 했다. 리사 보웬은 회상했다. "우리는 해답을 얻을 때까지 모든 것을 철저히 몇 번이고 되풀이해서 논의했다." 운영위원회 멤버들은 각자 맡은 일을 했고, 앞으로의 진행 방향에 대해 각자 자신의 주장을 펼쳤다. CFO인 프랭크 섯텔은 제품의 유닛을 상당히 늘려야할 것이라는 가정 하에 재무 측면에 미칠 영향과 재고관리를 위한 대출 문제를 분석했다. 사장인 리사 보웬은 생산증대를 위한 계획을 수립했다. 제품개발 책임자인 테리 쉬아노는 샐리와의 관계를 여전히 유지하면서 고객 니드를 충족시키기 위해 필요한 브랜드별로 다른 포장과 도안을 마련하는 일을 맡았다. IT 책임자인 로라 코스틴은 트위저의 시스템을 월그린의 전자데이터 입력 프로세스 및 바코드 시스템에 통합시키는 방안을 조사했다. 세리 라마냐는 트위저맨이 제조 측면에서 의존해 온 벤더들과의 협상을 통해 월그린과의 계약에 장애물이 될 수 있는 것들을 제거했다. 세일즈 담당 부사장인 로리 스크로스키는 '샐리 뷰티 서플라이'와의 여전히 중요한 관계에 대해 끊임없이 걱정하며 이 문제를 계속 관리했다.

운영위원회 멤버들의 설명에 따르면 그들의 회의는 어떤 결정을 내리기 위해 여러 작은 단계들을 반복적으로 거친 과정으로 '이것을 어떤 방식으로 하지?' '그 일을 할 준비를 할 수 있나?'와 같은 핵심적인 질문을 중심으로 일련의 탐색과 논의, 문제해결 세션들을 조직화한 것이었다. 매니저들은 각자 이해당사자인 벤더 및 고객들과 지속적으로 접촉했으며, 매 단계에서 샐리와의 관계는 매우 조심스럽게 다뤄졌다. 회의를 할 때마다 새로운 정보의 공유가 이뤄졌고 새로운 장벽이나 위험요소가 파악되었으며, 새로운 해결책이 제안되고 논의되었다. 회의 분위기가 언제나 화기애애했던 것은 아니며, CEO인 라마냐의 견해에 동조해야 한다는 생각에 이끌리지도 않았다. 댈 라마냐의 기억에 따르면 샐리와의 관계에 미칠 위험을 걱정해 로리가 꽤 강력한 반대의견을 제시한 적이 있고, 포장과 브랜딩에 관한 결정을 놓고 많이 오락가락하기도 했다.

이 무렵 라마냐는 자신이 리더로서 갖고 있는 강점뿐 아니라 약점에 대해서도 알게 되었다. 그리고 서로 보완이 되는 능력과 권한을 지닌 팀이 큰 힘을 발휘할 수 있다는 사실을 인식했다. "협력을 통해 이런 종류의 결정을 제대로 내리게 해 주는 사람들의 지원과 지식을 얻는 것이 얼마나 중요한지 깨달았다."

지속적인 문제해결 성공에 핵심적인 역할을 한 것에는 개방적 토론과 '틀려도 좋다'는 가치관이 낳은 신뢰뿐 아니라 운영위원회 멤버들이 모두 공유하고 있던 상호책임의 개념도 있었다. 월그린과 판매계약을 체결하는 결정은 이 계약을 어떻게 실행할 것이냐 하는 문제에 주로 달려 있었기 때문에 회사의 리더들은 서로의 전문지식과 약속을 신뢰해야 했다. 모두들 이 결정에는 중대한 실행 문제가 수반된다는 사실을 깨닫고 있었으며, 이번 시도의 성공 가능성을 평가하는 일에서나 계약에 따른 약속을 지키는 일에서나 모두 서로에게 의존할 수밖에 없다는 사실을 잘 알고 있었다. 여기서 내려야 하는 판단은 전략적인 혜택과 비용을 평가하는 문제일 뿐 아니라 이 이니셔티브를 안전하게, 그리고 효율적으로 수행해낼 각 리더의 능력을 평가하는 문제이기도 했다. 전국적 규모의 대형 벤더들은 제품인도 약속을 지키지 못한 소규모 공급업체를 쉽게 파산시킬 수 있고, 갑자기 마음을 바꿔 공급업체에 위기를 초래할 수도 있었다. 트위저맨 팀은 계약의 성공을 위해서 모든 가능한 위험

요소와 필요한 모든 업무를 잘 이해해야 했다. 그리고 이 모든 것을 해내기 위해서는 서로에 대한 근본적인 신뢰가 있어야 했다.

월그린과의 계약으로
초고속 성장의 길로 들어서다

수개월에 걸친 토론과 기획 끝에, 브랜딩과 포장, 생산, 재고 관련 방안을 생각해 내느라고 수많은 시간을 보내고, 여러 가지 크고 작은 난관을 극복하기 위한 다양한 아이디어의 시행착오를 겪은 후 운영위원회는 마침내 최종 결정을 내릴 준비가 됐다고 생각했다. 라마냐는 다음과 같이 회상했다. "우리는 최종적으로 '파이너 터치' 브랜드를 포기하고 월그린과 체인 드럭스토어를 위한 '트위저맨 리미티드' 브랜드를 새로 만든다는 아이디어를 생각해 냈다. 그리고 샐리 쪽에 팔던 제품과 미용업계 제품은 '트위저맨 프로페셔널'이라는 이름으로 개명했다. 샐리의 마이크 렌줄리는 두 가지 라인의 포장을 서로 다르게 한다는 조건 하에 이 접근법을 승인했다."

CFO 프랭크 섯텔은 운영위원회 멤버들이 라마냐의 소박한 사무실에 같이 앉아서 최종 결정을 내리던 순간을 지금도 기억한다. 이들은 원형으로 배치된 중고 의자에 편한 자세로 앉아 있었는데, 방 안 분위기는 유쾌했지만 큰 결정을 앞두고 있는 긴장감이 저변에 깔려 있었다. 참석자들은 대화가 소강상태에 들어가면 가끔 막간을 이용해 컴퓨터 작업을 하는 CEO 댈 라마냐의 멀티태스킹을 인내심을 갖고 지켜보았다. 그렇지만 위원회의 멤버들이 각자 맡은 조사와 준비작업이 모두 완료됐다고 보고했을 때 라마냐가 신중하게 경청하고 있다는 것을 모두들 알고 있었다. 그리고 멤버들이 차례로 말하고 난후, 이제는 모든 준비가 다 되었다는 것을 각자 실감하기 시작했다. 트위저맨은 월그린과의 대규모 계약에 따른 약속을 지킬 수 있을 것이었다. 방 안에는 잠깐 동안 침묵이 흘렀다.

그때 갑자기 프랭크 셋텔이 침묵을 깨뜨렸다. "모든 게 그렇게 다 준비됐다면 구매 주문서는 어디에 있죠?" 이 말에 그의 동료들은 웃음을 터뜨렸다. 모두들 CFO가 익살맞게, 그렇지만 중요하게 '문제를 제기했다'는 것을 알고있었다. 댈 라마냐는 그냥 그룹의 일원으로서 함께 웃음을 터뜨렸다. 그는 이제 청신호가 켜졌다는 것을, 그리고 회사가 매우 큰 전략적 도약을 할 준비가 됐다는 것을 강조하기 위해 손을 흔들었다.

셋텔의 이 단순명쾌한 말은 미래를 보여주는 신호였다. 1998년에 떠오르는 기업이지만 여전히 비교적 작은 사업체였던 트위저맨은 회사 역사상 최대의 거래, 즉 자사의 제품 라인을 미용업계의 전문점을 넘어 소매 드럭스토어의 주요 체인으로 확대하는 계약을 체결하게 된 것이다. 몇 주 후 트위저맨은 월그린에 제품을 보내기 시작했다. 트위저맨은 이번 계약을 통해 자사 제품이 팔리는 장소를 세 배로 늘렸고, 수입 기반에 수백만 달러를 더했으며, 소매유통 진출에서 두 자리 수의 성장을 기록하기 시작하면서 이후 5년간 연간 매출이 두 배 넘게 증가하는 결과를 얻었다. 창업자이자 CEO인 댈 라마냐는 당시 상황을 이렇게 소개했다. "정말 큰 결정이었고 성공적인 결정이었지만 수많은 위험요소가 있었다. 그렇지만 우리는 이겨냈고, 업계에서 우리가 갖는 위치를 완전히 바꿔놓았다."

트위저맨은 월그린과의 계약 덕분에 2000년 무렵 그 어느 때보다 높은 성장률을 보였다. 그리고 다른 소매 체인에도 계속 진출해서 회사의 매출규모가 수백만 달러 더 늘어났다. 트위저맨은 수천 명의 고객을 확보하고 타의 추종을 불허하는 품질과 혁신의 명성을 쌓으면서 전 세계적으로 지배적인 브랜드로 성장했으며, 2004년에 자사를 독일기업인 츠빌링 J.A. 헨켈스에 매각했다. 덕분에 운영위원회 멤버 모두와 대부분의 회사 직원들은 개인재산이 상당히 늘어났다. 라마냐 자신은 다른 사업 분야로 진출했으며, 이와 함께 다양한 자선사업과 정치적인 사업도 추진하기 시작했다.

트위저맨의 조직적 판단 문화

월그린과의 판매계약을 성공적인 결정으로 만든 요인에는 여러 가지가 있었지만 특히 중요한 것은 댈 라마냐가 트위저맨에서 구축한 협력적인 문화와 비난할 대상이 아니라 해결책을 찾는 가치관, 그리고 상호책임의 정신이었다. 우리가 조직적 판단을 근본적인 역량, 다시 말해 기회포착의 성공률을 높이고 위험을 최소화하는 역량이라고 간주했을 때, 트위저맨의 사례는 이 역량 구축에 신뢰와 상호의존이 너무나 중요하기 때문에 공통의 업무수행 목표를 공유하는 리더라면 이것을 반드시 발전시켜야 한다는 사실을 보여준다.

이 회사의 창업자는 사내에 이 신뢰와 책임감을 함양했을 뿐 아니라, 팀원들과 수년간 서로 어깨를 맞대고 일하며 경험과 학습의 공유를 장려했다. 값비싼 대가를 치르고 지혜를 얻은 경우도 종종 있었다.

트위저맨 이야기는 최근 수년간의 경영 분야 연구에서 밝혀진 많은 결과를 반영하고 있다. 운영위원회의 기능 방식과 댈 라마냐가 그 멤버들과 함께 일한 방식은 효과적으로 기능하는 리더십 팀과 그룹들을 연구해 온 많은 사람들이 알아낸 다음과 같은 교훈을 확인시켜 준다. 그것은 서로 보완되는 능력을 갖춘 사람들이 진정한 상호책임감과 신뢰, 이해의 공유를 바탕으로 공통의 업무수행 목표를 향해 협력할 때 비상한 힘을 발휘할 수 있다는 것이다.[6] 업무수행이나 해결책 발견을 가장 잘 하는 그룹은 리더와 리더가 보여주는 행동이 '실패해도 괜찮다'는 생각을 드러내고, 과정의 공정성을 존중하는 그룹인 것으로 나타났다. 다시 말해 모든 사람의 견해가 경청되며, 공정하고 비非이기적인 방식을 통해 결정에 도달하는 것이다.[7] 최근의 연구들을 보면 '전략'과 '실행'이 각각 별도의 영역으로서 순차적으로 일어나는 과정이 아니며, 어떤 일을 할 것인가 말 것인가에 대한 결정과 이에 수반되는 실행의 문제를 함께 나란히 추진할 필요가 있다는 것을 부각시키는 사례가 늘어나고 있다.[8] 트위저맨의 의사결정 과정은 '무엇을 할지 안 할지' what and whether 의 문제뿐 아니라 '어떻게' how의 문제까지 함께 다루었다. 이 회사의 운영위원회는 윌그린과의 계약을 통해 보다 높은 단계의 성장을 추구하는 전략을 놓고 결정을 내려야 할 때, 이것을 실행하는 문제도 동시에 해결해야 했다.

앞서 살펴보았듯이 트위저맨이 내린 판단의 대부분은 보다 넓은 관점에서 이 회사의 조직문화, 그리고 창업자가 조성한 훌륭한 의사결정 콘텍스트와 밀접한 관련이 있다. 우리는 트위저맨 팀원들을 인터뷰하면서 이들이 자사의 조직문화에 대해 자주 언급하고, 이 문화가 트위저맨의 궁극적인 성공에 얼마나 중요한 역할을 했는지 진정으로 자각하고 있다는 사실에 주목했다. CFO 프랭크 셋텔의 다음과 같은 말은 이러한 문화의 특성을 잘 요약해 보여 준다.

우리는 모든 사람이 그냥 자기 자신이 될 수 있는 문화를 발전시켰다. 누구도 허세를 부리지 않았고, 파괴적인 경쟁이나 서로를 음해하는 일도 없었다. 우리는 서로에게 의존했다. 사람들은 자유롭게 행동하고 자유롭게 말했으며, 리더가 듣기 싫어하는 말을 하더라도 해고될 걱정을 하지 않았다. 우리는 모두 이런 방식이야말로 사람들의 능력을 최대한 발휘할 수 있게 하는 방식이라는 것을 알고 있었다. 그리고 이것은 우리가 정말 훌륭한 결정들을 내릴 수 있게 해 주었다.

13

결론

미래의 리더들을
위한 제언

우리는 의사결정 분야에서 지금까지 과소평가되어 온 부분, 즉 '조직적 판단'을 부각시키기 위한 목적으로 이 책에 등장하는 사례들을 소개했다. 시작하는 글에서 처음 주장했듯이 우리는 전통적인 의사결정 패러다임이 보다 참여적이고 데이터 집약적인 접근방식으로 대체되고 있으며, 오늘날의 모든 리더가 이 개념과 역량에서 혜택을 얻을 수 있다는 생각을 가지고 이 책을 썼다. 전통적인 패러다임은 만물을 꿰뚫어보는 현명한 CEO가 혼자서 임의로 판단하고 결정을 내리는 것을 말한다. 우리는 오늘날의 조직들이 처한 콘텍스트가 변하고 있기 때문에 앞으로 보다 많은 의사결정이 새로운 방식으로 이뤄질 것이라고 생각한다. 사실은 이미 그렇게 되고 있다. 오늘날의 글로벌 경제와 급변하는 비즈니스 환경은 훌륭한 의사결정의 중요성을 더욱 높이는 동시에 잘못된 결정에 대해서는 값비싼 대가를 치르게 하고 있다. 그리고 의사결정자들이 고려해야 하는 요인들의 복잡성도 계속해서 증가하고 있는 실정이다.

변화 속에 기회가 있다

그런데 이 복잡성에는 문제뿐 아니라 기회도 포함되어 있다. 결정을 내리는 데 필요한 정보를 그 어느 때보다도 쉽게 구할 수 있으며, 새로운 테크놀로지와 분석능력이 정보의 조직화와 종합, 그리고 우선순위 부여에 도움을 주는 데 동원되고 있다. 여기에는 '군중의 지혜'와 집합적인 문제해결을 활용하는 메커니즘도 포함된다. 그렇지만 보다 많은 정보, 보다 나은 정보를 구하는 것이 가능해지면서 의사결정자들은 자신들이 무엇을, 그리고 왜 결정해야 하는지와 관련해 보다 많은 선택과 미묘한 차이를 놓고 고민하게 되었다.

이 새로운 복잡성의 또 다른 측면은 현재진행형인 지식혁명이다. 단순한 정보를 넘어서는 지식, 전문가들의 머리와 손에 있는 지식이 비즈니스와 사업체를 위한 가치창출의 원천이라는 인식이 증대하고 있다. 그렇다면 보다 나은 결정을 내리기 위해 조직이 지식을 어떻게 동원할 수 있을까? 이 지식혁명의 일부는 요즘 조직들이 '이전보다 평평해지고 있다'는 것인데, 이것은 리더들이 보다 광범위한 대상을 관리하게 되는 것을 의미하며, 또한 조직 구조와 가치관이 위계질서를 덜 강조하게 됨으로써 결정을 내리는 권한이 조직 내에서 보다 넓게 분산되는 것을 의미한다. 수십 년 전부터 관찰되기 시작한 이 변화는 기업들이 고객에게 좀 더 가까이 다가가게 해 주었고, 생산성을 개선하도록 해 주었으며, 문제해결과 혁신을 좀 더 빨리 할 수 있게 해 주었다. 그런데 여기서 복잡성의 또 다른 차원이 고려되어야 한다. 좋은 결정을 내리는 데 필요한 지식이 보다 분산되어 있고, 지식을 적용할 권한도 분산되어 있다면 조직이 지식을 어떻게 합리적으로, 그리고 현실적으로 동원할 수 있을까?

한 명의 의사결정자만 있는 전통적인 모델에서 보다 집합적이고 참여적인 모델로 전환하는 데에는 명백한 문제점들도 있다. 즉 복잡성이 증대하고, 속도와 민첩성이 줄어들 가능성이 있으며, 최악의 경우 '진짜 책임자는 아무도 없다'는 느낌이 팽배해질 수 있다. 그렇지만 보다 참여적이고 정보와 지식 집약적인 접근방식의 커다란 이점은 잘 활용될 경우, 혼자서 결정을 내릴 때 빠질 수 있는 여러 함정을 보완할 수 있다는 것이다. 매년 행동과학자와 신경과학자들의 연구 덕분에 이 인지적 함정의 리스트는 계속 길어지고 있다. 우리가 단독으로 행동할 때 나쁜 결정을 내리기 쉬운 이유가 계속 밝혀지고 있는 것이다. 리더 혼자서 자의적으로 판단을 내릴 때 사용하게 되는 편향과 때로는 위험하기까지 한 주먹구구식 방식을 상쇄하기 위한 테크닉도 많이 연구되었으며, 외부 고문의 활용과 만약의 상황을 가정한 대안 구축, 리더십 팀 멤버들 간 건설적인 갈등 장려 등을 권고하고 있다. 그렇지만 우리는 그런 테크닉뿐 아니라 실제로 실천되는 사례, 그리고 조직 전반에 걸쳐 실천되고 있는 사례에 관심이 있다. 어떤 조직이 광범위한 기반의 보다 나은 의사결정이 이뤄지게 하고 조직의 운영방식에 뿌리를 내리게 하는 역량을 구축할 때 그것은 구체적으로 어떤 모습일까? 그것은 실제 그날그날의 업무에서 어떻게 구현될까? 이 역량을 개발했거나 개발하기 시작한 것으로 보이는 조직들의 사례와 이야기에서 무엇을 배울 수 있을까? 우리는 이 책에서 이런 질문들에 대한 답을 제공하려고 노력했다.

성공적인 사례에서 배우기

의사결정에 관한 다른 많은 책들과 달리 우리는 이런 저런 재앙을 초래한 나쁜 결정을 비난함으로써 교훈을 이끌어내려고 하지 않았다. 부정적인 사례를 통해 가르치려 하는 것보다 우리는 특정 딜레마나 도전에 직면한 조직이 해답을 잘 찾아낸 사례들에 집중했으며, 그 조직의 리더와 사람들이 성공적인 결정을 내리도록 해 준 것이 무엇인지 알아내려고 노력했다. 우리는 모든 사례에서 해당 조직이 중요한 결정을 내려야 할 때 대체로 나쁜 결정보다 좋은 결정을 내리는 역량을 구축하도록 해 준 보다 체계적인 여건과 과정, 가치관, 그리고 사고방식을 찾고 있었다. 우리는 여기서, 그리고 이 책 전체를 통해 역량 capability이란 말을 사용했는데, 그것은 '조직적 판단'이 일회성의 운 좋은 결정을 의미하는 것이 아니기 때문이다. 조직적 판단은 잘못된 선택이 기회를 망치는 반면, 훌륭한 선택은 보다 좋은 기회로 이어지는 경쟁적 세계에서 한 사업체가 지속적인 힘과 의지를 갖고 과제를 수행해 내는 능력을 반영한다. 우리의 목적은 지금까지 살펴본 사례들에서 바로 이 역량의 특성을 분석하고 이해하는 것이었으며, 이를 통해 얻은 통찰력을 독자들에게 전달하는 것이었다.

단순한 격언이나 프레임워크를 넘어서

그렇지만 우리는 이 역량을 정의하고 처방하는 데 있어 모든 경우에 적용할 수 있다는 식의 어떤 단순한 격언이나 프레임워크를 제시하려고 하지 않았다. 의사결정에 관한 조언은 대부분 직관이나 지식관리, 과학적 분석법, 혹은 군중의 지혜 활용 등 하나의 개입 유형만 거론하는 경우가 많다. 그리고 이런 접근방식 중의 하나만 활용해도 개인이나 조직이 보다 나은 결정을 내릴 수 있게 하는 데 충분하다고 말한다. 그렇지만 우리는 다음과 같은 여러 가지 이유에서 그런 전형적인 방식을 따라가지 않았다. 첫째, 우리는 보다 나은 결정에 도달하게 해 주는 경로가 많이 있다고 생각하며, 조직들이 시기와 상황에 맞는 도구를 그때그때 활용해야 한다고 본다. 둘째, 이 역량의 패턴은 아직 새롭고 현재 진행 중인 것이기 때문에 간단히 정의할 수 있을 정도로 충분히 완성된 형태가 아니며, 그렇기 때문에 (아마도 아직 미완성인) '반드시 해야 할 일'의 체크리스트보다 이야기를 통해서 보다 많은 것을 배울 수 있다. 셋째, 이 책에서 다룬 사례들을 보면 콘텍스트에서 분리할 수 없는 응용과 실천 사례가 너무나 많기 때문에, 여러 교훈과 바람직한 접근방식들을 해당 조직이 처한 구체적인 상황과 시장여건으로부터 분리시켜 다루는 것이 적절치 못하다. 따라서 우리는 한데 모았을 때 여러 아이디어와 새롭게 떠오르는 관행의 모자이크를 형성하는 일련의 사례들을 골라서 이야기를 전개시켰다. 이 사례들을 각자의 맥락에서 잘 이해하면 단계별 처방을 명시하지 않더라도 집합적인 판단의 개발을 추구하는 다른 조직들의 집합적 판단 설계와 개발에 대해 알 수 있다.

그러나 이 책의 시작하는 글에서도 이야기했듯이, 이 사례들을 전체적으로 보면 우리가 이 책의 구성을 통해 부각시킨 몇 가지 광범위한 테마가 드러난다. 훌륭한 '조직적 판단'은 보통 의사결정 문제를 문제해결의 참여적 과정이라는 틀 안에 넣는 프로세스를 수반한다. 그리고 전 세계적으로 구할 수 있는 데이터의 증대와 그것을 해석할 수 있는 기술적·분석적 도구의 발전에서 상당히 많은 도움을 얻고 있다. 훌륭한 조직적 판단은 참여와 심층적 논의, 사고의 다양성, 건설적인 도전과 토론 등을 중시하는 가치관에 기반을 두고 있는 강력한 조직문화에 의해 형성되며, 또한 조직적 판단 자체가 그런 조직문화를 형성하기도 한다. 그리고 이 책의 제4부에서 집중 조명했듯이 훌륭한 조직적 판단이 리더에 의해서 창출되는 경우가 종종 있지만, 스스로 위대한 '결정자'가 되는 리더가 아니라 자신의 조직이 보다 집합적으로 해결책을 찾도록 해 주는 올바른 콘텍스트와 구조를 발전시키는 리더로서 훌륭한 '조직적 판단'이 가능하게 만든다. 이 책에서 소개한 몇 가지 사례에서 보듯이 이 콘텍스트를 만들어내는 과정에서 조직상의 변화가 일어나고 리더 자신도 개인적인 변화를 겪는 경우가 많다.

　우리는 역사와 현재 모두에서 위대한 결정의 사례를 많이 본다. 그런데 한두 가지 예외적인 경우를 빼고 우리가 이 책에서 소개한 이야기들은 문명의 발전에서 중요한 전환점이 된 사건에 관한 이야기라고는 할 수 없을 것이다. 그렇지만 당사자들에게는 너무나 중요한 결정에 관한 이야기였으며, 이들은 결정에 도달하는 과정에서 나름대로 여러 가지 위험요소와 불확실성을 관리해야 했다. 우리는 훌륭한 조직적 판단을 구축하는 것이 일상적으로 필요하며, 역사적으로 위대한 순간에만 필요한 것이 아니라고 믿는다. 그렇다면 리더들은 자신들의 조직에서 훌륭한 판단력을 구축하기 위해서 구체적으로 어떤 행동을 취할 수 있을까?

민주적 리더십을 위한 체크리스트

우리는 여기서도 신속한 체크리스트를 제시하려고 하지는 않겠지만, 이 책에 실린 사례들을 잘 돌아보면 다음과 같은 사항들이 지침이 될 수 있을 것이다.

인식 전환의 필요성과 시기를 정확히 파악한다

이 책의 열두 가지 사례에서 조명된 조직에는 모두 자신의 한계를 넘어서서 보다 광범위한 아이디어와 개념, 그리고 지혜를 활용할 필요가 있다는 사실을 깨달은 리더가 있었다. 이들은 자신이 가진 권한과 특권의 일부를 포기하고, 대신 다른 사람들과의 협력에서 오는 보다 심층적인 자원을 얻음으로써 보다 나은 결정에 도달할 수 있었다. 그 협력은 다른 사람들을 포용하고 진정으로 함께 협력하며 다른 사람들로부터 배우는 것이었다. 이들은 자신들의 조직이 성취하려고 하는 모든 것에서 이러한 접근방식이 보다 나은 결과를 낳고 미래의 성공을 위한 보다 많은 기회를 가져다 줄 것이라고 믿었다. 월리스 재단의 크리스틴 드비타나 샬롯 –멕클렌버그 구역 학교의 피트 고먼, 미디어 제너럴의 CEO, 나사NASA의 엔지니어들을 비롯한 모든 리더는 조직의 의사결정을 개선해야 하는 문제에 직면해서 이것을 해결하기 위한 행동을 취했고, 그것은 자기 자신의 능력과 이해관계를 넘어섰기 때문에 가능했다.

조직적 판단 역량을 키운다

우리는 조직적 판단 역량을 우연히 갖게 되고 발전시킨 사업체는 보지 못했다. 조직의 이러한 역량은 운이 좋아서 생긴 결과이거나 여기저기 임시변통으로 수리하다가 나온 결과가 아니라, 의도적으로 투자하고 구축해서 얻어낸 결과이다. 의사결정에 관한 과정이나 가치관이 잘 정립되어 있던 고대 아테네인들이나 맥킨지의 경우에도 그 역량은 시간을 두고 의도적으로 구축한 결과였다. 그리고 코그니전트, 샬롯·멕클렌버그 구역 학교, 파트너즈 헬스케어, 트위저맨와 같은 다른 사례들은 리더와 조직이 미래를 위해 매우 의식적으로 그 역량을 구축해 나갔음을 보여준다.

조직이 처한 상황을 고려한다

이 책에서는 조직들이 조직적 판단을 개선하기 위해서 분석적 소프트웨어의 사용이나 조직 전반에 걸친 블로그 활용, 직원참여나 경영참여에 관한 보다 민주적인 접근방식의 채택, 새로운 문제해결 과정, 리더십 팀의 활용방식 변화, 조직구조의 개편 등 다양한 노력을 한다는 사실을 보여주었다. 우리가 소개한 모든 사례에서 해당 조직이 인프라와 프로세스의 각기 다른 부분들을 조립하고 결합해서 보다 나은 문제해결을 위한 새로운 종류의 시스템을 구축했다는 사실을 볼 수 있다. 이런 작업이 항상 의식적으로 이뤄졌던 것은 아니지만, 이들 조직은 모두 궁극적으로 보다 집합적인 지능과 이해력을 수용한 메커니즘을 만들어냈다. 너무 거창한 말을 쓰는 것인지 모르겠으나 함께 일하는 사람들의 다양한 차원 사이에서도, 제대로 된 구조와 운영을 통해 보다 나은 의사결정 방식을 제공하는 '건축물'architecture을 볼 수 있다.

그렇지만 이 '건축물'은 다양한 변수에 따라 좌우되기 때문에 조직마다 다르다. 이 변수에는 해당 조직의 문화적 전통도 있고, 해당 사업체가 처해 있는 특정 시장여건, 해당 조직이 바라는 의사결정의 발전 및 개선 단계 등도 있을 것이다. 그리고 어떤 부분을 어떻게 조립할지는 각자가 처한 콘텍스트에 따라 결정될 것이다. 여기엔 모든 경우에 들어맞는 청사진은 없지만, 그래도 모든 사례에서 암시적이든 명시적이든 청사진 비슷한 것이 보인다.

변화에 대비한다

우리가 지금까지 언급한 방향으로 행동을 취하게 되면 당연히 기존 상황에 변화가 오게 된다. 권한이 재분배되고 가치관이 재해석되며, 자신의 의견을 제시하거나 자신의 의견이 경청되는 것에 익숙하지 않은 사람들이 갑자기 중앙무대로 초대된다. 새로운 테크놀로지와 더불어 보다 많은 정보와 새로운 정보가 들어오고, 오래된 편견들이 가시화되며, 기존의 경계를 넘어 보다 많은 지식을 서로 공유하라는 주문에 따라 이전의 보고관계는 흐려진다. 조직적 판단의 구축은 조직 자체를 변형시키는 것이며, 기존의 업무방식에 단지 몇 개의 새로운 관행을 접합시키는 것이 아니다. 그리고 앞서 언급했듯이 조직만 변화시키는 것이 아니라 조직의 리더도 변화시킬 가능성이 매우 높다.

조직적 판단도 꾸준한 관리가 필요하다

스코트 켈러와 콜린 프라이스가 최근에 낸 책《실행과 건강》Performance and Health은 조직들이 현재의 전략을 수행하기 위해 사용하는 과정과 관행, 그리고 저자들이 조직의 '건강'이라고 지칭한 보다 심층적이고 보다 미묘한 차원을 대비시켰다. 이때 말하는 조직의 건강은 어떤 조직이 경쟁 조직보다 더 빨리 대열을 정비하고 실행하며 자신을 새롭게 만드는 능력을 말한다.[1] 이것은 조직도 인간의 몸과 마찬가지로 현재의 활동뿐 아니라 미래의 활동을 위한 잠재력을 유지하거나 갱신해야 한다는 것을 상기시켜 주는 유용한 개념이다.

우리는 조직적 판단이라는 것은 사실 '조직적 건강'의 여러 차원 중 하나이며 미래의 보다 나은 결정을 위한 잠재력을 제공하는 역량이라고 생각한다. 그리고 이보다 더 중요한 역량이 있을 수 있을까? 다른 역량과 마찬가지로, 그리고 조직과 사람의 건강과 마찬가지로 이 역량은 운동과 꾸준한 관리를 필요로 한다. 조직적 판단을 구축하는 조직은 지속적인 개선의 여정을 통해 그것을 이루어내며, 실천하는 과정에서 개선방안과 유지 방안을 끊임없이 계속 배운다. 이 책의 모든 사례에서 우리는 조직적 판단의 지속가능한 구축이 이루어지고, 당장 급한 문제를 넘어 장기적 시각에서 계속 개선하는 것을 본다.

동서양을 막론하고 문명은 모두 오랫동안 지혜를 찬양하고 문제해결에 지혜를 어떻게 활용하는지 주목해 왔다. 솔로몬 왕이나 공자, 호메로스의 시에 나오는 노老장군 네스토르처럼 우리는 현재의 상황과 미래의 방향에 대한 깊은 통찰력을 지니고 공정한 판단을 내리는 사람을 우상처럼 숭배한다. 이 영웅숭배는 오늘날의 조직 세계에서도 계속되고 있다. 중요한 결정을 혼자서 내리는 전지전능한 CEO의 이미지가 사람들의 상상력이나 비즈니스 관련 서적 속에 여전히 살아 있는 것이다. 그렇지만 우리는 또한 새로운 종류의 현인賢人이 진화하는 현상을 목격하기 시작했다. 이 새로운 현인은 특출한 통찰력이나 지능을 갖추고 모든 것을 혼자서 해내는 사람이 아니라 다른 많은 사람들의 집합적 판단, 그리고 새로운 도구들과 정보의 힘을 이해하고 수용하며, 최대한 활용하는 사람이고, 중요한 결정을 혼자서 내리지 않고 잠재적으로 더 나은 해답을 제공하는 조직과 네트워크의 능력을 중시하는 사람이다. 우리는 이 책이 이런 종류의 진화를 촉진하는 데 작은 도움이나마 되기를 바란다.

참고문헌

시작하는 글

1. 비즈니스 위크, 'Gerald Levin Looks Ahead', 2000년 11월 6일
2. Andrew Edgecliffe-Johnson, 'Levin Apologizes for Worst Deal of Century', 파이 낸셜 타임스 2010년 1월 4일
3. 야후!의 협상상황 개요는 여러 건의 뉴욕타임스 기사에서 확인할 수 있다. http://topics.nytimes.com/top/news/business/companies/yahoo_inc/yahoo-microsoft-deal/index.html
4. 2009년 9월 10일 CNBC 'Squawk Box' 프로그램 인터뷰 참고. 온라인 자료는 다음 주소 참고. http://www.nbcbayarea.com/news/local/Bartz-to-CNBC-you-Think-Im-Stupid-58503652.html
5. Digital의 제문제에 관한 개요는 Edgar Schein의 다음 저서 참고. *DEC Is Dead, Long Live DEC*(San Francisco:Berrett-Koehler, 2003)
6. 다음 기사 참고. 'Digital Equipment Corporation:A Case Study', Venture Navigator,online at http://www.venturenavigator.co.uk/content/158
7. 1988년 9월 켄 올슨 인터뷰. 다음 온라인 주소 참고. http://americanhistory.si.edu/collections/comphist/olsen.html#tc20
8. Greg Grandin의 저서 *Fordlandia:The Rise and Fall of Henry Ford's Forgotten Jungle City*(New York, Metropolitan Books, 2009)
9. Jobs-Sculley 건에 관한 상세한 자료는 다음 주소 참고. http://www.mac-history.net/the-history-of-the-apple-macintosh/showdown-at-apple-john-sculley-vs-steve-jobs
10. Steve Lohr, 'Without Its Master of Design, Apple Will Face Many Challenges', 뉴욕타임스,2011년 8월 24일, 온라인 다음 주소 참고. http://www.nytimes.com/2011/08/25/technology/without-its-master-of-design-apple-will-face-challenges.challenges.html
11. 인지적 편향에 관한 자세한 정보는 위키피디아 참조. 인간의 판단에 영향을 미치는 각종 편향에 관한 정보는 Wray Herbert의 다음 책 참고. *On Second Thought: Outsmarting Your Mind's Hard-Wired Habits*(New York:Crown

Publishers,2010)

12. Daniel Kahneman,Dan Lovallo,Olivier Sibony의 다음 글 참고. 'Before You Make That Big Decision,' Harvard Business Review, 2011년 6월

13. 토머스 칼라일의 책 *On Heroes, Hero-Worship,and the Heroic in History*(Fredrick A. Stokes & Brother, New York, 1888) 1~2

14. 통계수치는 다음 자료에서. AFL-CIO survey of 299 CEOs,the U.S. Bureau of Labor Statistics, May 2009 Occupational Employment and Wage Estimates, national cross-industry etimate of median annual compensation for all occupations

15. James Surowiecki의 다음 책 참고. *The Wisdom of Crowds: Why the Many Are Smarter Than the Few and How Collective Wisdom Shapes Business, Economies, Societies and Nations*(New York:Little, Brown, 2004)

16. Mehrdad Baghai와 James Quigley의 책. *As One:Individual Action, Collective Power*(New York, Brown, 2004)

17. 토머스 H. 대븐포트와 Jeanne G. Harris의 다음 책. *Competing on Analytics: The New Science of Winning*(Boston:Harvard Business School Press,2007)

18. Gottman 스토리는 말콤 글래드웰의 다음 책에 소개돼 있다. *Blink*(New York:Little,Brown,2005), 18~27쪽

19. Robert Half Technology의 2009년 10월 6일자 보도자료, 'Whistle-But Don't Tweet-While You Work'

20. 자세한 내용은 다음 책에 소개돼 있다. 토머스 H. 대븐포트, Jeanne G. Harris, Robert Morison, *Analytics at Work*(Boston:Harvard Business Press, 2010), 1쪽

1 나사의 디스커버리호 발사승인 과정

1. 이 작업은 Larry Prusak이 Don Cohen의 도움을 받아 수행한 것이다. Don Cohen은 NASA에서 발행하는 ASK Magazine의 매니징 에디터이다. 필자들은 NASA의 director of Academy of Program인 Ed Hoffman, NASA의 수석 엔지니어인 Mike Ryschkewitsch와 인터뷰를 실시했고, STS-119에 관한 NASA의 내부 연구자료인 'Collaborative Problem-Solving:The STS-119 Flow Control Valve Issue'를 비롯한 각종 자료를 열람했다. 다음 온라인 주소에서 확인 가능하다. http://www.nasa.gov/pdf/468375main_STS-119_flow_control_valve.pdf. 자료에 근거하지 않은 인용문은 직접 인터뷰에서 나온 것이다.

2. 위원회의 조사결과는 다음 사이트에서 볼 수 있다. http://history.nasa.gov/rogersrep/genindex.htm

3. Diane Vaughn의 다음 책. *The Challenger Launch Decision*(Chicago:University of Chicago Press,1996),13쪽

4. 리포트는 다음 사이트에서 볼 수 있다. http://www.nasa.gov/columbia/home/CAIB_Vol1.html

5. 다음 글 참고. Dan Lovallo and Olivier Sibony, 'The Case for Behavioral Strategy,' McKinsey Quarterly, 2010년 3월, 1~16쪽

6. 이 주제와 관련된 최근의 토론은 다음 자료 참고. Jeffrey Pfeiffer and Robert Sutton, *Hard Facts,Dangerous Half-Truths,and Total Nonsense:Profiting from Evidence-Based Management*(Boston:Harvard Business School Press), 2006

7. Brian O'Connor, 'Some Safety Lessons Learned,' Ask Magazine,no.35(2009년 여름호): 5~9쪽

8. 다음 자료 참고. Amita Etzioni, 'Humble Decision-Making,' in Harvard Business Review on Decision Making(Boston:Harvard Business School Press,2001), 45~57쪽

9. Karl E. Weick and Kathleen M. Sutcliffe, *Managing the Unexpected: Resilient Performance in an Age of Uncertainty*(San Francisco:John Wiley & Sons, 2007)

2 주택 건설회사 WGB 홈즈의 조직경영

1. Greg Burrill의 딸 Erica Burrill은 뱁슨 칼리지에서 이 책의 저자인 톰 대븐포트가 진행하는 MBA 수업을 들었다. Erica Burrill은 톰 대븐포트를 아버지인 Greg Burrill에게 소개했고, 이후 톰 대븐포트는 Greg Burrill과 두차례 만나 인터뷰했다.

2. Brian Lee, 'A Family Home-Burrill's Build Neighborhoods with Extras,' Worcester Telegram and Gazette, 2009년 11월 11일

3 맥킨지 앤 컴퍼니의 인재 풀 변경 과정

1. 이 이야기는 2010년부터 2011년 사이 맥킨지 앤 컴퍼니의 전현직 임직원을 상대로 인터뷰를 하고 인풋을 받아 작성한 것이다. 다음은 이들의 명단이다: Dominic Barton, Michael Conway, Luis Cunha, Dolf DiBiasio, Jennifer Futernick, Fred

Gluck, Jim Goodrich, Robert Harvey, Michael Jarrard, Jon Katzenbach, Brian Rolfes, Margaret Snow, Jerome Vascellaro, Dave Wenner, Terry Williams, Kristina Wollschlaeger, Rodney Zemmel. 이 챕터의 초안작성은 브룩 맨빌이 맡았고, 저자인 톰 대븐포트도 이 기간 동안 맥킨지의 일원으로 일했다. 이 장에 소개된 내용 가운데 일부는 브룩 맨빌의 기억에 직접 의존했다.

2. 맥킨지의 인력충원 제도를 확충하는 데는 맥킨지 런던 사무소가 추가로 역할을 많이 했다. 런던 사무소는 1982년에 학부 출신 우수 인재를 대상으로 비非 MBA 인재채용의 첫단계인 비즈니스 분석 프로그램을 시작했다. 이 프로그램은 1985년 회사 조직 전반에 확대 실시됐다. 맥킨지 조직 전반을 대상으로 맥킨지 펠로 프로그램이 시작된 것도 1985년이다. 맥킨지 펠로 프로그램은 초기단계에 있던 비非 MBA 인재 채용 프로그램을 제도화시키는 역할을 했다.

3. 이 부분은 Fred Gluck과 가진 인터뷰, 그리고 이 기간 동안 실시된 전략개발 사례들을 바탕으로 작성됐다. 특히 맥킨지와 맥킨지의 경쟁사들의 사례를 집중 조명했다. 다음 자료 참고. Walter Kiechel III, *The Lords of Strategy:The Secret Intellectual Strategy of the New Corporate World* (Boston:Harvard Business Press,2010), 95~115쪽

4. 디시전 메이킹과 관련해 safe space의 중요성을 강조한 자료는 많다. 중요한 자료로는 Amy Edmondson이 쓴 글을 들 수 있다. 'Psychological Safety and Learning in Work Teams,' Administrative Science Quarterly 44, no.2 (1999년 6월):350~383쪽. Amy Edmondson, 'Strategies for Learning from Failure,' Harvard Business Review, 2011년 4월, 48~55쪽

5. Jarrard는 APDs의 퍼센티지 증가와 함께 맥킨지의 절대 채용 인원도 90년대와 비교해 증가했다는 점을 지적한다. 채용된 어소시에이츠의 수를 보면 확연히 증가했음을 알 수 있다.

6. Kiechel, *The Lords of Strategy*, 260쪽에 소개된 Kennedy Consulting Research & Advisory의 통계 참고

7. 다음 자료 참고. Edgar Schein, *Organizational Culture and Leadership*(San Francisco:Josssy-Bass,1985): John Kotter and James L. Heskett, *Corporate Culture and Performance*(New York:Free Press,1992). 맥킨지의 사내 문화에 관해서는 다음 자료 참고. Elizabeth Hass Edersheim, *McKinsey's Marvin Bower*(New York: Wiley, 2004)

4 파트너즈 헬스케어 병원의 체계적인 환자관리

1. 이 챕터는 저자 톰 대븐포트가 Jon Glaser, Blackford Middleton,Tonya Hongsermeier, Jeffrey Schnipper,그리고 이름을 밝히지 않기를 원한 Partners 병원 심장병전문의와 가진 인터뷰를 토대로 작성됐다.

2. CIRD의 웹사이트 주소. http://www.partners.org/cird/

3. U.S. Agency for Healthcare Research and Quality, 'Perspectives on Safety: Conversations with...Lucien Leape,MD,' 온라인 주소. http://www.webmm.ahrq.gov/perspective.aspx?perspectiveID=28

4. John Glaser는 2010년 중반부터 지금까지 Siemens Healthcare의 CEO로 있다.

5. Partners LMR/CPOE 시스템에 관한 설명은 다음 자료에 소개된 것이다. Richard Kesner, 'Partners Healthcare System:Transforming Health Care Services Delivery Through Information Management,' case study 9B09E023(London,Ontario, Canada: Richared Ivey School of Business, 2009)

6. William W. Stead and Herbert S. Lin,eds., *Computational Technology for Effective Health:Immediate Steps and Strategic Directions*(Washington, DC:National Academy of Sciences, National Academies Press, 2009), 3

7. Jack Beaudoin, 'Eligible Provider Meaningful Use Criteria,' Healthcare IT News, 2009년 12월 30일,온라인:http://www.healthcareitnews.com/news/eligible-provider-meaningful-use-criteria

8. 'HPM and II:A Successful Working partnership:Q&A with James Mongan and John Glaser,' Partners IS Newsletter, 2010년 겨울호, 1

9. Cole과 Mort가 스마트 폼에 관해 한 설명의 출처는 다음과 같다. Blackford Middleton, Jeffrey Schnipper, Lana Tsurikova, 'Improving Care or Acute and Chronic Problems with Smart Forms and Quality Dashboards' (presentation at the National Web Conference on Smart Forms and Quality Dashboards,U.S. Agency for Healthcare Research and Quality, 2007년 7월 19일)

10. Clement J. McDonald, MD, 'Protocol-Based Computer Reminders,the Quality of Care and the Non-Perfectibility of Man,' New England Journal of Medicine 295(1976):1351~1355쪽

5 코그니전트 테크놀로지의 사원 참여 문화

1. 이 챕터는 다음 자료를 많이 참고해서 쓰여졌다. Robert G. Eccles and Thomas H. Davenport, 'Cognizant 2.0: Embedding Knowledge and Community into Work Process,' case9-410-484(Boston:Harvard Business School,2010). 이 자료에는 톰 대븐포트가 다음 인사들과 한 인터뷰 내용이 들어 있다. Sukumar Rejagopal,Alan Alper(대븐포트는 이 두 사람과 이메일로 문답을 주고받았다),Malcolm Frank,Francisco D'Souza,그리고 Cognizant 프로젝트 매니저 몇 명이 포함됐다. 저자는 Conizant 클라이언트 컨퍼런스에도 직접 참석했다.

2. Cognizant의 시작과 비즈니스 전략에 관해 보다 상세한 설명은 다음 자료 참고. Robert G. Eccles,David lane, 그리고 Prabaker Kothandaraman, 'Cognizant Technology Solutions,' case 9-408-099(Boston:Harvard Business School,2008)

3. Bala Iyer, 'Successful IT Services Delivery Using Knowledge Management: The Case of Cognizant Technology Solutions,' case study(Wellesley,MA:Babson College, 2007)

4. Sujata Dutta Sachdeva, 'Netting Biz:Blogging Bug Bites Big Bosses,' Times of India, 2007년 10월 7일

6 데이터로 학교를 바꾸다ー미국의 샬롯 초등학교

1. 사생활 보호를 위해 학생들의 이름은 가명을 썼다.

2. 이 챕터는 저자 톰 대븐포트가 다음 사람들과 가진 인터뷰를 바탕으로 작성됐다. Dr. Peter Gorman,Dr.Robert Avossa, 그리고 CMS district headquarters의 Farrah Santonato,그리고 Chuck Nusinov,Christa Olech,Donna Helms를 비롯해서 David Cox Road 초등학교의 여러 교사와 교직원

3. Kathryn Parker Boudett,Elezabeth A.City, 그리고 Richard J. Murnane, eds., *Data Wise:A Step-by-Step Guide to Using Assessment Results to Improve Teaching and Learning*(Boston:Harvard Education Press,2005)

4. Nick Anderson, 'Education Chief Call On Schools to Share More Data,' Washington Post, 2010년 8월 26일

5. Richard DuFour, 'Schools as Learning Communities,' Educational Leadership 61,no.8(May 2004):6~11쪽

6. Gorman became senior vice president of News Corporation's Education

Division. Avossa was named superintendent of the Fulton County School District in Georgia. Nusinov became head of school at the Countryside Montessori School in Charlotte.

7 고대 아테네인들의 민주적인 선택

1. 이 챕터에서 서술된 고대 그리스에 관한 역사적 사실과 살라미스 해전을 비롯해 실제상황과 연대 등에 대해서는 학계에서 오랫 동안 논란이 계속되어 왔다는 점을 밝힌다. 이 챕터는 1960년에 발굴된 석조명판인 테미스토클레스 결의문의 내용을 근거로 삼았으며, 이 결의문의 상세한 내용은 다음 글 참고. M.Jameson, 'A Decree of Themistocles from Troizen,' *Hesperia* 29(1960)198~223
여기서 설명하는 역사적 결정의 내용과 시기, 그로 인한 여파는 Barry Strauss의 다음 저작물을 참고로 했다. *The Battle of Salamis:The Naval Encounter That Saved Greece-and Western Civilization*(New York:Simon & Schuster, 2004). Frank J. Frost, *Plutarch's Themistocles: A Historical Commentary*(Princeton,NJ: Princeton University Press, 1980),101-104도 참고했다. 이들 자료에서 제시된 설명의 타당성 여부도 학계에서 논란이 없지 않지만, 그래도 역사학자들 다수가 사실에 부합된다고 믿는 내용들이다.

2. 이 역사적 사건은 다음과 같은 사료를 바탕으로 작성되었다. Herodotus, *The Histories*(translated by Aubrey de Selincourt,revised edition by A.R.Burn,New York:Penguin Books,1972), 그리고 Plutarch, *Life of Themistocles*(available in *Plutach,The Rise and Fall of Athens*, translated by Ian Scott-Kilvert, New York:Penguin Books, 1960, 77~108쪽), 그리고 다음에 소개하는 2차 자료들을 참고로 했다. Josiah Ober of Stanford University and Barry Strauss of Cornell University 두 교수는 이 책의 초고를 보고 많은 조언을 해 주었다.

3. James Surowiecki, *The Wisdom of Crowds:Why the Many Are Smarter Than the Few and How Collective Wisdom Shapes Business,Economies,Societies and Nations*(New York:Doubleday, 2004); Don Tapscott and Anthony D. Williams, *Wikinomics: How Mass Collaboration Changes Everything*(New York:Portfolio,2006);and Clay Shirky, *Here Comes Everybody:The Power of Organizations*(New York: Penguin, 2008)

4. 극단적으로 민주적인 조직에 관해서는 다음 책에 소개된 사례를 참고. Brook Manville and Josiah Ober, *A Company of Citizens: What the World's First Democracy*

Teaches Leaders About Creating Great Organizations (Boston:Harvard Business School Press,2003), 187쪽, note 3. 일반적인 수준의 민주적 조직,팀과 협업에 기초한 조직에 관해서는 다음 책 참고. Jon Katzenbach and Douglas K. Smith, *The Wisdom of Teams*(Boston: Harvard Business School Press,1992); Frances Hesselbein, Marshall Goldsmith,and Richard Beckhard,eds.,*The Organization of the Future*(San Francisco:Jossey-Bass, 1997);Peter Drucker, 'The Coming of the New Organization,' in Harvard Business Review on Knowledge Management(Boston:Harvard Business School Press,1998),1~19쪽; Ron Ashkenas et al., *The Boundaryless Organization*, 2nd ed.(San Francisco:Jossy-Bass,2002);and Morten T. Hansen, *Collaboration: How Leaders Avoid the Traps,Create Unity,and Reap Big Results* (Boston:Harvard Business Press, 2009)

5. Brook Manville은 최근에 Josiah Ober 교수와 함께 이 주제를 가지고 공동연구를 했다. Manville and Ober, *A Company of Citizens*, 앞의 참고문헌 4에 인용된 자료. decision making의 메커니즘에 관한 보다 상세한 연구는 다음 책 참고. Josiah Ober, *Democracy and Knowledge: Innovation and Learning in Ancient Athens*(Princeton, NJ:Princeton University Press, 2008)

6. Cornell University의 Barry Strauss 교수와 가진 인터뷰, 2010년 6월 13일. 헤로도토스의 입장에 대해서는 다음 자료 참고. *The Histories* Book 7, section 139: 'One is surely right in saying that Greece was saved by the Athenians. It was Athenians who held the balance: whichever side they joined was sure to prevail...It was the Athenians who-after God-drove back Persian King.'

7. 역사상 그리스인들이 한 것처럼 행동한 사례는 소아시아의 포카이아에서 찾아볼 수 있다(헤로도토스의 사료에서 인용). 기원전 540년에 포카이아인들은 페르시아의 노예가 되지 않으려고 모국을 버리고 떠났다. 그러나 나중에 절반 가량은 되돌아와 페르시아인들의 노예가 되었다. 나머지 절반은 고통 속에 떠돌다 이탈리아로 가서 정착했다. 따라서 아테네를 버린다는 생각은 가볍게 받아들일 사안이 아니었다.

8. 헤로도토스, *The Histories* Book 7, sections 140~143에서 상세히 설명하고 있다.

9. 이 부분은 Ober, *Democracy and Knowledge*, 27쪽에서 인용설명함.

10. 민주적 문화의 중요성은 아리스토텔레스의 다음 책 참고. *Athenaion Politeia*, sections 21. 2~4쪽(accessible in Kurt Von Fritz and Ernst Capp,ed.and trs., *Aristotles's Constitution of Athens and Related Texts*(New York:Hafner Publishing Co),90. Cleisthenic reforms의 상세한 내용은 다음 책 참고. Philip Brook Manville,*The Origins of Citizenship in Ancient Athens*(Princeton, NJ:Princeton University Press, 1990),184~209쪽; Ober, *Democracy and*

Knowledge, 139~167쪽

11. 고대 아테네인들이 민주적인 지도를 그리면서 고안해낸 관행과 과정들이 현대의 decision making에 얼마나 요긴하게 쓰이는지를 보면 대단히 흥미롭다. 이와 관련해서는 다음 자료 참고. W. Chan Kim and Renee Mauborgne, 'Fair Process:Managing in the Knowledge Economy,' Harvard Business Review, 1997년 7~8월, 65~75쪽. Peter Drucker, 'The Effective Decision,' in Harvard Business Review on Decision Making(Boston:Harvard Business School Press, 2001), 1~20쪽; J.Edward Russo and Paul J.H.Schoemaker,*Winning Decisions:Getting It Right the First Time*(New York:Fireside Press, 2002);and Max H.Bazerman and Don A.Moore, *Judgment in Managerial Decision Making*, 7th ed.(New York:Wiley&Sons, 2009)

8 뱅가드의 영웅 메이블 유 이야기

1. 저자 톰 대븐포트가 메이블 유의 이야기를 처음 접한 것은 다음 자료에 실린 Jeremy Mercer의 스토리를 통해서다. 'In Praise of Dissent,' Ode,July-August 2010, 온라인 자료는 다음 주소에서. http://www.odemagazine.com/doc/71/in-praise-of-dissent/. 그 뒤에 톰 대븐포트는 메이블 유와 뱅가드에서 메이블 유의 직속 상관인 Bill Roberts, 그리고 head of fixed income investments인 Bob Auwaerter와 직접 인터뷰했다.

2. John C. Bogle, 'A Tale of Two markets' (remarks at the Trinity University Policymaker Breakfast Series,San Antonio, TX, 2001년 4월 16일); 원고는 다음 주소에서 볼 수 있다. http://www.vanguard.com/bogle_site/sp20010416.html

3. Sigma Investing, 'Review of Common Sense on Mutual Funds,' http://www.sigma-investing.com/reading-materials/common-sense

4. dissent의 위력에 대한 보다 상세한 설명은 Mercer의 글 'In Praise of Dissent'를 참고.

5. Irving Janis, *Victims of Groupthink*, 2nd ed.(Boston:Houghton-Mifflin, 1972)

6. Charlan Nemeth, 'Jury Trials:Psychology and the Law,' in *Advances in Experimental Social Psychology*,ed. Leonard Berkowitz(New York:Academic Press, 1981), 14장 309~367쪽

7. Charlan Nemeth,John Rogers, and Keith Brown, 'Devil's Advocate vs. Authentic Dissent:Stimulating Quantity and Quality,' European Journal of Social

Psychology 31(2001): 707~720쪽

8. Elizabeth MacDonald, 'The Credit Rating Agencies' Moment of Shame,' Fox Business, 2008년 10월 23일, http://www.foxbusiness.com/markets/2008/10/23/credit-rating-agencies-moment-shame#ixzz1ACAVxikH

9. 'The Watchmen,' This 'Amercan Life,National Public Radio, 2009년 6월 5일, 원고는 다음 주소에서 볼 수 있다. http://www.hisamericanlife.org/radio-archives/episode/382/transcript

9 전 사원이 참여한 EMC의 비용절감 과정

1. 이 챕터는 저자 톰 대븐포트가 Chuck Hollis, David Goulden,Michelle Lavoie, Polly Pearson과 가진 인터뷰를 바탕으로 작성했다. EMC corporate public relations의 Lesley Ogrodnick은 인터뷰 주선을 비롯해 여러 과정에서 도움을 주었다.

2. Chuck Hollis, 'EMC/ONE: A Journey in Social Media' (EMC 백서, 2008년 12월), 온라인 주소. http://chucksblog.emc.com/content/social_media_at_EMC_draft.pdf. Hollis의 'general' 블로그 주소. http://chucksblog.emc.com/a_journey_in_social_media/

3. David Goulden과의 인터뷰에서 인용. Jack Sweeney, 'EMC's Cost Transformation Journey,' Business Finance, 2010년 3월 24일, http://businessfinancemag.com/article/emcs-cost-transformation-journey-0324

10 미디어 제너럴의 민주적 리더십

1. 이 이야기는 Media General이 만든 자체 자료와 CEO Marshall Morton을 비롯한 경영진들(2010년 8월 기준)과의 인터뷰를 토대로 작성했다. Media General 임원이고 Innosight의 managing director(2010년 8월~9월)인 Scott Anthony와의 면담도 많은 도움이 되었다. Collective Intelligence의 Kevin McDermott도 이 주제에 대해 많은 도움을 주었다. Corporate Communications의 부회장인 Lou Anne Nabhan도 우리의 작업에 많은 도움을 주었다.

2. Marshall Morton의 Internal Media General memorandum, 2008년 5월 13일

3. 다양성의 문제해결 능력에 관한 연구는 Scott page의 다음 저서 참고. *The*

Difference:How the Power of Diversity Creates Better Groups, Firms, Schools, and Societies(Princeton,NJ:Princetom University Press, 2007)

4. 입장을 달리 한 임원들은 2009년 4월에 주식을 처분하고 이사회에서 물러났다.

5. 다음 자료들 참고. Karl E. Weick, *Sensemaking in Organizations*(Thousand Oaks,CA:Sage Publications,1995); David Nadler et al., *Leading Executive Teams*(San Francisco:Jossey-Bass, 1995); Andy Boynton and Bill Fischer, *Virtuoso Teams:Lessons from Teams That Changed Their Worlds*(Upper Saddle River, NJ:Financial Times Press, 2005);and Michael Roberto, *Why Great Leaders Don't Take Yes for an Answer:Managing Conflict and Consensus*(Upper Saddle River, NJ: Wharton School Publishing, 2005)

6. cognitive and heuristic traps에 관해서는 다음 자료 참고. Max H.Bazerman and Don A. Moore, *Judgment in Managerial Decision Making*, 7th ed.(New York:John Wiley & Sons,2009), 13

7. 다음 자료 참고. Ronald A. Heifetz, *Leadership Without Easy Answers*(Cambridge,MA:Belknap Press, 1994);Warren Bennis and Patricia Ward Biederman, *Organizing Genius:The Secrets of Creative Collaboration*(Reading, MA:Perseus Books, 1997);Robert K. Greenleaf, *Servant Leadership: A Journey into the Nature of Legitimate Power and Greatness*, 25th anniversary ed.(New York:Paulist Press, 2002);and Linda Hill, 'Where Will We Find Tomorrow's Leaders?' Harvard Business Review, 2008년 1월, 1~7쪽

11 윌리스 재단의 전략 변경 과정

1. 이 이야기는 윌리스 재단의 출간물을 참고하고 Christine DeVita 회장을 비롯한 임원들과 2010년 6월-9월 사이에 여러 차례 가진 대화를 바탕으로 작성했다. Devita 회장의 도움에 특별히 감사드린다. 커뮤니케이션 담당 부회장인 Lucas Held는 원고 초안을 읽어 보고 잘못 기술된 사실관계를 바로잡아 주었다.

2. 새 임원진은 몇 년 뒤 2001년에 No Child Left Behind Act가 통과되도록 했다. 이 법안은 공립학교에서 학교장이 맡은 역할의 중요성을 높여 주었다.

3. Russ Mitchell, 'Schools Face Uphill Challenge to Improve,' CBS News, 2010년 1월 31일, http://www.cbsnews.com/stories/2010/01/30/eveningnews/main 6158370.shtml

4. Kenneth Leithwood et al., *Review of Research: How Leadership Influences*

Student Learning(Center for Applied Research and Educational Improvement, Ontario Institute for Studies in Education, The Wallace Foundation, 2004)

5. Karen Seashore Louis et al., *Learning from Leadership: Investigating the links to Improved Student Learning: Final Report to the Wallace Foundation*(University of Minnesota and The Wallace Foundation,2010). See also Bradley S. Portin et al., *Leadership for Learning Improvement in Urban Schools*(Seattle,WA:Center for the Study of Teaching and Policy, University of Washington, 2009)

6. 'Education Leadership:An Agenda for School Improvement' (publication from The Wallace Foundation's Annual Conference, Washington,DC, 2009년 10월 14~16일), 21쪽

7. 과거 사실을 주제로 다수의 관련 인사와 인터뷰할 때 흔히 일어나는 일이지만, 사건이 일어난 실제 시점과 발생 과정에 대한 진술이 사람에 따라 엇갈린다. 여기서 소개된 내용은 Wallace Foundation에서 일어난 일에 대해 참석자들의 진술이 일치된 것이다.

8. DeVita는 월리스 재단에서 진행된 연구나 평가보고는 항상 자신에게 직접 보고됐다고 했다. 그러나 그것이 항상 팀 차원에서의 보고는 아니었다고 한다.

9. Knowledge Center, The Wallace Foundation, http://www.wallacefoundation. org/KnowledgeCenter/pages/default.aspx

10. 예를 들면 다음 자료에 소개된 토론들이다. Jay R. Galbraith, *Designing Organizations: An Executive Briefing on Strategy,Structure,and Process*(San Francisco:Jossy-Bass,1995);and David A. Nadleer and Michael L.Tushman, *Competing by Design:The Power of Organizational Architecture*(New York:Oxford University Press, 1997)

11. 다음 자료 참고. Harvard Business Review on Collaborating Across Silos(Boston: Harvard Business Press, 2009);and Morten T.Hansen, *Collaboration:How Leaders Avoid the Traps,Create Unity,and Reap Big Results*(Boston:Harvard Business Press, 2009)

12 직원들의 뜻에 따라 회사를 키운 트위저맨

1. 이 이야기는 브룩 맨빌이 2011년 1월 11일 트위저맨 창업자이며 CEO인 Dal LaMagna과 가진 인터뷰 내용을 바탕으로 작성되었다. 이 회사의 CFO를 지낸 Frank Suttell과 2011년 1월 12일 가진 인터뷰, 회장을 역임한 Lisa Bowen과 2011년 1월 17

일 가진 인터뷰도 저술의 바탕이 되었다.

2. Dal LaMagna, *Raising Eyebrows:A Failed Entrepreneur Finally Gets It Right*(New York:John Wiley & Sons, 2010)

3. 앞의 책 215~216쪽. 다음 자료 참고. Michael E. Porter and Mark R. Kramer, 'Creating Shared Value,' Harvard Business Review, 2011년 1~2월, 62~77쪽

4. Jack Stack(Burlingham과 공저), *The Great Game of Business*(New York:Currency Doubleday, 1992)

5. *Tweezerman Employee Handbook*, as provided by Dal LaMagna, 2011년 1월

6. 다음 자료 참고. Jon R. Katzenbach and Douglas K. Smith, *The Wisdom of Teams:Creating the High-Performance Organization*(Boston:Harvard Business School Press, 1992);and J. Richard Hackman,ed., *Groups That Work(and Those That Don't):Creating Conditions for Effective Teamwork*(San Francisco:Jossey-Bass, 1990)

7. 다음 자료 참고. E. Allan Lind and Tom R. Tyler, *The Social Psychology of Procedural Justice*(New York:Plenum Press,1988);and W.Chan Kim and Renee Mauborgne, 'Fair Process: Managing in the Knowledge Economy,' Harvard Business Review, 1997년 7~8월, 65~75쪽

8. 다음 자료 참고. Larry Bossidy and Ram Charan, *Execution:The Discipline of Getting Things Done*(New York:Crown Business,2002);and G.L.Neilson, K.L.Martin, and E.Powers, 'The Secrets to Successful Strategy Execution,' Harvard Business Review, 2008년 6월

13 결론

1. Scott Keller and Colin Price, *Performance and Health. An Evidence-based Approach to Transforming Your Organization*(New York:McKinsey & Company, 2010)

옮긴이 김옥경은 연세대 사회학과와 한국외국어대 통번역대학원을 졸업했다. 매일경제TV 정경부 외신기자를 지냈고, 한국국제노동재단 국제협력부장, 국정홍보처 해외홍보원 외신과 전문위원, 경기도청 국제통상과 전문위원을 지냈다. 국내외 여러 기업과 기관을 대상으로 다양한 프로젝트를 진행한 홍보 및 통번역 전문가이며 지금은 전문 번역가로 일하고 있다.

최선의 결정은
어떻게 내려지는가

초판 1쇄 인쇄 | 2012년 9월 20일
초판 1쇄 발행 | 2012년 10월 12일

지은이 | 토머스 대븐포트 · 브룩 맨빌
옮긴이 | 김옥경
펴낸이 | 이기동
편집주간 | 권기숙
마케팅 | 이동호 유민호
주소 | 서울특별시 성동구 성수동 2가 300-1 삼진빌딩 8층
이메일 | icare@previewbooks.co.kr
블로그 | http://blog.naver.co./previewbooks
홈페이지 | http://www.previewbooks.co.kr

전화 | 02)3409-4210
팩스 | 02)3409-4201
등록번호 | 제206-93-29887호

교열 | 이민정
디자인 | design86
인쇄 | 상지사 P&B

ISBN 978-89-97201-07-5 03320